INHALT

Verlag von Carl Marhold in Halle a.d.S.

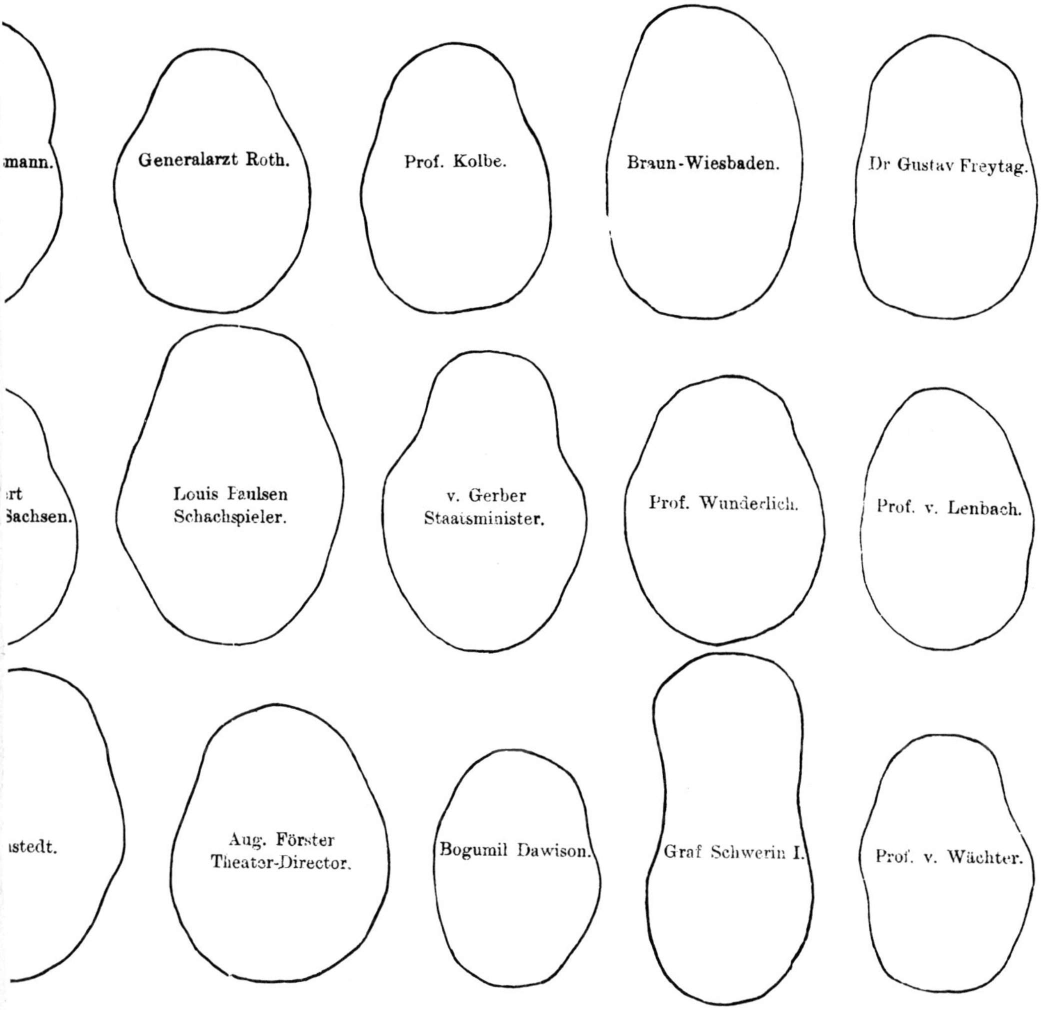

mann.
Generalarzt Roth.
Prof. Kolbe.
Braun-Wiesbaden.
Dr Gustav Freytag.
rt
Sachsen.
Louis Paulsen
Schachspieler.
v. Gerber
Staatsminister.
Prof. Wunderlich.
Prof. v. Lenbach.
stedt.
Aug. Förster
Theater-Director.
Bogumil Dawison.
Graf Schwerin I.
Prof. v. Wächter.

Weiberköpfe.

55 cm.
56 cm.

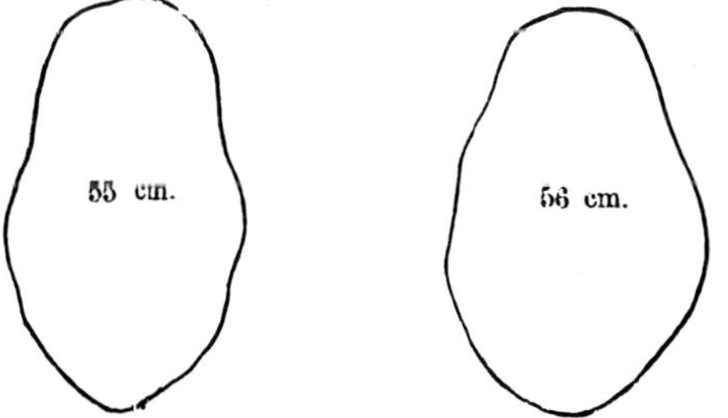

Christine Kulke

Vorwort und Einleitung

Die Beiträge dieses Buches verstehen sich als solche, die gegen die Unvernunft von Vernunft gerichtet sind. Sie wenden sich gegen die Unterlassung und Verdrängung der Kritik an den herrschenden Rationalitätsprinzipien und ihren zerstörerischen Folgen für Menschen, Natur und Umwelt. In Auseinandersetzung mit den Widersprüchen und Verlusten gesellschaftlicher Rationalisierung artikulieren sie die Kritik aus der Sicht frauenbezogener sozialwissenschaftlicher Forschung und feministischer Politik. Die Autorinnen und Autoren fragen damit, positiv gewendet, nach den Utopien und Möglichkeiten vernunftgeleiteten, sinnlichen Seins und Bewußtseins und ihrer Verwirklichung. Sie fragen weiter nach den Bedingungen einer Vernunft ohne Bedrohung und Zerstörung von Leben als scheinbar notwendigem Resultat.

Einen ersten Anlaß, zu diesen Fragen systematisch Zugang zu suchen, gab eine internationale wissenschaftliche Fachkonferenz zum Thema »Frauen und Macht«, die im Rahmen der Arbeitsstelle Frauenforschung im November 1983 an der Technischen Universität Berlin stattfand.[1] Im Zusammenhang mit dieser Konferenz und den Diskussionen zur Mystifikation personaler und sozialer Macht wurden die Notwendigkeit weiterer Arbeit sowie das Interesse an der Analyse der Beziehungen von Herrschaft und Rationalität erkennbar. So entstand bei uns, einigen Tagungsteilnehmerinnen, die Idee zu einer Tagung, auf der, anknüpfend an Positionen der Kritischen Theorie der Frankfurter Schule, Überlegungen zur feministischen Kritik der Instrumentalisierung der Vernunft entwickelt werden sollten. In einem interdisziplinären Workshop im Sommer 1984 an der Technischen Universität Berlin, der von mir gemeinsam mit den Mitarbeiterinnen des Instituts für Politikwissenschaft der TUB, Rita Gerecht, Marina Hain und Elvira Scheich in Verbindung mit der Arbeitsstelle Frauenforschung an der TUB veranstaltet wurde, ist unter Bezug auf die »Dialektik der Aufklärung« von Horkheimer und Adorno und die »Kritik der instrumentellen Vernunft« Horkheimers das thematische Spektrum: »Frauen – Politik – Rationalität« anhand einzelner Schwerpunktthemen untersucht worden.

Ein Großteil der Beiträge in diesem Buch hat hier seine Entstehungsgeschichte. Das Buch ist jedoch keine Dokumentation des Workshops, sondern hat sich im Laufe der Produktionsphasen weitgehend eigenständig konzeptionell entwickelt. Waren die Workshop-Beiträge noch spezialisiert auf die Frage nach den Ausgrenzungen der weiblichen Lebenswirklichkeit durch die herrschende Rationalität und auf die Suche bezogen nach aussichtsreichen Erklärungen hierfür bei der Kritischen Theorie, geht die Konzeption des Buches darüber hinaus.

Seine Struktur ist in einer Weise entwickelt, die die Widersprüche von Vernunft und sinnlicher Erfahrung/Erkenntnis als sich gegenseitig bedingend herausstellt. Diese Deutung macht erkennbar, daß Vereinnahmung, Funktionalisierung und Zerstörung von sinnlichem Potential dessen Auflehnung und Eigensinnigkeit herausfordern. Sie ermöglicht damit eine produktive Zugangsweise zur Bearbeitung von Unterdrückungserfahrungen von Frauen in Theorie und Praxis.

Ein solcher Ansatz intendiert gleichwohl, daß Rationalität nicht mit »männlich« und Sinnlichkeit nicht mit »weiblich« identifiziert werden kann, daß es sich also nicht um bloße dichotomische oder antinomische Beziehungen, sondern um einen komplexen und widersprüchlichen Zusammenhang handelt. Sinnlichkeit läßt sich patriarchaler Rationalität nicht als Gegenbegriff und Gegenrealität gegenüberstellen, - gerade weil sie durch diese Vernunft abgespalten worden ist als das Unvernünftige vom Zweckhaften und weil diese Ausgrenzung geschehen konnte –. Denn: »Die Frauen leben nicht nur im Patriarchat, es lebt auch in ihnen« - wie Irmtraud Morgner in ihrem Hexenroman AMANDA durch die Tochter der Erdmutter Gaja bekräftigen läßt. Dieser Zusammenhang wird - so interpretiere ich die Beiträge hier - als vermittelt konzipiert durch instrumentell-technologische Rationalität als besonderes gesellschaftliches Konstitutionsprinzip patriarchaler Herrschaft der Gegenwart. Das bedeutet nicht, daß Tauschprinzip und Klassenherrschaft inhaltlich in der Kategorie der technologischen Rationalität aufgehen und damit verschwinden, sondern diese ermöglichen m. E. ein solches Konzept erst als tragfähiges. Die Diskussionen hier tragen zu einem Verständnis bei, das Rationalität als geschichtlich veränderlichen Herrschaftsmechanismus auffaßt. Wie sich zeigt, kann ein solcher noch sehr allgemeiner Erklärungsansatz für Untersuchungen nützlich sein, weil er den Beziehungen zwischen verabsolutierter zweckhafter Rationalität und sinnlichem Erkenntnisinteresse - z. B. in den Bereichen von Politik, Naturbeherrschung und Reproduktion - Rechnung trägt, ohne die strukturelle Ohnmacht der Beherrschten zu zementieren.

Zur Herausbildung einer solchen Sichtweise war die Auseinandersetzung mit Positionen der Kritischen Theorie sehr hilfreich, wenngleich diese Theoreme in der politischen Ausweglosigkeit ihrer radikalen Vernunftkritik oftmals eher patriarchaler Rationalität selbst verhaftet bleiben. Ein Grund dafür ist zweifellos darin zu sehen, daß Horkheimer und Adorno ihre politischen Erfahrungen der 40er Jahre aus den Zerstörungen des Faschismus gewonnen haben. Haben sich die politischen Verhältnisse auch verändert, so scheint doch gerade gegenwärtig angesichts der politischen Rationalisierung von Zerstörungsmöglichkeiten ungeahnten Ausmaßes der gesellschafts- und vernunftkritische Impetus der Dialektik von Mythos und Aufklärung wieder zwingend aktuell zu werden. Es zeigt sich, daß in Anspruch und Verheißung der Kritischen Theorie auf eine mögliche andere als die herrschende Vernunft m. E. ein besonderes Erfahrungspotential für das Denken und Handeln von Frauen, von Frauenforschung und Frauenbewegung enthalten ist. Ein Potential, welches die Beiträge in diesem Buch auch entdeckt haben und auf sehr unterschiedliche Weise angehen und erschließen.

Das, was bei einiger Begrenzung[2] die Bedeutung dieser Theorien für die Aufarbeitung von Geschichte und Gegenwart von Frauen durch Frauen ausmacht, sehe ich im Umkreis der Arbeiten hier auf drei mögliche Weisen repräsentiert: Horkheimer und Adorno unterziehen die Probleme technologischer Rationalität und ihre Folgen für die subjektive Deformation einer kritischen Analyse, die theoretisch in der Kritik an patriarchaler Vernunft und Herrschaft begründet ist. Von hier aus lassen sich Beziehungen zu einem weiblichen Erkenntnisinteresse herstellen, das sich vehement als Kritik an der gesellschaftlichen Rationalität artikuliert und diese nicht allein mit dem Blick auf die Gefährdung der sozialen Realität und der »natürlichen« Umwelt begründen will.

Der von der Sozialphilosophie und vom sozialwissenschaftlichen Denken der Kritischen Theorie erhobene Anspruch auf kritische, substantielle Vernunft fordert Frauen dazu heraus, für ihr theoretisches und praktisches Selbstverständnis Annäherungen und Abgrenzungen zu vollziehen. Dies wird, wie es sich in den Beiträgen zu diesem Buche zeigt, als Voraussetzung dafür verstanden, andere, eigene und neue Wege zu gehen und Konzepte zu entwikkeln, die den Zusammenhang von Politik, Natur und individuellen Lebensperspektiven theoretisch und praktisch zu erschließen vermögen.

In der Kritischen Theorie werden Aussagen über Entwicklung und Wirkung von Widerständigkeit gegen die herrschende Rationalität vermutet und mit Aussicht auf Erfolg auch gesucht. Hiermit verbinden sich Hoffnungen auf Erkenntnis- und Lebensformen für Frauen, in denen Eigensinn zu entwickeln und zu leben ist, – hoffnungsvolle Erwartungen, die durch diese theoretischen Ansätze jedoch schwerlich einlösbar sind.

Anhand dieser drei Anknüpfungsmöglichkeiten mit ihren vielversprechenden Perspektiven für inhaltliche Erklärungen können m. E. die Bedeutung der Kritischen Theorie und das Interesse an ihr für theoretische Arbeit und möglicherweise auch für praktisches Handeln von Frauen benannt werden.

Zur Klärung des theoretischen und praktischen gesellschaftlichen Selbstverständnisses von frauenbezogener Forschung reicht jedoch der Rekurs auf die Kritische Theorie – wie auch der Workshop zeigte – nicht aus. Die Beiträge hier belegen die Anstrengungen, spezifische methodische Zugangsweisen und Kriterien feministischer Vernunftkritik zu entwickeln, die die Struktur patriarchaler Logik sichtbar und bewußt machen und nicht durch bloße Abbildung letztlich verstärken. Eine solche Erarbeitung von geeigneten Zugängen, die in diesem Buche teils explizit, teils implizit vorangetrieben wurde, kann nicht auf bewährte Methoden der Frauenforschung zurückgreifen und ist auf die Suche neuer Wege verwiesen. Bei der Frage nach den eigenen Voraussetzungen und Kriterien feministischer Kritik an der herrschenden Vernunft scheint die Beziehung zu den Implikationen der geltenden Rationalität problematisch, da oftmals ungeklärt auch tatsächliche Vermischungen mit diesen stattfinden. Zu fragen wäre weiter, wie es in dem vorliegenden Buch auch geschieht, inwieweit diese Kriterien selbst in die Rationalitätsproblematik moderner Gesellschaften eingebunden sind – z. B. bei der Aneignung und dem Umgang mit Technik – und sich dieser Problematik nicht entziehen können, wenn sie Zugang zu deren Sinn gewinnen wollen.[3] Besonders dann, wenn dieser Sinn gesellschaftlichen Handelns höchst fragwürdig geworden ist und seine Kritik nicht Einbindung voraussetzt, sondern diese gerade aufzubrechen und zu sprengen verlangt, wird die Frage nach Distanz und Autonomie feministischer Kritik gegenüber den geltenden Rationalitätskriterien unausweichlich. Sie stellt sich auch in diesem Buch, ohne geklärt werden zu können.

Die Antworten darauf sind vielfältig, wie die Ansätze hier zeigen, ebenso das, was die Kritik der patriarchalen Rationalität in Bewegung zu bringen vermag. Der direkte oder indirekte kritische Rekurs auf Denken, Begriffe und Sichtweisen der Kritischen Theorie – es geht hier nicht um eine feministische Rezeption ihres sozialwissenschaftlichen Potentials – eröffnet unterschiedliche Zugriffe auf die Kritik der Struktur patriarchaler Herrschaft, aber er fordert gleichzeitig heraus zur Reflexion der Möglichkeiten und Stärken derer, die ausgegrenzt sind und als »Opfer« gelten: die Frauen. Die Beiträge hier, von der Kritischen Theorie zu eigenständigen Zugängen inspiriert, ermöglichen es, das Potential an Widerständigkeit, an »sinnlicher Vernunft« zu erschließen und somit die Frage nach den gesellschaftlichen Macht- und Herrschaftsbeziehungen zu stellen. Sie setzen an einem Problem an, das in allen Arbeiten mehr oder weniger explizit reflektiert wird, nämlich daran, wie besonders Frauen zu Komplizinnen ihrer eigenen Unterdrückung werden.[4] Und sie prüfen damit die Bereitschaft, aber auch die Grenzen weiblicher Kapazität für die Aufrechterhaltung und Befestigung patriarchaler Herrschaftsmechanismen. Die vorliegenden Arbeiten versuchen, der Frage nach Vereinnahmung, Ausgrenzung und Widerständigkeit von Frauen in der Weise nachzugehen, daß diese Frage mit dem Schwergewicht auf die Gegenwart und die Zukunft gestellt wird vor dem Hintergrund umfassender sozialer, kultureller und technologischer Wandlungsprozesse von unabsehbaren Folgen. Dazu wird an zentralen Dimensionen instrumentell-technologischer Rationalität die Widersprüchlichkeit sichtbar gemacht zwischen Komplizenschaft, der Vereinnahmung weiblicher Kompetenzen durch geltende Vernunftkriterien, zwischen Verdrängung von und eigensinniger Auflehnung gegen Unterdrückung.

Das geschieht hier im Buch auf einer ersten Ebene ansatzweise durch die Untersuchung darüber, inwieweit Positionen der Kritischen Theorie zu den Beziehungen von patriarchaler Herrschaft und gesellschaftlich herrschender Rationalität in bezug auf weibliche Kreativität in und außerhalb der Sphäre gesellschaftlicher Reproduktion Aussagen machen können. Gefragt wird im ersten Abschnitt nach den theoretischen und praktischen Folgen der Durchsetzung des geltenden Rationalitätsprinzips für die Geschlechterherrschaft und nach theoretischen Begründungen für die konkrete Wirksamkeit patriarchaler Herrschaftsbeziehungen. Die Aussagen und Deutungen von Denkansätzen der Kritischen Theorie hierzu, insbesondere ihr Beklagen der gesellschaftlichen Opferrolle der Frauen, werden anhand frauenbezogener Erkenntnisinteressen kritisch überdacht und in ihrer Begrenzung sichtbar gemacht.

Diese Untersuchungsebene wird im zweiten Abschnitt erweitert zu einer Analyse instrumenteller Vernunft, die die Widersprüche zwischen Instrumentalisierung, Ausgrenzung und Widerständigkeit von Weiblichkeit am Naturverständnis und an der Naturbeherrschung erkennbar macht. Auch in diesen Beiträgen erweist sich Rationalität als zentrales Konzept zur Untersuchung der patriarchalen Unterjochung der Natur und Naturzerstörung. Mit seiner Hilfe kann aufgezeigt werden, wie durch geltende Denk- und Handlungsverbote die Abspaltung von Weiblichkeit als kruder Natur von der Vernunft als scheinbarer Verkörperung des Sinnhaften betrieben wurde und wird. Gleichzeitig wird an dieser Dimension von Zerstörung auch das Verdrängte, Ausgegrenzte der weiblichen Lebenszusammenhänge sichtbar, ein Prozeß, der politisch durch die gesellschaftliche Arbeitsteilung eine Trennung von öffentlich und privat erzwungen hat. Ein anderer Natur- und Weltumgang, der sich auf die Bedürfnisse nach ganzheitlicher und lebendiger, Leben bewahrender Umgangsweise beruft, hat sich zwar angekündigt und scheint sich bereits in einzelnen Gruppen durchzusetzen. Freilich muß sich eine solche sinnliche, fantasievolle Welterfahrung und -aneignungsweise heute noch immer legitimieren als dem geltenden Standard naturwissenschaftlicher und gesellschaftlicher Rationalität entsprechend.

Welche Folgen hat dieser Abspaltungsprozeß für eine weibliche Kreativität gehabt und welche Wirkungen sind festzustellen? In einem dritten Abschnitt werden nicht nur die Zerstörungsprozesse patriarchaler Rationalität benannt, sondern das Denken über eine politische Kultur von Frauen wird aufgenommen; Formen der politischen Selbstbehauptung und die möglichen politischen Folgen von weiblichem Aufbegehren werden reflektiert. D. h., die Argumentationen spüren den Möglichkeiten einer geschlechtsunterschiedlichen Verknüpfung von Sinnlichkeit und Politik nach, die über die Rationalitätskritik der Kritischen Theorie hinausgehen. Das hierzu entwickelte und diskutierte Konzept, das die Konstituierung sozial definierter Geschlechtsunterschiede durch gesellschaftliche Zuschreibungen und damit durch kulturelle Reproduktion erfaßt, ist in der Lage, auch die Widersprüchlichkeiten bei Frauen in der Artikulation und Durchsetzung politischer Interessen aufzuzeigen.

Die Arbeiten des vierten und letzten Abschnitts fragen nach den weiblichen Erfahrungs- und Handlungspotentialen, die über ihre Einbindung in die Rationalitätsproblematik hinaus Veränderungen von Politikprozessen in Gang bringen können. Sie sehen sich vor der Notwendigkeit, diese Frage zu konfrontieren mit Aussagen über Rationalisierungszwänge in unterschiedlichen Bereichen der gesellschaftlichen Reproduktion. Es zeigt sich, wie stark politische und reproduktiv organisierte Lebenszusammenhänge ineinandergreifen und in welchem Maße instrumentell-technologische Rationalität beide Lebensformen strukturiert, ja dominiert. Die Beiträge zeigen auch anhand der Betroffenheit der Autorinnen, wie soziale und individuelle Widerständigkeit bei Frauen entsteht und in der Lage ist, herrschende Strukturen technologisch-politischer Zweckhaftigkeit aufzubrechen.

Die Argumentations- und Arbeitsweise der Beiträge ist unterschiedlich, verdeutlicht jedoch einhellig die Rolle der geschichtlichen Veränderungen für den Wandel von Rationalitätsprinzip und -mechanismen in den Lebensbereichen mit reproduktiver und nichtreproduktiver Arbeit. So lassen sich liberalisierende Entwicklungen in der Sexualität oder in den Zulassungsmodalitäten zu patriarchal besetzten und normierten Berufspositionen analysieren als teilweise Realisierung eines Potentials an sinnlich-rationalem Eigensinn, das sich der herrschenden Rationalität entzieht. Diese Entwicklungstendenzen sind jedoch gleichzeitig auch den sich verändernden Formen von gesellschaftlichen Rationalisierungsprozessen selbst geschuldet.

Die Beiträge dieses Bandes arbeiten sich anhand methodisch unterschiedlicher Zugänge mit Konzepten von instrumentell-technologischer Rationalität an der besonderen Struktur gegenwärtiger patriarchaler Macht und Herrschaft ab. Dabei geben sie Aufschlüsse darüber, wie sich das der patriarchalen Struktur immanente Rationalitätsprinzip im Vergleich mit anderen historischen Phasen heute vermittelt als hochkomplexer Rationalisierungsmechanismus, dem lebensbedrohende, schwer auffangbare Zerstörungs- und Gewaltpotentiale immanent sind. Die Untersuchungen hier führen aber weiter und verweisen auf jenes Potential an Sinnlichkeit und Widerständigkeit, das seinen eigenen gesellschaftlichen Sinn hat und sich der Rationalisierungsproblematik erfolgreich widersetzen kann. Hier stecken Herausforderungen für feministische Vernunftkritik – und nicht nur für sie, jedoch für sie besonders aufgrund der Erfahrungen, die Frauen im Laufe der Geschichte mit der herrschenden Rationalität gemacht haben.

Mit dem vorliegenden Band verbinden sich bei mir der Wunsch und die Hoffnung, daß diese Herausforderungen von wissenschaftlich und praktisch arbeitenden Frauen vielfältig aufgenommen werden, um sie in die gemeinsamen Anstrengungen um das Sinnlich-Eigensinnige der Rationalität mit einzubeziehen und um Vernunft zur sinnlichen Vernunft hin aufzubrechen, die für das Leben einsteht.

Anmerkungen

1 *Schaeffer-Hegel, Barbara,* (Hrsg.), Frauen und Macht. Der alltägliche Beitrag der Frauen zur Politik des Patriarchats. Berlin 1984.
2 *Habermas, Jürgen,* Theorie des kommunikativen Handelns, Bd. 1, S. 489 ff.
3 A. a. O., S. 8.
4 *Thürmer-Rohr, Christina,* Aus der Täuschung in die Ent-Täuschung. Zur Mittäterschaft von Frauen. In: Beiträge zur feministischen Theorie und Praxis, H. 8, 6. Jg. 1983, S. 11–26.

I INSTRUMENTELLE VERNUNFT UND WEIBLICHES ERKENNTNISINTERESSE

Ursula Beer

Das Zwangsjackett des bürgerlichen Selbst - Instrumentelle Vernunft und Triebverzicht -

Wenig beachtet von den Exegeten der Kritischen Theorie, vernachlässigt aber auch von denjenigen, die ihre Arbeit in Fortsetzung dieser Tradition verstehen, führen bestimmte Gedanken ihrer Begründer ein Schattendasein im wissenschaftlichen Diskurs. Fast scheint es, als werde aus dem Bewußtsein verdrängt, was Horkheimer und Adorno - ich beziehe mich im folgenden auf deren »Dialektik der Aufklärung« und Horkheimers »Zur Kritik der instrumentellen Vernunft« - vor mehr als vierzig Jahren auf den Begriff zu bringen suchten: das Zusammenwirken von Klassen- und Geschlechterunterdrückung mit der Entstehung einer spezifisch patriarchalen Rationalität als Merkmal der abendländischen Kultur. Dies mag von manchen als Überpointierung ihres Anliegens kritisiert werden und wird in dieser Eindeutigkeit auch nicht von ihnen ausgesprochen. Dennoch meine ich, daß dieser thematische Komplex sich als roter Faden insbesondere durch die »Dialektik der Aufklärung« hindurchzieht.

Die Frauenforschung sah in den vergangenen Jahren wenig Anlaß, sich mit diesen beiden Autoren näher zu befassen. Allenfalls Marcuses Versuch, das emanzipative Potential der Frauenbewegung auszuloten[1], fand - kritisches - Interesse[2]. Neuerdings scheint sich das zu ändern. Kritische Theorie, besonders die Horkheimersche Variante, wird zu Positionen der autonomen Frauenbewegung in Beziehung zu setzen gesucht[3], die Kritische Theorie auch im Zusammenhang mit Marx, Weber und Habermas auf ihre Aussagefähigkeit für feministische Analysen überprüft[4].

Das relativ spät erwachte Interesse von Frauenforscherinnen an der Kritischen Theorie hat vermutlich vielfältige Gründe, sie zu diskutieren ist hier nicht der Platz. Dennoch fällt auf, daß der plötzliche Rekurs auf die Kritische Theorie zeitlich zusammenfällt mit einer Konjunktur des mythischen Denkens - Horkheimer und Adorno hätten es so bezeichnet - auch in der Frauenbewegung und mit einer besonders in Feuilletons bewegt beklagten allgemeinen Absage an »Vernunft«. Dies wiederum steht unbestreitbar in einem inneren Zusammenhang mit der gegenwärtigen gesellschaftlichen Situation. Die manifeste Krisenhaftigkeit westlicher Industriegesellschaften infolge Umweltzerstörung, Massenarbeitslosigkeit, Erosion tradierter Geschlechterbeziehungen wird einerseits durch die Flucht in Mythen zu bewältigen ver-

Odilon Redon: Helmet.

sucht - erinnert sei an den Boom von »Phantasy«-Produkten in den Massenmedien -, eben weil dem einzelnen fortgesetzt seine Ohnmacht gegenüber den gesellschaftlichen Verhältnissen demonstriert wird. Die ökologische und ökonomische Krise nimmt Züge von Schicksalhaftigkeit an, der sich scheinbar niemand entziehen kann. Andererseits mobilisiert die augenscheinliche Ausweglosigkeit gerade auch dort Widerstand, wo Horkheimer und Adorno seinerzeit selbst ansetzten: im kritischen Denken, das Ursachen ergründen will, um so einen Beitrag zur Überwindung des gegenwärtigen Zustandes zu leisten.

Das darf jedoch nicht darüber hinwegtäuschen, daß Horkheimer und Adorno in den vierziger Jahren auf eine ganz bestimmte gesellschaftliche Situation zu antworten suchten, die der heutigen nicht unmittelbar vergleichbar ist: faschistische Gewaltherrschaft, Antisemitismus, sinnlose kriegerische Zerstörung. So gilt die 1942 begonnene »Dialektik der Aufklärung« der »Erkenntnis, warum die Menschheit, anstatt in einen wahrhaft menschlichen Zustand einzutreten, in eine neue Art von Barbarei versinkt«[5]. Das übergreifende Moment, das Horkheimers und Adornos radikaler Kritik am Denken der Aufklärung noch immer Aktualität verleiht, liegt nicht allein in der Einsicht, daß instrumentelle Vernunft - um den Horkheimerschen Terminus zu gebrauchen - heute ein Vernichtungspotential hervorbringt, das den Wahnsinn des Zweiten Weltkrieges in den Schatten zu stellen droht. Ihrer Zeit weit voraus und - selbst bürgerliche Individuen - doch an sie gebunden, verfolgen sie eine Spur, der heute das zentrale Interesse von Frauenforschung gilt: das regressive Moment in patriarchaler Rationalität aufzudecken. Genau dies wird in ihrer Kritik am aufklärerischen Denken deutlich sichtbar.

I. In »Zur Kritik der instrumentellen Vernunft« unterscheidet Horkheimer zwei Formen des abendländischen Denkens, vernunftgeleitetes und instrumentelles Denken. Ersteres ist nur denjenigen möglich und zugänglich, »die des Eros« fähig sind.[6] Die Abkoppelung des Denkens von Sinnlichkeit und Erfahrung ist Merkmal instrumenteller Vernunft. Wie in der »Dialektik der Aufklärung« ausführlich auf den Begriff gebracht und eigentlich ein Topos, der die gesamte Kritische Theorie durchzieht, besteht sie auf dem inneren Zusammenhang von Triebverzicht und Herrschaft. Dieses Bedingungsgefüge identifizieren Horkheimer und Adorno nicht schlicht als Phänomen, das in Klassengesellschaften unterschiedslos jeden betrifft. Sie verlassen den durch die Marxsche Theorie gesetzten Rahmen der Betrachtung von Kollektivsubjekten; ihren Gegenstand bildet die Repression von Sinnlichkeit und unmittelbarer Erfahrung im Zusammenhang von Herr-schaft - nicht als die einer Klasse, sondern die des bürgerlichen Individuums, das freilich eingebunden ist in Klassenbeziehungen. Horkheimer und Adorno verstecken sich nicht hinter neutraler Begrifflichkeit; sie sprechen aus, was sie meinen. Gleichwohl bleibt das Substrat patriarchaler Herrschaft unbestimmt. Was sie unter »patriarchal« verstehen – den Terminus »Patriarchat« verwenden sie nicht – changiert zwischen den Merkmalen der Klassengesellschaft und individueller Haltung. Ihr Bezugspunkt ist der Mann, der patriarchale Mann, der über andere herrscht und der über Besitz verfügt. Den Beginn bürgerlichen Denkens und Philosophierens sehen sie im Aufstieg der Polis. Modell des Individuums, das die Polis hervorbringt, ist der griechische Held. Er ist zugleich Bürger, und nur der Bürger ist frei und der Vernunft fähig, so Platon und später auch Aristoteles; Sklaven, Frauen und Kinder sind davon ausgenommen. Deren Tugend besteht im Gehorsam. Erkenntnis als Geschäft der Philosophen und ausgerichtet an der »Idee des höchsten Gutes« war auf diese Weise stets an materiale Herrschaft gebunden. Nicht allein instrumentelle Vernunft, als deren hervorstechendstes Merkmal Horkheimer deren Zweckgerichtetheit bezeichnet, war so Philosophie im Interesse von Herrschaft. Auch die aufs Ganze zielende objektive Vernunft hatte keine Bedenken, »vernünftige« Begründungen für die Herrschaft über diejenigen zur Verfügung zu stellen, denen Freiheit und Vernunft von vornherein abgesprochen war. Das Fundament der griechischen Polis bildeten Klassen- *und* patriarchale Herrschaft.

Derartige Ambivalenzen im Begriff einer objektiven Vernunft mindern nicht ohne weiteres deren Erkenntniswert, weisen sie allerdings in ihrer Zeitgebundenheit aus. Horkheimer bestand stets auf der Gültigkeit der Einsicht der Dialektiker, Philosophie sei ihre Zeit in Gedanken gefaßt, jedoch stets bestrebt, ins Unbekannte, nicht Erkannte vorzustoßen und damit Grenzüberschreitungen zu wagen. Herrschaft, die sie doch auch legitimiert, wird damit tendenziell infrage gestellt; die Idee eines höchsten Gutes irgendwann auch von denjenigen reklamiert, die zunächst davon ausgeschlossen sind. Ganz anders die instrumentelle Vernunft: nicht ausgerichtet an höchsten Werten, statt dessen an Verfahrensweisen und vorgegebenen Zielen, eignet sie sich auf besondere Weise zur Indienstnahme durch Herrschaft. Folgerichtig findet sie ihre vollkommenste Ausprägung in der industriell-kapitalistischen Gesellschaft. Diese nimmt instrumentelle Vernunft voll in den Dienst zur Beherrschung von Mensch und Natur. Letztere wird nur noch als Werkzeug begriffen, totaler Ausbeutung ausgeliefert und durch keine von Vernunft gesetzten Ziele mehr geschützt.

Die »Inthronisierung des Mittels als Zweck« habe, so Horkheimer und Adorno, im Spätkapitalismus den Charakter offenen Wahnsinns angenommen.[7] Horkheimer lehnt es ab, beide Konzeptionen von Vernunft gegeneinander auszuspielen und sie als voneinander unabhängige Denkweisen zu betrachten. Ihr Gegensatz drücke zwar eine reale Antinomie aus, gerade deshalb bestehe die Aufgabe der Philosophie darin, die wechselseitige Kritik voranzutreiben, die Versöhnung beider anzustreben.[8] Horkheimer redet nicht blinder Technikfeindlichkeit das Wort. Eher kommt es ihm darauf an, instrumentelle Vernunft und deren Herrschaftsanspruch *über* Natur in die Vorstellung von objektiver Vernunft zu integrieren. Sie wäre damit letztlich aufgehoben. Die Herrschaft über etwas stünde dann zur Disposition, handle es sich um die über Menschen oder um die über Sachen; Zweck-Mittel-Relationen dann in einem Erkenntnisinteresse, das Natur nicht ausbeuten, sondern bewahren will.

Horkheimer und Adorno identifizieren in der »Dialektik der Aufklärung« eine Kontinuität instrumentellen Denkens bis in die Gegenwart. Gleichgültig, ob diese Form abendländischen Denkens an eine Gesellschaftsformation gebunden ist, die auf unmittelbarer, personaler Herrschaft beruht, oder an eine, die sich durch mittelbare und versachlichte Abhängigkeiten auszeichnet, sie ist für sie allemal patriarchal und besitzt gleichzeitig Klassencharakter. Beider Analyse läuft auf die Forderung hinaus, Erkenntnis sei als Werkzeug der Vernunft in den Dienst zu nehmen. So gilt bereits für die Aufklärung, daß erst gedankliche Konstrukte und Vorstellungen die Möglichkeit schufen, sich denkend von Natur zu distanzieren – um sie dann zu unterwerfen. Dasselbe gilt für den Prozeß der Naturbeherrschung. Sofern der Mensch sich in sie eingebettet weiß, sich selbst als Teil der Natur versteht, ist die für den Erkenntnisprozeß notwendige Distanz zur Sache nicht bereits die Distanz der Herrschaft. Die Nähe ihrer Gedanken zu den Marxschen Frühschriften ist unverkennbar.[9] Wenn Horkheimer und Adorno vorschlagen, begreifendes Denken als *Instrument* der Transformation von Natur und Gesellschaft aufzufassen, dessen man sich auf die verschiedenste Weise bedient, dann ist mit dieser Aussage die Absage an jegliche Begriffsmetaphysik verbunden. Erkenntnis ist auf das Unbekannte gerichtet, dem Bekannten immer einen Schritt voraus und stets auch mehr als nur die Ahnung des Unbekannten. Denken, das auf die Veränderung des Bestehenden abzielt, verweigert sich vorschneller Harmonisierung, hält gesellschaftliche Entzweiung aus und begreift sich selbst als entzweit.

II. Den Vorstoß ins Unbekannte erheben Horkheimer und Adorno zum Programm. Wenn aufklärerisches Denken einer vernichtenden Kritik unterzogen wird, so doch immer in der Hoffnung, sie möge einem positiven Verständnis von Vernunft den Weg bereiten, denn »umwälzende Praxis . . . hängt ab von der Unnachgiebigkeit der Theorie gegen die Bewußtlosigkeit, mit der die Gesellschaft das Denken sich verhärten läßt«.[10] Die Ausdeutung der Odyssee in der »Dialektik der Aufklärung« ist Kritik an der Aufklärung und gilt der Vorbereitung eines solchen positiven Verständnisses aufklärerischer Vernunft, das »sie aus ihrer Verstrickung in . . . blinde Herrschaft löst«.[11]

Warum der Rekurs auf die Odyssee? Sie gilt Horkheimer und Adorno als eines der frühesten Zeugnisse bürgerlich-abendländischer Zivilisation. Im

Mittelpunkt ihrer Darstellung – der Dialektik von Mythos und Aufklärung – stehen die Begriffe Opfer und Entsagung. An ihnen versuchen sie die Differenz und zugleich Einheit von mythischer Natur und aufgeklärter Naturbeherrschung aufzuzeigen: Schon der Mythos ist Aufklärung, und Aufklärung schlägt in Mythologie zurück. »Nimmt Aufklärung die Reflexion auf dieses rückläufige Moment nicht in sich auf, so besiegelt sie ihr eigenes Schicksal.«[12] Denn nur »die ihrer selbst mächtige, zur Gewalt werdende Aufklärung selbst vermöchte die Grenzen der Aufklärung zu durchbrechen« – so der Schlußsatz des Kapitels »Elemente des Antisemitismus. Grenzen der Aufklärung«.[13] Fortschritt schlägt in Rückschritt um, wenn die Bedingungen fortschrittgeleiteten Denkens nicht der kritischen Prüfung unterzogen werden. Diese Überlegung schließt ausdrücklich die Marxsche Theorie ein. Die diskursive Logik, die »Herrschaft in der Sphäre des Begriffs«, entwickelt sich auf der Grundlage materialer Herrschaft. Die Verflechtung von rationalem Denken mit gesellschaftlicher Wirklichkeit wird in der Odyssee offenbar, ebenso wie die davon nicht abzutrennende von Natur und Naturbeherrschung.

»Furchtbares hat die Menschheit sich antun müssen, bis das Selbst, der identische, zweckgerichtete, männliche Charakter des Menschen geschaffen war, und etwas davon wird noch in jeder Kindheit wiederholt. Die Anstrengung, das Ich zusammenzuhalten, haftet dem Ich auf allen Stufen an, und stets war die Lockung, es zu verlieren, mit der blinden Entschlossenheit zu seiner Erhaltung gepaart.«[14] Die Rede ist von Odysseus und gleichzeitig von einem Charaktertypus, der noch nicht einmal auf das männliche Geschlecht beschränkt ist. Den männlichen Charakter des bürgerlichen Selbst identifizieren Horkheimer und Adorno auch bei Frauen, die sich an patriarchale Werte anpassen und sie übernehmen. Ist das patriarchale Selbst des bürgerlichen Mannes gebrochen innerhalb seiner Selbstentfremdung, vollzieht sich diese Brechung bei Frauen auf doppelte Weise. Indem sie die patriarchale Wertordnung für sich übernehmen und damit die Entfremdung des bürgerlichen Mannes von sich selbst, verdoppelt sie sich bei ihnen noch einmal dadurch, daß sie eben keine Männer sind und einer Weltdeutung folgen, die an der Unterdrükkung ihres eigenen Geschlechts ausgerichtet ist.

Odysseus ist griechischer Bürger. Er verfügt über Grundbesitz und herrscht über Menschen. Für Horkheimer und Adorno ist er geradezu Prototyp des bürgerlichen Individuums, seinen eigenen Bedürfnissen wie anderen Menschen so sehr entfremdet, daß er sie nur noch als Instrumente zur Realisierung von Zwecken wahrnimmt und benutzt. Die Abenteuer, die Odysseus besteht, deuten sie als gefahrvolle Lockungen; geeignet, das bürgerliche Selbst aus der »Bahn seiner Logik« herauszuziehen. Die gesellschaftliche Ordnung, in der Odysseus lebt, ist bereits die einer Klassengesellschaft: Herrschaft und Arbeit treten auseinander. Odysseus, der Grundbesitzer, läßt andere für sich arbeiten. Unter Berufung auf die Dialektik von Herr und Knecht[15] weisen Horkheimer und Adorno auf die Folgen des Ausgenommenseins von Arbeit hin: Es verstümmelt den Herrn ebenso, wie der Knecht durch den Zwang zur Arbeit als Mensch verkümmert. Der eine hat verlernt zu genießen, der andere kann es nicht, weil die Monotonie des Arbeitszwangs seine Empfindungen abstumpfen läßt. »Es bedarf all der überflüssigen Opfer: gegen das Opfer. Auch Odysseus ist eines, das Selbst, das immerzu sich bezwingt und darüber das Leben versäumt, das es rettet und doch bloß als Irrfahrt erinnert.«[16] Die patriarchale Rationalität läßt sich nur um den Preis von Triebverzicht aufrechterhalten. Der Herr leistet ihn ohne äußeren Zwang, dem Knecht wird er von außen auferlegt. Instrumentelle Vernunft ist das Mittel, den Triebverzicht gegen die Verlockung durchzusetzen. Mit der Metapher »Triebverzicht« kritisieren sie die Unfähigkeit des bürgerlichen Individuums zum Genuß, d. h. sich seinen Gefühlen und anderen hinzugeben; eine Fähigkeit, die nur dem seiner selbst bewußten Individuum eigen ist.

Drei zentrale Konstellationen werden in Horkheimers und Adornos Exkurs »Odysseus oder Mythos und Aufklärung« sichtbar. In ihnen sind Arbeit und Sinnlichkeit auf jeweils besondere Weise miteinander verknüpft. Die Schilderung der Vorbeifahrt von Odysseus' Boot an der Insel der Sirenen akzentuiert das über Arbeit konstituierte Herrschaftsverhältnis zwischen diesem und den Gefährten, den Ruderern. Die Unterdrückung von Sinnlichkeit, der Triebverzicht ereignet sich nicht angesichts realer Personen. Niedergehalten werden unbestimmte Wünsche und Sehnsüchte, symbolisiert im Gesang der Sirenen, die von Odysseus und den Gefährten durch das Wasser getrennt sind. In einer zweiten Konstellation verschieben sich die Akzente. Im Vordergrund stehen nun Sinnlichkeit und Triebverzicht auf andere Weise. Die Zauberin Kirke, von Horkheimer und Adorno mit Zügen der bürgerlichen Hure versehen, betritt als ganz konkrete Person die Szene. Der Herr und die ihm Untergebenen reagieren auf Kirke sehr unterschiedlich. Der eine hat seine Bedürfnisse unter Kontrolle, die anderen geben ihnen nach. Und es ist Kirke, die das Geschehen aktiv bestimmt, während die Sirenen eher passiv im Hintergrund bleiben. In der dritten Konstellation - Odysseus' Heimkehr nach Ithaka und zu Penelope - tritt er auf als Grundherr und Ehemann. Auch Penelope verleihen Horkheimer und Adorno bürgerliche Züge - die der Ehefrau, die dem abwesenden Mann sein Privateigentum sichert, den Sachbesitz und sich selbst. Hier erhält »Arbeit« als Synonym für die Beziehungen zwischen dem Herrn und seinen Untergebenen wieder Vorrang. Sinnlichkeit erscheint demgegenüber nicht als Triebverzicht, sondern als dessen Befriedigung in verfremdeter Gestalt - als Rache.

III. Während der Vorbeifahrt an der Insel der Sirenen ist Odysseus doppelt gefesselt. Fest an den Mast gebunden, ist er beim Hören des Sirenengesangs bereit, den Klängen zu folgen und sich seinen Wünschen zu überlassen. In dem Augenblick, als sie zum Durchbruch kommen und er die Gefährten bittet, ihm die äußeren Fesseln abzunehmen, nachdem er die inneren zuvor selbst abgestreift hat, wird offenbar, daß er selbst seinen Teil dazu beitrug, dies zu verhindern. Odysseus, der Herr, gab den Gefährten den Befehl, sich die Ohren fest zu verstopfen, um den Gesang der Sirenen nicht zu hören. So können sie die Lieder nicht vernehmen, aber auch nicht die Bitten des Odysseus, ihn loszubinden. Arbeitsteilung und Herrschaft binden Odysseus auf besondere Weise. Wenn er schon seine Bedürfnisse und Wünsche nicht unter Kontrolle hat, so doch zumindest die strukturellen Bedingungen, die Odysseus als Herr über andere bestätigen. Die Gefährten folgten seinem Befehl, Odysseus kann ihn nicht rückgängig machen. Er hat es vorausgesehen und verhindert. Ob Odysseus Schuld oder Scham empfunden haben mag, als er die Gefährten bat, ihn loszubinden und damit offen eingesteht, daß er schwach ist? Im Panzer des bürgerlichen Selbst werden Risse sichtbar; Odysseus, der zunächst ja nicht daran denkt, daß die Gefährten ihn nicht hören können, gesteht ein, daß es ihm an Selbstkontrolle fehlt. Indem Sehnsucht und Wunsch in ihm die Oberhand gewinnen, verliert er die Herrschaft über das bürgerliche Selbst und dessen wichtigste Komponente, die permanente Bereitschaft zum Triebverzicht.

Horkheimers und Adornos Darstellung des Mythos geht in eine ganz bestimmte Richtung. Odysseus wird nicht schwach angesichts der Lockung und Verheißung verführerischer Frauen. Was ihn anzieht, ist ihr Gesang. Daß die Sirenen Frauen sind, fließt eher beiläufig in die Erzählung ein. Zentral ist die Lockung, die von ihnen ausgeht, und das Verderben, das sie bringen. Daß die Sirenen Frauen sind, mag für die Vorbeisegelnden zunächst von nicht allzu hoher Bedeutung sein. Kein Mann kann ihnen widerstehen, es sei denn, er setzte List ein – Horkheimer und Adorno sprechen von der List des Odysseus als dem »rational gewordenen Trotz«. Mit deren Wirkung als Frauen hat dies scheinbar nichts zu tun, nichts aber auch damit, daß die Sirenen vielleicht selbst Interesse an den Männern haben, die an der Insel vorbeifahren. Die Sirenen, durch das Wasser von den Vorbeisegelnden getrennt, locken mit ihrem Gesang. Geht Lockung von ihnen dadurch aus, weil sie so weit entfernt sind? Negt/Kluge stellen lapidar fest, »Sie sind das, was er (Odysseus, UB) als Natur in sich ausgegrenzt hat.«[17] Sie sind keine gewöhnlichen Frauen, sondern Halbgöttinnen – Symbol des Unerreichbaren? Wenn Odysseus, Prototyp des beherrschten Mannes, ihrer Versuchung innerlich nachgibt, die ja eigentlich die seine ist, durch die äußeren, von ihm selbst geschaffenen Umstände jedoch daran gehindert wird, dem Wunsch zu folgen und sich und die Gefährten dadurch ins Verderben zu stürzen, dann ist ihm dies letztlich doch nicht als Mangel an Selbstkontrolle anzulasten. Die Logik des Bürgers identifiziert

Sinnlichkeit mit Verderbnis, und das nicht zu Unrecht. Das bürgerliche Selbst wird durch die Unterdrückung von Lust zusammengehalten, kanalisiert Sexualität in die Form ehelicher oder gekaufter Lust. Alles andere gefährdet den patriarchalischen Charakter. Sowohl die Ehefrau als auch die Hure werden von Horkheimer und Adorno als »Zurichtungen von Weiblichkeit« bezeichnet, die dem bürgerlichen Selbst nicht gefährlich werden können. Die eine ist permanent von ihm abhängig, die andere wird zeitweise gekauft. Die Sirenen sind weder das eine noch das andere. Sie sind Halbgöttinnen, und welcher sterbliche Mann könnte ihnen widerstehen? Dort, wo das bürgerliche Selbst brüchig wird, hält es sich durch die Suggestion zusammen, es bedürfe übermenschlicher Kräfte, es zu erschüttern. Das gelingt nicht gewöhnlichen Frauen. Zauberinnen, Halbgöttinnen, Hexen stehen übernatürliche Kräfte zu Gebot, die die festgefügte Identität des bürgerlichen Selbst zu erschüttern vermögen. Die eigenen Sehnsüchte erscheinen so als Lockung, die von übersinnlichen Mächten ausgeht, gewonnen ist damit zweierlei. Wer der Versuchung nachgibt, kann sich vor sich selbst und vor anderen dadurch rechtfertigen, es sei nicht alles mit rechten Dingen zugegangen. Nicht ich bin es, der Sehnsucht hat oder Wünsche verfolgt, sondern andere richten ihre Wünsche auf mich, denen ich mich widersetze, sofern sie nicht in gesellschaftlich sanktionierter Form auftreten. Gelingt mir das nicht, dann waren übersinnliche Mächte im Spiel. Fair play vorausgesetzt, wird sich immer das bürgerliche Selbst behaupten; kommt Übersinnliches ins Spiel, kann es von keinem zur Verantwortung gezogen werden.

In der Gestalt Kirkes nimmt die Verlockung menschliche Gestalt an. Bleiben die Sirenen konturenlos und erreichte die von ihnen ausgehende Versuchung Odysseus nur in der Form des Gesangs, tritt Kirke als begehrenswerte Frau auf, die ihre Weiblichkeit strategisch einzusetzen weiß. Auch Kirke ist keine gewöhnliche Frau. Sie ist Zauberin. Wer ihr verfällt, unterwirft sich keiner Hure, die nichts als flüchtigen Genuß zu bieten hat. Horkheimer und Adorno bezeichnen Kirke abwechselnd als Hure, Dirne, Hetäre. Letzteres scheint noch am ehesten zu treffen. Kirke ist gebildet und reizvoll. Als Zauberin ist sie noch dazu mit übersinnlichen Kräften ausgestattet. Selbst hier braucht das bürgerliche Selbst sich nicht schuldig zu fühlen, wenn es schwach wird wie die Gefährten. Odysseus widersteht ihr, wie schon zuvor der Lokkung der Sirenen, und gewinnt sie dann. Sie wird ihm hörig.

Für Horkheimer und Adorno ist die Gestalt der Kirke Sinnbild des ersten weiblichen Charakters. »Auf die Lust, die sie gewährt, setzt sie den Preis, daß die Lust verschmäht werde; die letzte Hetäre bewährt sich als erster weiblicher Charakter. Beim Übergang von der Sage zur Geschichte leistet sie einen entscheidenden Beitrag zur bürgerlichen Kälte. Ihr Verhalten praktiziert das Liebesverbot, das späterhin um so mächtiger sich durchgesetzt hat, je mehr

Liebe als Ideologie über den Haß der Konkurrenten betrügen mußte.«[18] Wir erfahren nicht, was Kirke veranlaßt, sich Männer hörig zu machen und selbst zur Hörigen des Odysseus zu werden. Sie will nur mit demjenigen schlafen, der sich ihr verweigert. Die anderen, die ihrem Zauber unterliegen, verwandelt sie in Schweine: in Tiere, die *ihr* hörig sind. Kirke will nicht geliebt werden, und wer sie begehrt, setzt sich ihrer Geringschätzung aus - sie verwandelt ihn in ein Tier. So werden die Gefährten des Odysseus zu schnüffelnden Hausschweinen, mit der Nase im Dreck und auf allen Vieren in Bewegung. Verachtet sie den, der sie begehrt? Welche Bedeutung hat es, daß sie den begehrt, der sie zurückweist? Kirkes Beziehungen zu Männern, das Verhältnis von Odysseus und seinen Gefährten zu ihr sind von Ungleichheit und Herrschaft geprägt. Die bürgerliche Frau als Ergänzung zum bürgerlichen Mann ist auf ihre Weise verstümmelt, sei sie nun Hure oder Ehefrau. Gegenüber den Männern, die Kirke begehren, behält sie die Oberhand. Sie macht mit ihnen, was sie will. Ihr genügt deren Hörigkeit, zerstören will sie sie nicht. Die wilden Tiere, die sie umgeben, auch Odysseus' Gefährten in der Gestalt von Schweinen, sind Kirke zwar hörig, dabei jedoch ganz friedlich, vielleicht sogar zufrieden. Ganz anders das Verhältnis zu Odysseus. Er verweigert sich ihr; sie ist es, die ihn begehrt und sich ihm dann unterwirft. Kirke scheint so ständig bestrebt, Männer auf Distanz zu halten und ihnen gegenüber auch selbst den Abstand zu wahren. Sie macht sich zur Herrin über sie und unterwirft sich selbst - Nähe ist damit in jedem Fall ausgeschlossen. Obwohl Kirke die Initiative ergreift, konstituieren sich die Beziehungen auch über das Verhalten der Männer. Die Gefährten des Odysseus verhalten sich dergestalt, daß der Zauber Kirkes seine volle Wirkung entfalten kann. Möglicherweise provoziert auch erst Odysseus' Verhalten die Unterwerfungsbereitschaft Kirkes. Von vornherein steht nicht fest, wer herrschen und wer beherrscht sein wird. Bei Horkheimer und Adorno fließen in die Schilderung des Verhältnisses Odysseus-Kirke unvermittelt Reflexionen über die Liebe ein. »In der Welt des Tausches hat der Unrecht, der mehr gibt; der Liebende aber ist allemal der mehr Liebende. Während das Opfer, das er bringt, glorifiziert wird, wacht man eifersüchtig darüber, daß dem Liebenden das Opfer nicht erspart bleibe. Gerade in der Liebe selber wird der Liebende ins Unrecht gesetzt und bestraft. Die Unfähigkeit zur Herrschaft über sich und andere, die seine Liebe erzeugt, ist Grund genug, ihm die Erfüllung zu verweigern.«[19] Sprachliche Konvention erweckt den Eindruck, als sei der bürgerliche Mann der Liebende, von dem die Rede ist. Doch Odysseus liebt Kirke nicht, und auch bei ihr deutet nichts darauf hin. Odysseus behält die Kontrolle über sich und gewinnt sie über Kirke. In der bürgerlichen Welt sind beide im Recht. Kirke allerdings setzt ihre übersinnlichen Fähigkeiten freiwillig ein, zu Gunsten des Odysseus. »Die Prophezeiungen der depotenzierten Zauberin über Sirenen, Szylla und Charybdis kommen am Ende doch wieder nur der männlichen Selbsterhaltung zugute.«[20] Mit spürbarer Kritik am weiblichen Verhalten und an der Gesellschaft, die diese Verhaltensweisen prämiiert: Klugheit nicht im eigenen Interesse, sondern in dem des Mannes einzusetzen, der ihren Rat doch wieder nur für seine eigenen nutzt, erkennen Horkheimer und Adorno »die Fratze weiblicher Klugheit«. Kirke wäre gut beraten, ihre Fähigkeiten nicht im Interesse desjenigen einzusetzen, der in ihr nichts anderes sieht als ein Instrument, dessen er sich bedient - handle es sich um den Rat oder um die Lust, die sie gewährt.

Der patriarchale Charakter nimmt Menschen nur in entfremdeter Gestalt wahr: die Sirenen als unbestimmte Lockung, Kirke als Sinnbild und Erfüllung unterdrückter Wünsche, die nur in zugerichteter Weise zugelassen werden. Das bürgerliche Individuum verhält sich Menschen gegenüber generell instrumentell. Es nutzt sie zur eigenen Triebbefriedigung, aber auf eine Weise, daß Abhängigkeit deren Vorbedingung ist. Die Gefährten des Odysseus geraten in die Abhängigkeit von Kirke und scheinen sich darin sogar wohlzufühlen. Kirke gerät in die Abhängigkeit des Odysseus und scheint dies gleichfalls nicht als bedrückend zu empfinden. Würde sie sonst als dessen Ratgeberin fungieren? Horkheimer und Adorno schildern die komplizierten wechselseitigen Hörigkeiten, die patriarchale Herrschaft generiert. Selbst Odysseus, der Herr und Grundbesitzer, ist auf seine Weise davon betroffen: als Grundeigentümer freigestellt von Arbeit, jedoch abhängig von der Arbeit anderer, die ihm unterworfen sind. Die Selbstentfremdung des bürgerlichen Individuums schlägt noch einmal durch im Verhältnis zu Kirke. Odysseus demütigt sie zuerst durch Zurückweisung, bevor er mit ihr schläft. Nicht weniger instrumentell ist sein Verhältnis zu Penelope, auch diese Beziehung ist gesellschaftlich geregelt auf eine Weise, daß Penelopes Unterordnung und Abhängigkeit gesichert ist. Horkheimer und Adorno deuten mehr als einmal an, daß dem bürgerlichen Selbst das Fundament der Herrschaft über andere, auch der Selbst-Beherrschung, entzogen wäre, würden die Arbeiter und die Frauen nicht immer wieder aufs neue dieses bürgerliche Selbst konstituieren: durch Gefolgschaft in der Arbeit, durch weibliche Zuarbeit bei der (Wieder-)Herstellung des männlichen Selbstbewußtseins. Bei Kirke erfährt Odysseus Lust, ohne daß ihn dies zu irgend etwas zu verpflichten scheint - erfährt sie Lust durch ihn? Penelope wacht während seiner Abwesenheit über seinen Besitz auf doppelte Weise. Sie hält sein Vermögen zusammen und verweigert sich den Freiern, die über die Ehe mit ihr auch die Verfügung über Odysseus' Besitz anstreben. Indem beide Frauen bereitwillig akzeptieren, was das bürgerliche Selbst ihnen zugesteht und zumutet, bestätigen sie nur immer wieder den patriarchalen Charakter in seiner entfremdeten Existenz und tragen auf ihre Weise dazu bei, daß sich am Herrschaftscharakter dieses Verhältnisses nichts ändert. Sie übernehmen die patriarchale Wertordnung, deuten sich selbst nach deren Maßgabe und tragen auf *diese* Weise zur allgemeinen Selbstentfremdung bei. Sie durchschauen nicht, daß Odysseus sie ausnutzt und daß sie sich ausnutzen lassen. Bei Odysseus' Heimkehr ist Penelopes größte Sorge, er möge ein Betrüger sein und nicht der rechtmäßige Eigentümer und Ehemann: Die Eheleute sind sich fremd geworden in den langen Jahren der Trennung. Penelope muß ihn erst auf die Probe stellen, um herauszufinden, ob er wirklich derjenige ist, für den er sich ausgibt: Odysseus ist ihr so fremd geworden, daß sie ihn nicht einmal wiedererkennt, und trotzdem hält sie ihm die Treue.

Odysseus reklamiert seinen Besitz auf nachdrückliche Weise. Aus seinen Handlungen nach der glücklichen Heimkehr scheint verletzter Stolz zu sprechen und auch Empörung über den Versuch des Zugriffs auf seinen Besitz durch die Freier. Die Mägde, ihm auf doppelte Weise unterworfen - als Arbeitende und als Frauen -, läßt er umstandslos aufhängen, weil sie sich während der Abwesenheit mit den Freiern einließen. Bestraft Odysseus die Mägde dafür mit dem Tod, weil sie sich mit denjenigen abgaben, die die Hand nach seinem Grundbesitz ausstreckten und nach Penelope? Odysseus stellt die bürgerliche Ordnung wieder her. Penelope, die Ehefrau, und Telemachos, der Sohn und Erbe, haben sie während seiner Abwesenheit verteidigt; Penelope durch ihre Treue während der Jahrzehnte der Abwesenheit des Odysseus und durch die Führung seines Haushalts. Selbst die Einsicht in die Sinnlosigkeit des Krieges, an dem Odysseus beteiligt war und der seine Abwesenheit bedingte, erschüttert weder die Besitz- noch die Geschlechterordnung. Sie wird nach Odysseus' Heimkehr wiederhergestellt und mit dem Mord an den Freiern und den Mägden aufs neue besiegelt.

Horkheimers und Adornos Deutung zentraler Gestalten der Odyssee als bürgerliche greift weit in die Geschichte zurück und spricht gleichzeitig über die bürgerliche Gegenwart. Aus heutiger Sicht werden dennoch Grenzen ihrer Darstellung deutlich, die Sachverhalte betreffen, die für das bürgerliche Individuum wahrscheinlich hoch tabuisiert sind. Horkheimer und Adorno berühren nicht die Bedeutung der Homoerotik für die Konstitution des bürgerlichen Selbst. In der griechischen Polis bestimmte sie ganz real die Wertordnung und Geringschätzung der Frauen; für das bürgerliche Selbst der Gegenwart braucht Homosexualität keineswegs immer ausgelebt oder bewußt wahrgenommen zu werden, um als Konstitutionsbedingung patriarchaler Herrschaft zu gelten. Diese Feststellung soll kein Plädoyer sein für die von der bürgerlichen Gesellschaft als einzig legitim betrachtete Heterosexualität und dies vorzugsweise in der monogamen Ehe. Wenn Triebverzicht zur Voraussetzung und zum Bestandteil patriarchaler Rationalität erklärt wird, kann die Bedeutung von Homosexualität, auch in ihren latenten Formen, nicht aus der

Betrachtung ausgeklammert werden. Nichts spricht dagegen, daß deren spezifisch patriarchale Gestalt in ebenso zugerichteter Sexualität besteht, wie die Beziehungen zwischen Mann und Frau.

Ein weiterer Sachverhalt fällt auf in ihrer Betrachtung. Horkheimer und Adorno siedeln das Verhältnis der Geschlechter ausschließlich im Bereich des Sexuellen an. Der patriarchale Charakter, das bürgerliche Selbst gründet seine Herrschaft einerseits auf Ausbeutung und Aneignung fremder (Sklaven-)Arbeit, andererseits auf sexuelle Repression, Triebverzicht. In Horkheimers und Adornos Darstellung ist der patriarchale Mann zugleich Klassenindividuum, nur scheint die patriarchale Seite von dessen Herrschaft kein materiales Substrat zu besitzen, das der Arbeitsteilung nach Klassenzugehörigkeit vergleichbar ist. Daß der Zusammenhang von Arbeit und Herrschaft auch das Verhältnis der Geschlechter, gerade als patriarchales, wesentlich mitbestimmt, ist eine Erkenntnis der Frauenforschung und -bewegung. Sie verdankt sich nicht der von Horkheimer und Adorno geforderten Unnachgiebigkeit der Theorie, dem Bestehen auf der Strenge begrifflichen Denkens, sondern der realen Unterdrückungserfahrung von Frauen, die in der Folge begrifflich zu präsizieren versucht wurde. Die Kritische Theorie leistet einen wichtigen Beitrag zur Bestimmung bürgerlicher Geschlechterunterdrückung gerade auch dadurch, daß sie dieses Verhältnis in den übergreifenden Zusammenhang einer patriarchalen Kultur, ihrer realen Herrschaftsbeziehungen und der darauf aufbauenden Denktraditionen stellt. Frauenforschung und -bewegung scheinen diese Zusammenhänge noch einmal für sich zu entdecken, angeleitet von der eigenen Unterdrückungserfahrung und als Außenseiterinnen dieser Kultur, und nicht, wie Horkheimer und Adorno, als deren Vertreter und als Außenseiter von ganz anderer Art.

Bislang ist offen, ob die radikale Kritik der Geschlechterbeziehungen in gesellschaftsverändernder Perspektive den Frauen überlassen bleibt. Die noch junge Männerbewegung scheint gerade im Begriff zu sein, die individuelle und vor allem körperliche Selbstentfremdung zu reflektieren. Ob daraus gesamtgesellschaftliche Perspektiven entstehen, bleibt fraglich: »*Gerade* bei den Linken, deren Körper vorrangig der Aufgabe dient, den Kopf zu tragen, ist die Synthese von gewünschter und gelebter Körperlichkeit so unterentwickelt wie wünschenswert.«[21]

Anmerkungen

1 *Marcuse, H.*, Marxismus und Feminismus. In: Ders., Zeit-Messungen, Frankfurt 1975, S. 9–30.
2 *Tömmel, S.*, »Männlicher« Kapitalismus und »weiblicher« Sozialismus. Zur Kritik an Herbert Marcuses Aufsatz »Marxismus und Feminismus«. In: Das Argument 93 (1975), S. 835–845; *Rajewsky, X.*, Überlegungen zu Marcuses Thesen zur Frauenbewegung. In: Claussen, D., Hg., Spuren der Befreiung - Herbert Marcuse. Neuwied 1981, S. 250–261.
3 *Helmer, U.*, Zum Verhältnis von feministischer Theorie und Praxis. Gedanken zu Maria Mies' Postulaten und Heide Göttner-Abendroths methodologischen Überlegungen zur Frauenforschung. In: Beiträge zur feministischen Theorie und Praxis 12 (1984), S. 138–147.
4 *Gerecht, R., Kulke, C., Scheich, E.*, Wie gehen Frauen mit der Macht - wie geht die Macht mit Frauen um? Eine Montage zur Demontage eines Begriffs und seiner Wirklichkeit. In: Schaeffer-Hegel, B., Hg., Frauen und Macht. Der alltägliche Beitrag der Frauen zur Politik des Patriarchats. Berlin 1984, S. 264–283.
5 *Horkheimer, M., Adorno, T. W.*, Dialektik der Aufklärung. Philosophische Fragmente. Amsterdam 1968, S. 5; im folgenden zitiert als »Dialektik«.
6 *Horkheimer, M.*, Zur Kritik der instrumentellen Vernunft. In: Ders., Kritische Theorie der Gesellschaft, Bd. III, o. O., 1968, S. 127 und S. 165; im folgenden zitiert als »Zur Kritik«.
7 Dialektik, S. 70.
8 Zur Kritik, S. 268.
9 *Marx, K.*, Ökonomisch-philosophische Manuskripte. In: MEW Erg. Bd. 1, Berlin 1968, S. 465–588.
10 Dialektik, S. 56.
11 A.a.O., S. 10.
12 A.a.O., S. 7.
13 A.a.O., S. 244.
14 A.a.O., S. 47.
15 *Hegel, G. W. F.*, Phänomenologie des Geistes. ed. Suhrkamp, Frankfurt 1973, S. 145–155.
16 Dialektik, S. 71.
17 *Negt, O., Kluge, A.*, Geschichte und Eigensinn. Frankfurt 1981, S. 1003.
18 Dialektik, S. 91.
19 A.a.O., S. 91.
20 A.a.O., S. 92.
21 *Lendesdorff-Baginski, C.*, Seine Wollust ist seine Guillotine. Wie darf, wie soll, wie muß der Neue Mann aussehen? In: Die Tageszeitung, 9. 2. 1985, S. 16.

Christine Woesler de Panafieu

Zum Übergang von der instrumentellen zur digitalen Vernunft

Der mit Einzug der neuen Technologien wieder häufig anzutreffende Satz »Der Grund für die Verschlechterung von Chancen von Frauen im Arbeitsleben ist weniger in der Technik selbst zu suchen, als vielmehr in den sozioökonomischen Entscheidungsmustern . . .«[1] läßt aufhorchen. Hier wird mit einem bekannten Denkmuster von Trennungen gearbeitet, deren Kritik Geschichte hat und die heute einer erneuten Analyse durch Frauen bedürfen: der Trennung von Technik und sozioökonomischen Handlungsmustern auf der einen Seite und der Trennung von Technik und geschlechtsspezifischer Arbeitsteilung auf der anderen Seite. In dieser Argumentationsfigur wird Technik außerhalb von Herrschaft, sei sie kapitalistischer oder patriarchaler Art, angesiedelt. Angesichts der rasanten Entwicklung und Durchsetzung der Informations- und Kommunikationstechnologien besonders in Bereichen, die bislang als »weiblich« galten, im Dienstleistungssektor, im Alltag und in der Familie, muß das Problem des Herrschaftsnexus von Technik, Herrschaft und Männlichkeit erneut behandelt werden. *Rationalität* ist ein zentrales Konzept in der strukturellen und historischen Verbindung von Männlichkeit und Herrschaft. Eine Leithypothese ist, daß das gleichzeitig sich verallgemeinernde und verengende Rationalitätskonzept seit dem 16. Jahrhundert ein Ausdruck patriarchaler Herrschaft ist, einer Herrschaft, die sich der Sichtbarkeit entzieht. Ratio als Vernunft wird in der Rationalisierung zweideutig. Durch die Rationalisierung als zweckmäßiger Gestaltung scheint die Rationalisierung als nachträgliche verstandesmäßige Begründung uneingestandener Motive, Motive der Macht, durch.[2] Diese Zweideutigkeit erschwert die Kritik, weil sie auf einer verkehrten Eindeutigkeit aufbaut, auf dem Einsatz des Argumentes von Vernunft im Umgang mit Mensch und Natur, das in der praktischen Tätigkeit längst auf das verstandesmäßige Moment reduziert ist, sowie auf der Negation des Umstands, daß jede gesellschaftliche Verallgemeinerung eines einzigen Typs von Handeln und Denken die Unterdrückung anderer Sichtweisen und damit Herrschaft impliziert.

Zur Entfaltung dieser These greife ich auf Max Webers Handlungstypen zurück: das rationale, affektiv-emotionale und traditionale Handeln. Es ist bekannt, daß er diesen drei Handlungstypen die entsprechenden Herrschaftstypen von rationaler, charismatischer und traditionaler Herrschaft zuordnet.

Das Webersche Entwicklungskonzept besteht in der Beschreibung des Übergangs vom traditionalen zum rationalen Herrschaftstypus im Okzident, eine Entwicklung, die Weber als Versachlichung von Herrschaft durch Recht und als Modernisierung von Verwaltung und Industrie mit Hilfe von Rationalisierung charakterisiert. Interessant in diesem Zusammenhang ist, daß er die charismatische Herrschaft als irrelevant für die Entwicklung in Europa darstellt und daß er den Typus des affektiv-emotionalen Handelns für weiterhin kaum erwähnenswert hält. Es sei an dieser Stelle schon festgehalten, daß die Handlungstypen nicht nur historisch, sondern auch geschlechtsspezifisch verteilt sind.[3]

Nach Weber stützt sich traditionales Handeln auf eingelebte Gewohnheiten, traditionale Herrschaft bestimmt die Legitimität dieser Gewohnheiten als »altüberkommene Ordnungen und Herrengewalten«.[4] Der primäre Typ dieser Herrschaft ist der Patriarchalismus: »Patriarchalismus heißt der Zustand, daß innerhalb eines meist primär ökonomischen und familialen (Haus-)Verbandes ein (normalerweise) nach fester Erbregel bestimmter einzelner die Herrschaft ausübt.«[5] Patriarchalismus ist für Weber also beschränkt auf persönliche Herrschaft im Hausverband. Es ist weder ein gesellschaftliches Herrschaftsverhältnis, noch zentral ein sexuelles und geschlechtliches und drittens ist es auf Typen von persönlicher Herrschaft begrenzt. Konsequenterweise können für Weber rationale Herrschaftstypen keine patriarchalischen sein.

Gegen diese enge, vor allem aber verschleiernde Definition von Patriarchalismus haben, neben Feministinnen heute, schon in den zwanziger Jahren Simmel oder Emma Oekinghaus in der Herrschaft von Männern über Frauen den materialen Kern des Patriarchalismus herausgearbeitet.[6] Denn die Herrschaft über männliche Untergebene, junge Männer oder Knechte, ist potentiell in Gleichheit transformierbar. Auch ist die Herrschaft des Patriarchen nicht auf das Haus beschränkt, sondern ist in allen zentralen gesellschaftlichen Bereichen - in Ökonomie, Politik und Wissenschaft - anzutreffen, und zwar als Ausgrenzung von Frauen. Und drittens ist der Patriarchalismus nicht auf den Gesellschaftstyp der traditionalen Herrschaft beschränkt. Vielmehr, so lautet die These, ist der Übergang von der persönlichen zur sachlichen Herrschaft mit einem Formwandel des Patriarchats verbunden, dessen Kern in der gesellschaftlichen Dominanz des rationalen Handlungstypus liegt.[7]

Wieder mit Weber kann zunächst einmal der rationale Handlungstypus als verstandes- und vernunftmäßiger bezeichnet werden, im Unterschied zum gefühlsmäßigen und gewohnheitsmäßigen Handeln. Ohne hier auf Einzelheiten eingehen zu können, hat sich rationales Handeln im Unterschied zur landläufigen Auffassung nicht primär im Bereich von Technik und Wissenschaft herausgebildet, vielmehr - zwischen dem 16. und 18. Jahrhundert - im Kriegswesen, in der Zirkulationssphäre und im Staatswesen, die sich allmählich miteinander verbanden. In der Herausbildung der Zirkulationssphäre ist die Etablierung des Prinzips der Rechenhaftigkeit als durchgehende ökonomische Handlungsstruktur zu nennen. In der Kriegsführung sind im 16. Jahrhundert die Herausbildung der großen, stehenden Heere sowie die technischen Erfindungen in Kriegsarchitektur und Ballistik zu nennen. Als drittes Moment ist der organisatorisch-integrierende Zusammenschluß im absolutistischen Staat mit einer Merkantilwirtschaft für die Entwicklung von Zentralisation, Uniformität und Kontrolle von entscheidender Bedeutung.[8] Es ist leicht zu sehen, daß Militär, Handel und Politik Domänen eines neuen Typs von Männern sind, geprägt von aufklärerischer Vernunft und analytischer Rationalität. Diese Gruppe ist Träger eines neuen Typus von Herrschaft, einer Herrschaft, die auf Recht statt auf Geburt basiert. Mit der Versachlichung von Herrschaft, der Anerkennung des individuellen Verdienstes und der Arbeit des einzelnen wird Herrschaft in der bürgerlichen Gesellschaft auf eine objektive Grundlage gestellt. Denn sie schreibt die klassenmäßige und geschlechtsmäßige Herrschaft auf neue Weise fort. Der Knecht wird zum Arbeiter; Frauen werden Bürgerinnen ohne Bürgerrechte. Dieses schafft ein neues historisches Paradigma, in dem die Machtstellung der Männer gleichzeitig verschleiert und verstärkt wird. Simmel formuliert dieses Paradigma mit Hilfe zweier Gleichungen: objektiv = männlich wird transformiert in »männlich = menschlich«, woraus folgt »objektiv = menschlich«. Herrschaft von Männern erscheint nicht mehr als willkürliche Hausgewalt der Mündigen, die nur Männer sein konnten; Männer als Väter, Bürger, Beamte, Politiker, Offiziere erscheinen als Träger einer objektiven Gesetzmäßigkeit. »Daß so das Männliche zu einem schlechthin Objektiven und sachlich Maßgeblichen verabsolutiert wird - und zwar nicht nur dessen empirische Gegebenheit, sondern auch die aus dem Männlichen und für das Männliche erwachsenden Ideen und idealen Forderungen zu übergeschlechtlich-absoluten werden, das hat für die Beurteilung der Frauen verhängnisvolle Folgen.«[9] Frauen unterliegen dem allgemein verbindlich gewordenen vernünftigen Handeln, aus dessen Geltungsbereich sie gleichzeitig ausgeschlossen sind. Als Mutter und Gattin sind sie vielmehr auf den Typus des affektiv-emotionalen Handelns verpflichtet, das, wie eine Naturressource behandelt, sich jenseits von Gesellschaftlichkeit ansiedelt. Natur - Gesellschaft, Frauen - Männer, affektives - rationales Handeln stehen sich als Pole gegenüber, als abgetrennte Grundlagen rationaler, männlicher Herrschaft.[10] Habe ich bislang das Rationalitätskonzept in unspezifischer Weise verwendet, so wird nun eine Differenzierung notwendig. Es ist ein spezifischer Rationalitätstyp, der sich ab Mitte des 19. Jahrhunderts in Verengung der Rationalitätsvorstellung durchgesetzt hat. Hatten wir es vorher mit dem Übergang von persönlicher zu sachlicher Herrschaft zu tun, so jetzt mit dem Übergang von sachlicher zu technisch-wissenschaftlicher Herrschaft oder instrumenteller Vernunft. Quantifizierbarkeit, Wiederholbarkeit, Präzision und Kontrolle sind die entscheidenden Grundlagen dieses Handlungstypus. Rationalisierung ist die Durchsetzung und Verbindung dieses Handlungstypus in allen gesellschaftlichen Bereichen, von denen der Taylorismus als Verbundsystem von Mensch und Maschine eines der bekanntesten ist. Mit der Verallgemeinerung des instrumentellen Handelns in modernen Industriegesellschaften werden Frauen auf eine ausgrenzende Weise einbezogen. Sie erhalten die Bürgerrechte und damit die Möglichkeit der Berufsausübung und der politischen Betätigung. Gleichzeitig aber bleiben sie auf das Modell des affektiv-emotionalen Handelns verpflichtet, ihre Domäne bleibt im Privaten, wo Frauen ihre Verantwortlichkeit und Arbeit beibehalten. Frauen werden mit zweierlei Maßstäben gemessen, was sich in jedem Fall nachteilig für sie auswirkt. Mit dem Eintritt in die Industrie wird ihre Arbeitskraft durch Lohndiskriminierung, niedrig qualifizierte Arbeitsplätze und die Entwicklung eines geschlechtsspezifischen Arbeitsmarktes ausgebeutet. Heide Hartmann hat diesen ausbeuterischen Mechanismus der Einbeziehung weiblicher Arbeitskraft in die Berufswelt durch das Vorhandensein einer Solidargemeinschaft von Männern - von Arbeitern, Gewerkschaften und Unternehmern - gegen Frauen erklärt und durch historische Zeugnisse belegt.[11] Der weibliche Arbeitsmarkt erstreckt sich weiterhin auf Berufe, die der dominanten Bestimmung der Frau als Mutter naheliegen: Lehrerin, Krankenschwester, Sekretärin - erziehende, pflegende, dienende Berufe. Diese werden von der alten Frauenbewegung im Konzept der »geistigen Mütterlichkeit« erstmalig als den männlichen Rationalitätsstandards entgegengesetzte, gesellschaftlich wichtige Handlungs- und Entscheidungsprinzipien formuliert, allerdings mit wenig Erfolg.[12] Denn in den zentralen gesellschaftlichen Machtbereichen setzt sich das zweckrationale Handeln durch - Wirtschaft, Wissenschaft, Politik und Verwaltung verbleiben in der Entscheidungsbefugnis von Männern. Die Figur des aufgeklärten Beamten wird von der des Unternehmer-Ingenieurs abgelöst und diese von der des Technokraten.

An diesen Figuren wird die Notwendigkeit einer weiteren Differenzierung des Rationalitätskonzeptes deutlich - die Unterscheidung zwischen Wert- und Zweckrationalität. Der wertrationale Handlungstypus, der neben dem zweckrationalen eine wichtige Handlungsgrundlage für den aufgeklärten Beamten war, gerät ins Abseits und transformiert sich zu einer Moral der beherrschten, marginalen Gruppen. Thompson[13] hat für die englische Arbeiterklasse des 18. und 19. Jahrhunderts festgestellt, daß sie im Gegensatz zur politischen Ökonomie der Marktbeziehungen eine »moralische Ökonomie« herausgebildet hat, in der Geld durch Nahrungsmittel und Organisationsstrukturen durch direkte nachbarschaftliche Hilfe ersetzt werden. Und Gilligan[14] hat belegt, daß Frauen bis heute eine andere Moral und Ethik haben als Männer. Sie bezeichnet sie als Ethik der Anteilnahme und des »caring«, einer Verknüpfung von Verantwortung und Beziehung, die kontextbezogen ist. Die Ethik von Männern hingegen bildet sich, als Ausdruck der instrumentellen Vernunft, in der Logik von Rechten, Regeln und Kategorien, in der Logik von Autonomie und Hierarchie.

Die Begriffe »instrumentelle Vernunft« und »wissenschaftlich-technische Rationalität« verweisen auf den Ort, wohin Herrschaft sich verflüchtigt hat, sei es als materieller Kern, sei es als Legitimationsgrundlage von Herrschaft. Die dargestellten Momente von Objektivierung und Versachlichung von Herrschaft bezogen sich vor allem auf die Transformation von Macht in Recht. Bezieht sich die Instrumentalisierung auf ihre Transformation in Technik und Wissenschaft? Hätte die Rationalisierung der gesellschaftlichen Teilbereiche als Projekt der Moderne einen doppelten Maßstab: einen kritisch-produktiven und einen apologetischen Maßstab? Die vor 15 Jahren hitzig geführte Diskussion, vor allem innerhalb der Kritischen Theorie zwischen Marcuse und Habermas, ist im Grunde steckengeblieben. Sind Technik und Naturwissenschaften *Mittel* zur Herrschaftsausübung und -erweiterung oder sind sie *selbst* Herrschaft? Ich werde die zentralen Argumente von Habermas und Marcuse kurz herausarbeiten, um dann auf den Zusammenhang von Technik, Herrschaft und Frauen eingehen zu können.

Die Habermas'sche Charakterisierung von Naturwissenschaft und Technik als Ideologie stellt aufgrund seines Technikbegriffs einen Rückschritt in der Diskussion dar. Sich auf Gehlens Konzept eines immanenten Zusammenhangs von Technik und zweckrationalem Handeln berufend, bezieht sich auch Habermas auf einen handwerklichen, vorindustriellen Technikbegriff. »Wenn wir den Funktionskreis erfolgreichen Handelns als eine Vereinigung von rationaler Entscheidung und instrumentalem Handeln verstehen, dann können wir die Geschichte der Technik unter dem Gesichtspunkt der schrittweisen Objektivation zweckrationalen Handelns rekonstruieren.«[15] Deshalb wird sich, solange sich die menschliche Natur nicht ändert, die diese Logik von Arbeit und Arbeit substituierenden Mitteln enthält, die Technik nicht ändern. Technik und Naturwissenschaft sind aber deshalb nicht neutrale gesellschaftliche Bereiche; sie sind vielmehr mit dem 20. Jahrhundert *Mittel* zur Ausübung von Herrschaft geworden. Technik hat sich verwissenschaftlicht, Wissenschaft ist in Großprojekten organisiert, verbunden mit staatlicher Auftragsforschung, die selber wiederum mit der Industrie verbunden ist. In diesem System der Koppelungen und Rückkoppelungen verschwinden die treibenden Interessen, sie erscheinen, so Habermas, durch die Logik des wissenschaftlich-technischen Fortschritts bestimmt.[16] In Wirklichkeit aber hat diese Logik nur die Funktion der Legitimation von Herrschaft übernommen. Damit ist sie Ideologie, die aber die alte Gestalt von Ideologie verloren hat. Die technokratische Ideologie ist »dominante, eher gläserne Hintergrundideologie, welche die Wissenschaft zum Fetisch macht...«, sie hat weniger die »opake Gewalt einer Verblendung«.[17] Gegen dieses entpolitisierende, technokratische Bewußtsein setzt Habermas beharrlich auf das »kommunikative Handeln«. Dieses gelingt ihm, indem er zwischen Arbeit und Interaktion, zwischen zweckrationalem und kommunikativem Handeln unterscheidet und trotz aller Übergriffe und Konfusionen von Technik und Praxis davon ausgeht, daß der institutionelle Rahmen der Gesellschaft »nach wie vor eine Frage der an Kommunikation gebundenen *Praxis*«[18] ist, eine von den Systemen zweckrationalen Handelns geschiedene Welt.

Diese fundamentale Unterscheidung von Zwecktätigkeit und kommunikativer Rationalität vertieft Habermas in seinem neuen Werk »Zur Theorie des kommunikativen Handelns«. Es geht ihm »... um ein zweistufiges Konzept der Gesellschaft, welches die Paradigmen Lebenswelt und System auf eine nicht nur rhetorische Weise verknüpft; und schließlich um eine Theorie der Moderne, die den Typus der heute immer sichtbarer hervortretenden Sozialpathologien mit der Annahme erklärt, daß die kommunikativ strukturierten Lebensbereiche den Imperativen verselbständigter, formal organisierter Handlungssysteme unterworfen sind«.[19] Das Paradoxe der Moderne besteht nach Habermas darin, daß beide gesellschaftliche Strukturen, für das Leben und Überleben der Gesellschaft notwendig, ineinander übergreifen. Genaugenommen handelt es sich um zunehmende Übergriffe auf die Lebenswelt durch die zweckrational organisierten Sub-Systeme. Die Lebenswelt, in der Prozesse von Sozialisation, Reproduktion, kultureller Arbeit, Herausbildung von Identitäten durch sprachlich vermittelte Interaktion stattfinden, hat ihre »Traditionspolster« aufgezehrt. In dieser paradoxen Situation setzt sich Habermas gegen neue Mythen und für das moderne Weltverständnis ein, dessen Möglichkeit zu einer neuen Stufe der Emanzipation er sieht. Die kommunikative Handlungsstruktur, in dem gleichgewichtigen Zusammenspiel von kognitiven mit moralischen und ästhetisch-expressiven Momenten, ermöglicht diese Konzeptualisierung.[20] In Erweiterung einer offenen, reflexiven Rationalität versucht Habermas damit den Vernunftbegriff zu retten, was ihm meiner Ansicht nach nicht ganz gelingt. Denn letztendlich ist das Kriterium eines gelungenen Kommunikationsprozesses wieder der Erfolg, dieses im Sinne der Unterordnung unter ein besseres Argument sowie im Sinne der Fortschreibung des Vorrangs mentaler vor sinnbezogener Erkenntnis.

Nicht nur in der Konzeption der kommunikativen Rationalität aber zeigt Habermas die Partikularität eines männlichen Denkens, sondern auch in der kompensierenden und rettenden Funktionsbestimmung der Lebenswelt. Hier kann ich mich der Kritik von Rita Gerecht, Christine Kulke und Elvira Scheich anschließen, die annehmen, daß die Lebenswelt auf die besonderen

Handlungszusammenhänge von Frauen ausgerichtet ist, und die deshalb die entscheidende Frage nach dem Zusammenhang von Lebenswelt und gesellschaftlicher Herrschaft stellen. »Inwieweit muß hier der weibliche Lebenszusammenhang als Beziehung von kreativen und authentischen Kompetenzen, der bislang nicht Gegenstand politischen und sozialwissenschaftlich-theoretischen Diskurses war, herhalten zur Erfüllung von Bedürfnissen und Funktionen, die vom gesellschaftlichen System nicht mehr geleistet werden: zur Verarbeitung also von ‚Überkomplexität', d. h. von Chaos, von systematischer Zweckrationalität, um die Entkoppelung von System und Lebenswelt erträglich und lebensfähig zu machen.«[21] Zu Recht fragen sie sich, ob es sich bei der kommunikativen Rationalität, die sich für Verständnis und Verständigung einsetzt, nicht doch um eine Instrumentalisierung kultureller Dimensionen von Weiblichkeit handelt. Denn die Verständigung setzt Abwesenheit von Herrschaft voraus, die jedoch zwischen den Geschlechtern bei weitem nicht gegeben ist. Auch sind aus diesem vernünftigen Konzept Sexualität, Erotik und weibliche Selbsttätigkeit ausgeklammert.

Marcuses Technikkritik geht weiter als die Habermassche. Er stellt sich die gleiche Frage, ob Naturwissenschaft und Technik auf der einen und Ökonomie, Politik und Staat auf der anderen Seite letztlich zwei getrennte Bereiche sind. »In Anbetracht des zumeist instrumentellen Charakters der naturwissenschaftlichen Methode erscheint diese Interpretation unangemessen.«[22] Den instrumentellen Charakter der Naturwissenschaften begründet er in ihrer seit Galilei mathematisierten Methode. Die formale Logik ist dazu ein erster Schritt. Denn sie enthält bereits alle Elemente einer Herrschaftsstruktur: die Indifferenz gegenüber den Gegenständen, die Verflüchtigung der Materie, wodurch die Differenz von Wesen und Erscheinung überflüssig wird, die Abtrennung des Prinzips der Identität von dem des Widerspruchs, wobei widersprüchliche Aussagen als unrichtig bezeichnet werden: die Entfernung von Endursachen aus der logischen Forschung.[23] Wohldefiniert in ihrer Reichweite und Funktion, werden formale Begriffe zu Instrumenten der Prognose und Kontrolle. Diese Form der Abstraktion, der Quantifizierung und Eingrenzung der Fragestellung auf Details zerstört unmittelbare Erfahrungen im Namen von Exaktheit, Objektivität und Wissenschaftlichkeit. Selbstverständlich sind Wissenschaft und Technologie nach Marcuse nicht unmittelbar Herrschaft, denn sie haben weder praktische Ziele noch Herrschaftsabsichten. Ihre Methode ist aber so strukturiert, daß in ihr Natur als Mittel, als bloßer Stoff für Kontrolle und Umwandlung konzipiert ist. Universelle Quantifizierung ist eine Vorbedingung für die Beherrschung von Natur und Mensch. In der Homologie zum Rationalitätsprinzip des Kapitals liegt das spezifische Apriori moderner Naturwissenschaft und Technologie: als Form von sozialer Kontrolle und Herrschaft. »Die wissenschaftliche Methode ... lieferte dann auch die reinen Begriffe wie die Instrumente zur stets wirksamer werdenden Herrschaft des Menschen über den Menschen *vermittels* der Naturbeherrschung. Theoretische Vernunft trat in den Dienst praktischer Vernunft und blieb dabei stets rein und neutral. Die Verschmelzung erwies sich als vorteilhaft für beide. Heute verewigt und erweitert sich die Herrschaft nicht nur mittels der Technologie, sondern *als* Technologie, und diese liefert der expansiven politischen Macht . . . die große Legitimation.«[24]

Zu betonen ist, daß Marcuse nicht, wie konservative Denker, einer Ontologisierung der Technik aufsitzt und sie mit Herrschaft verwechselt. Denn Technik »an sich« gibt es nicht. »Die Technik ist jeweils ein geschichtliches gesellschaftliches Projekt: In ihr ist projektiert, was eine Gesellschaft und die sie beherrschenden Interessen mit dem Menschen und mit den Dingen zu tun gedenken.«[25]

Für diese Tatsache gibt es in den abgebrochenen Forschungs- und Erkenntnissträngen der Wissenschaft viele Belege. Im Bereich der modernen Technik führt Noble einige interessante Beispiele an, indem er vor allem auf die ökonomischen und politischen Determinationen technischer und wissenschaftlicher Produktion hinweist. Technik selbst hat keine einseitige und eindeutige Entwicklungsperspektive, sondern eine Reihe von Alternativen und Möglichkeiten, von denen einige entwickelt, andere fallengelassen werden – dieses nicht aus technischen Gründen. Die Entscheidungsprozesse werden von bestimmten Personengruppen getragen, von denen, die die Macht haben und die die Projekte finanzieren. Noble führt ein Beispiel aus der Automatisierung der Werkzeuge an, wo die »Record-play-back«-Technik als einfaches und originelles Verfahren entwickelt wurde, es hat sich aber das »Numerical-control«-Verfahren durchgesetzt. Warum? Weil bei der numerischen Steuerung die Kontrolle im Management sitzt, während sie beim »Record-play-black«-Prinzip beim Arbeiter bleibt und er die Kontrolle über Geschwindigkeiten und Vorschübe erhält.[26]

Ein weiteres von Noble angeführtes Beispiel ist ein von der amerikanischen Luftwaffe produzierter Forschungsmarkt für numerische Steuerung, die zur Entwicklung eines neuen Systems der ATP (automatically programmed tools) geführt hat und später zur industriellen Norm erhoben wurde, die alle Betriebe unter dieses System zwang. Ohne die amerikanische Luftwaffe wäre das Prinzip der automatischen Steuerung heute vielleicht unbekannt. Technik und Naturwissenschaften, so können wir feststellen, sind in Form und Funktion ein gesellschaftliches Produkt und, so können wir weiter feststellen, es handelt sich um eine ausgesprochene Domäne von Männern. Der bis heute überaus geringe Anteil von Frauen in naturwissenschaftlichen Fächern, vor allem in den Ingenieurwissenschaften, ist ein immer wieder genannter Hinweis sowie die Tatsache, daß sich in der Liste der Erfinder kaum Frauen finden.

Neben institutionell und traditionell begründeten Ausgrenzungsmechanismen innerhalb der Wissenschaft[27] scheint mir ein Grund in dem spezifischen Wissens- und Erfahrungstypus der Natur- und Ingenieurwissenschaften zu liegen. So geht die Zunahme des Objektivitätsgrades einher mit einer fortschreitenden Entstofflichung der Natur. In der Physik beispielsweise werden die objektiven Qualitäten der Natur gar nicht mehr gemessen; sie sind nur Resultate, die im Vollzug von Meßoperationen gewonnen werden. Nur innerhalb dieses formal definierten, eindeutigen und geschlossenen Systems sind Aussagen und Ergebnisse wahr. Diesem Erfolgsmodell der Naturwissenschaften müssen Frauen, auch Naturwissenschaftlerinnen, ambivalent gegenüberstehen, da es ihrer Sozialisation, ihren Erfahrungen und Werthaltungen entgegenläuft. Naturwissenschaftlerinnen fühlen sich in besonderer Weise gefangen zwischen Kooperation und Konkurrenz, zwischen isolierenden und verbindenden Forschungen, zwischen der Kontrollierbarkeit der Experimente und dem Unvorhergesehenen im täglichen Leben.[28]

Dazu einige Zitate aus Christa Wolfs »Selbstversuch«[29]:

> Kein Zweifel: Das Experiment ist geglückt. Sie, Professor: einer der großen Männer dieses Jahrhunderts.
>
> Der Vor-Wände und Rück-Halte müde, bediene ich mich lieber der unverblümten Rede, die ein zu wenig genutztes Vorrecht der Frauen ist.
>
> Froh, daß die Wörter mir wieder zur Verfügung stehen, kann ich es nicht lassen, mit ihnen zu spielen und ihre Vieldeutigkeit zu bestaunen, was mich nicht daran hindern soll, sämtliche Daten, die Sie meinem Protokoll entnehmen können, für exakt und korrekt und eindeutig zu erklären.
>
> Petersein Masculinum 199 ist ein hervorragendes Mittel, . . . eine Frau in einen Mann zu verwandeln . . .: zuverlässig, empfindlich, gültig.
>
> Jedes Wort in meinem Bericht stimmt. Alle seine Sätze zusammen erklären gar nichts.
>
> Problemgeladene Frauen mag Dr. Rüdiger nicht besonders – und wer mag die schon? Sie mögen sich ja nicht mal selbst, sofern sie intelligent genug sind, die Zwickmühle zu sehen, in der sie stecken, zwischen Mann und Arbeitsdrang, Liebesglück und Schöpfungswillen, Kinderwunsch und Ehrgeiz ein Leben lang zickzack laufen wie eine falsch programmierte Maus.
>
> Sie erwarteten . . . daß ich wie üblich meine Sinneseindrücke und Empfindungen Ihrer Deutung unterwerfen würde . . . Ich wollte doch einmal sehen, was dabei herauskam . . . wenn ich nicht gleich wieder anfing, mich schuldig zu fühlen: schuldig eines irreparablen Charakterfehlers, der uns Frauen, so leid es den Männern tut, unfähig macht, die Welt so zu sehen, wie sie wirklich ist. Während Sie sie in ihrem Fangnetz aus Zahlen, Kurven und Berechnungen dingfest gemacht haben, nicht wahr?

Haben wir heute mit der Einführung von Kommunikations- und Informationstechnologien eine weitere Stufe im Dingfestmachen der Welt erreicht? Konnte Weber in seinem Rationalisierungskonzept noch mühelos die sogenannten weiblichen Bereiche des Alltags und Privaten, vorrangig durch wertrationales und emotionales Handeln geprägt, ausklammern, konnte Marcuse sie im »eindimensionalen Menschen« vergessen und in »Triebstruktur und Gesellschaft« geschlechtslos in den dumpfen Untergrund der individuellen Psyche verlagern, so kann Habermas immerhin zugute gehalten werden, daß er überhaupt diesen bislang in der Theoriebildung schlicht negierten Bereich benennt: die Lebenswelt, in der symbolisch vermittelte Interaktion statt instrumentellen Handelns zu Hause ist.[30] Kritiklos aber hofft er auf Minderung der Pathologien der Moderne, was einer neuen Instrumentalisierung weiblicher Kompetenzen gleichkommt, wie sie in wohlfahrtstaatlichen Erwägungen durchaus wieder üblich werden.

Vor allem aber - die schöne Entgegensetzung von System und Lebenswelt wird obsolet. Ein neues, mächtiges Instrument schafft die universelle Verbindung, egalisiert System und Welt - der *Computer.* Die Einführung von Informations- und Kommunikationstechnologien beginnt die Organisation des Alltags und seine Beziehungsform nachhaltiger zu verändern als es Fernsehen oder Autos gekonnt haben. Heimcomputer, die die Verbindung zur Außenwelt herstellen - zu Freunden, Warenhäusern, Banken, zur Arbeit -, die ein wohnungseigenes Kommunikationsnetz mit eingebauter Programmierung aller Arbeits- und Lebensbereiche ermöglichen, die als Als-ob-Spielkamerad, Lehrer, Therapeut benutzt werden können, sind aus Science-Fiction-Romanen direkt in die Wohnzimmer gesprungen, in diesen traditionellerweise weiblich genannten Bereich. So stellt sich heute für Frauen die Dialektik von Einbezug, Ausgrenzung und Herrschaft in verschärfter Form, weil es nicht mehr nur um die Ausbeutung bzw. Freisetzung des weiblichen Arbeitsvermögens im Beruf, sondern um die Rationalisierung der weiblichen Beziehungsfähigkeit geht. Gerade weil diese weiblichen Fähigkeiten, die sich von der Hausarbeit, Kindererziehung bis in die Berufstätigkeit in Form informeller Qualifikationen erstrecken, entwickelter Ausdruck geschlechtsspezifischer Herrschaft und unentfalteter Ausdruck gesellschaftlicher Utopie sind, ist es so schwierig, angesichts der Informations- und Kommunikationstechnologien eine Urteilsfähigkeit zu entwickeln, die weder in Abwehr noch in negativer Kritik steckenbleibt. Dazu möchte ich erste Überlegungen einbringen.

Der Computer ist das Instrument par excellence, patriarchale Herrschaft abzubauen, dieses allerdings zugunsten eines Systems abstrakter, entstofflichter Herrschaft, die sich in der Form »digitaler Vernunft« äußert. Mit den Informationstechnologien hat sich die instrumentelle Vernunft noch einmal algorithmisch verengt und gesellschaftlich verallgemeinert. Nun werden das Denken und die Sprache selbst der Rationalisierung unterzogen, kommunikative Fähigkeiten werden in eindeutige Informationsdaten umgewandelt. Die Grundlage des neuen Alphabets ist das binäre System, »0 - 1« oder »ja - nein« oder »Zustand - Nicht-Zustand«. Diese werden mit Hilfe von Additionsketten und Transformationsregeln aggregiert, nach einem Konventionssystem von

IBM, nach dem 8 bits (Einheiten) in ein byte und 4 bytes in 1 Wort zusammengefaßt werden. Technisch handelt es sich um ein System von Stromkreisläufen, bestehend aus Registern und Schaltungen, die in Chips zusammengefaßt sind. Die Zusammenfassung dieser Chips macht den Kern des Computers, die sogenannte CPU oder central processing unit, aus. In der Entwicklung der Computer geht es u. a. darum, auf kleinstem Raum ein Maximum an Speicherkapazität zu produzieren.[31] In den letzten 15 Jahren hat sich die Speicherfähigkeit von 1 auf 256 kilobytes erhöht.

Wichtigstes Charakteristikum der Programmierung - der Herstellung der Software - besteht darin, Prozesse und Informationen in ein effektives Verfahren oder Algorithmus zu überführen. Dazu müssen komplexe Entscheidungsprozesse auf ein System von Hierarchien von binären Entscheidungen reduziert werden. Die einzelnen Anweisungen müssen eindeutig, vollständig und widerspruchsfrei sein; sie müssen in einem System logischer Abfolgen dargestellt werden. Dazu bedient man sich bereits entwickelter verschiedener Sprachen wie FORTRAN, BASIC, LOGO, COBOL. Das Denken erhält dadurch eine logische Form, jede Abweichung wird vom Computer als Fehler registriert. Nur dadurch wird exakte, schnelle und regelmäßige Durchführung komplexer Aufgaben gewährleistet.

Wie jede Maschine folgt der Computer mit blindem Gehorsam den Gesetzen, deren Verkörperungen er darstellt. Das aber tut er auf eine perfektere Weise, als Menschen es vermögen. In dieser Perfektion liegt eine der Anziehungskräfte des Computers. Eine zweite Anziehungskraft besteht in der Möglichkeit der Schaffung einer abgeschlossenen und kontrollierbaren Mikro-Welt. Bei Deborah ist es die »30-Grad-Winkel-Welt«[32], in der stumm und ohne Widerrede ihre Befehle ausgeführt werden. Bei anderen ist es mehr der Wunsch, durch den Computer eine größere »Selbstkontrolle« zu erlangen, Ordnung in das innere Chaos zu bringen. Das hört sich bei Georg an als Wunsch, »seine Phobie umprogrammiert zu bekommen«[33], und bei Carla als Glaube, »programmiert zu sein wie ein Computer«[34].

Auch emotional gesehen ist der Computer ein mächtiges Instrument, da er eine persönliche Beziehung, sei sie narzistischer, erotischer oder therapeutischer Art, durch die dialogische Form geradezu hervorruft. Ein Englischlehrer spricht davon, »eine Liebesaffaire mit einem TRS 80 zu haben« und ein Architekturstudent teilt die Welt in Maschinelles und Fleischliches ein und findet sich selbst manchmal gar nicht mehr fleischlich.[35] Der Computer fördert emotionale Bindungen zu Objekten, er ist ein transitionales Objekt. In dieser emotionalen und erotischen Besetzung von Computern und in der Erfahrung vollständiger Kontrolle über ihn und die durch ihn geschaffene Mikro-Welt, darin liegt die Macht des Computers.

Frauen, so Sherry Turkle, fallen dieser Macht weniger anheim als Männer; unter Hackern, die nur noch für den Computer leben, sind keine Frauen zu finden. Entweder stehen Frauen diesem Instrument skeptisch-abweisend gegenüber oder sie arbeiten als »sanfte Programmiererinnen«, denen es mehr auf das Verständnis und die Entwicklung praktischer Programme ankommt als auf die kontrollierende Festlegung definitiver Verbindungen.[36]

In diesem praktisch-nützlichen oder »sanften« Umgang mit dem Computer durch Frauen liegt bereits ein wichtiges Moment seiner Demystifizierung. Denn es ist nicht zu leugnen, daß der Computer bereits heute eine mächtige neue universelle Metapher darstellt, die das Denken und Handeln versklaven, aber auch zu neuer Freizügigkeit, zu Dezentralisierung und Enthierarchisierung von Information und Wissensaneignung führen kann. Um es zu wiederholen: Technik ist ein soziales Produkt, in dem sich die herrschenden Interessen mediatisieren. Deshalb werden heute Computer vor allem zur Informatisierung des Dienstleistungssektors eingesetzt, wodurch vor allem weibliche Arbeitskräfte freigesetzt oder dequalifiziert werden. Viel unsichtbarer ist aber die Gefahr eines neuen Konformismus, den Weizenbaum dadurch charakterisiert, daß wir alles, was wir sagen wollen, nur noch in einer binären Sprache ausdrücken dürfen.[37] Wenn das effektive Verfahren allein Beweisfähigkeit erhält und alle anderen Möglichkeiten als Irrtum und Fehler ausgrenzt, dann können wir von einem technologischen Konformismus sprechen, dessen Herrschaftscharakter immer undurchsichtiger wird.

Setzen schon heute Frauen durch ihre spezifische Abwehr und Aneignung der Technik Grenzen, so reicht dieses nicht mehr aus. Die unmittelbare Betroffenheit durch die Informations- und Kommunikationstechnologien zwingt zu größerer Bewußtheit, zu einem expliziteren Umgang mit Technik und dem in ihr transportierten Herrschaftsanspruch. Der weibliche Lebenszusammenhang in seiner Widersprüchlichkeit selbst zeigt die Begrenzung binärer Logik auf. Durch ihn wird sinnfällig, daß nicht alle Entscheidungen und Situationen als effektive Verfahren darstellbar sind, daß es unentscheidbare Probleme gibt und daß Entscheidungen ständiger Anpassung und Adaption bedürfen. Die weibliche Ethik setzt Maßstäbe von Verständnis und Emotionalität, die sich in die formalen Maßstäbe der Computerprogramme nicht einpassen lassen.

Ethische und wertrationale Handlungsorientierungen aber sind wichtige Bezugspunkte gegen Herrschaftsausübung im Bereich von Zweckrationalität und Objektivität. Nicht aber als abgespaltene, entfremdete Momente des Privaten, vielmehr als öffentliche ist die Ethik zu entwickeln, damit Technik ein Instrument für den Menschen und nicht gegen die Natur werden soll. Fragen gesellschaftlicher Verantwortung von Wissenschaftlern und Technikern sind deutlich einzubringen, denn was technisch oder wissenschaftlich möglich ist, ist noch lange nicht gut und richtig.[38]

Die digitale Vernunft gibt uns nur die Möglichkeit, innerhalb ihres Systems zu entscheiden.

Entscheiden wir uns nicht – wählen wir.

Und diese Wahl heißt, daß wir uns in die Programme zur Produktion und Verbreitung neuer Technologien einmischen, daß wir dabei auf der Entwicklung von Kommunikationstechnologien *für* Menschen beharren und, daß wir durch die Stärkung ethischer Argumente einer unangemessenen Verbreitung der digitalen Vernunft Begrenzungen setzen.

Anmerkungen

1 Siehe als Beispiel für diese in der Arbeitssoziologie verbreitete Argumentationsfigur beispielhaft Camilla Krebsbach-Gnath, Frauenbeschäftigung und neue Technologien. Wien 1983, S. IV.

2 Diese Doppeldeutigkeit des Begriffs der Rationalisierung formuliert Simmel prägnant auf eine andere Weise: »Von jeher hat jede auf subjektiver Übergewalt beruhende Herrschaft es sich angelegen sein lassen, sich eine objektive Begründung zu geben, das heißt: Macht in Recht zu transformieren.« *Georg Simmel,* Philosophische Kultur. Gesammelte Essays. Potsdam 1923, 3. Aufl., S. 67.

3 Siehe zu den Handlungs- und Herrschaftstypen *Max Weber,* Wirtschaft und Gesellschaft, Band 1, Tübingen 1956, S. 17, 159 und 170.

4 *Max Weber,* a. a. O., S. 176.

5 Ebenda, S. 170.

6 Siehe hierzu beispielhaft die Charakterisierungen des Patriarchalismus von *Georg Simmel,* a. a. O.; *Emma Oekinghaus,* Die gesellschaftliche und rechtliche Stellung der deutschen Frau, Jena 1925. Und für die neuere Literatur siehe den Beitrag von *Heidi Hartmann,* Capitalism, Patriarchy, and Job Segregation by Sex. In: *M. Blaxall, B. Reagan* (Hrsg.), Women and the Workplace. Chicago 1976, S. 137–169.

7 Zum Formwandel des Patriarchats haben Ute Gerhard, Doris Janshen, Hiltraud Schmidt-Waldherr und ich am Soziologentag 1982 in Bamberg einen Vortrag gehalten.

8 Siehe dazu *Christine Woesler,* Für eine be-greifende Praxis in der Natur. Gießen 1978, S. 298–338.

9 *Georg Simmel,* a. a. O., S. 78 f.

10 In dem unter Anmerkung 7 zitierten Vortrag haben wir vier Stränge des Formwandels des Patriarchats herausgearbeitet. Neben Rationalität, worauf ich mich hier konzentriere, sind Recht, Mütterlichkeit und Sexualität wichtige Dimensionen von Herrschaft, wodurch sich ein widersprüchlicheres und komplexeres Bild von patriarchalen Herrschaftsstrukturen und weiblichen Gegenstrategien ergibt.

11 Siehe *Heidi Hartmann,* a. a. O.

12 Der geringe Erfolg der alten Frauenbewegung kann mit folgenden Argumenten begründet werden: Zum einen wird versucht, gesellschaftlich Ausgegrenztes zum Inhalt eigener Emanzipationsbewegung zu machen, ohne die Widersprüchlichkeiten des doppelten Maßstabs für Frauen zu reflektieren und ohne eine Kapitalismuskritik zu betreiben; zweitens wird mit der Ausklammerung von Sexualität und Erotik aus dem Prinzip der »geistigen Mütterlichkeit« Affektivität und Sexualität selbst auf ein vernünftiges Maß beschränkt, was indirekt auf eine Akzeptierung des Leistungsprinzips hinausläuft. Siehe dazu ausführlicher *Barbara Brick, Christine Woesler,* Maschinerie und Mütterlichkeit. In: Beiträge zur feministischen Theorie und Praxis, Band 5, München 1981, S. 61–69.

13 *Edward Thompson,* Plebejische Kultur und moralische Ökonomie. Frankfurt/M. 1980, S. 66–130.

14 *Carol Gilligan,* Die andere Stimme. Lebenskonflikte und Moral der Frauen. München 1984.

15 *Jürgen Habermas,* Technik und Wissenschaft als »Ideologie«. Frankfurt/M. 1969, S. 56.

16 *Jürgen Habermas,* a. a. O., S. 72 f.

17 *Ders.,* S. 88 f.

18 *Ders.,* S. 78.

19 *Ders.,* Theorie des kommunikativen Handelns. 2 Bände 1981. Bd. 1, S. 8.

20 *Ders.,* a. a. O., Band 1, S. 112.

21 *Rita Gerecht, Christine Kulke, Elvira Scheich,* Wie gehen Frauen mit der Macht – wie geht die Macht mit Frauen um? In: *Barbara Schaeffer-Hegel* (Hrsg.), Frauen und Macht. Der alltägliche Beitrag der Frauen zur Politik des Patriarchats. Berlin 1984, S. 272.

22 *Herbert Marcuse,* Der eindimensionale Mensch. Neuwied und Berlin 1967, S. 169.

23 *Ders.,* a. a. O., S. 152 ff.

24 *Ders.,* a. a. O., S. 173.

25 *Herbert Marcuse,* Industrialisierung und Kapitalismus. In: Max Weber und die Soziologie heute. Tübingen 1965, S. 179.

26 *D. Noble,* Maschinen gegen Menschen. Die Entwicklung numerisch gesteuerter Werkzeugmaschinen. Stuttgart 1981, S. 8 ff., S. 40.

27 Siehe zu diesem Zusammenhang vor allem *Ulla Bock, Anne Braszeit, Christiane Schmerl* (Hrsg.), Frauen an den Universitäten. Zur Situation von Studentinnen in der männlichen Wissenschaftshierarchie. Frankfurt/M./New York 1983.

28 *Ina Wagner,* Das Erfolgsmodell der Naturwissenschaften. Ambivalenzerfahrungen von Frauen. Beitrag zur Tagung, Wie männlich ist die Wissenschaft. 13.–15. 12. 1984, Bielefeld.

29 *Christa Wolf,* Selbstversuch. Traktat zu einem Protokoll. In: *Sarah Kirsch, Irmtraud Morgner, Christa Wolf,* Geschlechtertausch. Darmstadt und Neuwied 1980, S. 67, 80, 83.

30 Die Phänomenologie hat den Begriff der Lebenswelt als Grundkonzept entwickelt, allerdings in dem Verständnis der konstitutiven Bedingungen jeglicher Erfahrungswelt. Habermas verengt diese Konzeption zu einem gesellschaftlichen Teilbereich,

und erst dadurch kann von einer weiblichen Domäne gesprochen werden.

31 Diese Darlegung ist weitaus zu vereinfacht. Mir geht es darum, hier die Prinzipien des Binären, des Eindeutigen und des Algorithmus herauszuarbeiten. Eine für Laien verständliche Darstellung ist zu finden bei *Josef Weizenbaum,* Die Macht der Computer und die Ohnmacht der Vernunft. Frankfurt/M. 1978, Kapitel 3 und 4.

32 Diese und die folgenden Zitate stammen aus der einzig mir bekannten psychologisch orientierten Arbeit im Zusammenhang mit Computern: *Sherry Turkle,* Die Wunschmaschine. Vom Entstehen der Computerkultur. Reinbek bei Hamburg 1984, S. 177.

33 *Dies.,* a. a. O., S. 198.

34 Ebenda, S. 192.

35 Ebenda, S. 206, S. 243.

36 Ebenda, S. 142–150.

37 Siehe dazu *J. Weizenbaum,* a. a. O., S. 340.

38 Auf die Diskussion um die sanfte, alternative, intermediäre, kleine etc. Technologie kann hier nicht eingegangen werden. Es sei exemplarisch auf die Arbeit von *Otto Ullrich,* Technik und Herrschaft. Frankfurt/M. 1977, Kapitel V. verwiesen.

»Alte« und »neue« Arithmetk, symbolisiert durch Pythagoras und Boethius.

Hiltraud Schmidt-Waldherr

Die »Entbindung der Vernunft«? Zur Habermas'schen »Theorie des kommunikativen Handelns«

Mit der Theorie des kommunikativen Handelns erarbeitet Habermas die normativen Grundlagen einer kritischen Gesellschaftstheorie[1], um eine Theorie der Moderne auf der Basis zahlreicher anderer Theorien zu rekonstruieren. Seiner Absicht nach soll mit der Theorie des kommunikativen Handelns neben ihrem zentralen Paradigma »der kommunikativen Vernunft« auch ein neuer Gesellschaftsbegriff sowie eine evolutionäre Theorie der Moderne herausgearbeitet werden. Diese Gesellschaftstheorie kritisiere die Bewußtseinsphilosophie und biete zugleich »eine Alternative für die unhaltbar gewordene Geschichtsphilosophie (...), der die ältere Kritische Theorie noch verhaftet war«.[2]

Seine Theorie des kommunikativen Handelns empfiehlt Habermas selbst als »anschlußfähige« und umfassende Gesellschaftstheorie der Moderne, »als Rahmen, innerhalb dessen die interdisziplinär angelegte Erforschung des selektiven Musters der kapitalistischen Modernisierung wieder aufgenommen werden kann«.[3] Den Habermas'schen Anspruch auf- und ernstnehmend, ist es mein Interesse, bei der Suche nach Orientierung und anschlußfähigen Theorien für eine kritische feministische Wissenschaft und feministische Politik festzustellen, welche Relevanz die Habermas'sche Theorie des kommunikativen Handelns als kritische Gesellschaftstheorie mit ihrem Paradigma der kommunikativen Vernunft für uns haben kann. Das heißt unter anderem auch, die Frage nach der Anwendung der Habermas'schen Theorie auf die Probleme und Konflikte im Geschlechterverhältnis der Gegenwart, aber auch der in der Geschichte, sowie insbesondere die Frage nach der adäquaten Berücksichtigung des »Geschlechts« als sozialer Kategorie in seiner Theorie zu stellen.

Dieses Interesse, die »Anschlußfähigkeit« der Habermas'schen Theorie für uns zu klären und damit zugleich die Erbschaftsfrage für eine ganze Reihe relevanter sozialwissenschaftlicher und anderer Theorien zu stellen, auf die sich Habermas selber bezieht, kann ich in diesem Beitrag nur in bescheidenem Maße verfolgen. Rekonstruierend werde ich die Habermas'sche Legitimation für den zentralen Paradigmawechsel herausarbeiten und einige wenige Annahmen und theoretische Forderungen problematisieren, die in die Theorie des kommunikativen Handelns eingehen.

Zur Habermas'schen Kritik an der »älteren« Kritischen Theorie

Eine der zentralen Habermas'schen Thesen ist die, daß die ältere Kritische Theorie an der Erschöpfung des Paradigmas der Bewußtseinsphilosophie gescheitert ist.[4] Seine These des Scheiterns erläutert er, indem er die Grenzen der Subjektphilosophie aufzeigt. Im Modell der Bewußtseinsphilosophie bezieht sich das Subjekt entweder vorstellend oder handelnd auf mögliche Objekte. Das Subjekt selbst ist »wesentlich dadurch charakterisiert, daß es ein Wissen nicht nur von Objekten, sondern gleich ursprünglich auch von sich selber hat. Dieses Wissen des Subjektes von sich selbst, in dem Wissen und Gewußtes zusammenfällt, *muß nach dem Modell des Wissens von Objekten gedacht werden.*«[5] Dieses Sichselbstwissen, das für das Selbstbewußtsein des Subjekts konstitutiv ist, konstituiert sich aber erst, indem es sich auf sich selbst als Objekt bezieht und ist damit zirkulär. Diesen Zirkel verdeutlicht Habermas u. a. durch ein Zitat von E. Tugendhat: »Indem die Reflexionstheorie ein bereits vorhandenes Subjekt voraussetzt, setzt sie schon das voraus, was sich in Wirklichkeit erst in der Beziehung auf sich konstituieren soll.«[6] Von diesem Zirkel der Bewußtseinsphilosophie und ihren anderen Bornierungen könne man sich befreien – so Habermas' These –, wenn man »das Paradigma der Bewußtseinsphilosophie, nämlich ein die Objekte *vorstellendes* und an ihnen sich *abarbeitendes* Subjekt, zugunsten des Paradigmas der Sprachphilosophie, der intersubjektiven Verständigung oder Kommunikation aufgibt und den kognitiv-instrumentellen Teilaspekt einer umfassenderen *kommunikativen Rationalität* einordnet«.[7] Da Adorno und Horkheimer – nach Habermas – noch an die Begriffsstrategie der Subjektphilosophie fixiert bleiben, deren Bann sie zu brechen versuchen, dementieren sie mit der »Kritik der instrumentellen Vernunft, die in der Negativen Dialektik auf ihren Begriff gebracht wird«[8], ihren eigenen theoretischen Anspruch, indem sie mit Grundgedanken der zu kritisierenden idealistischen Erkenntnistheorie und der naturalistischen Handlungstheorie selber arbeiten.

Die instrumentelle Vernunft, von Horkheimer auch als »subjektive Vernunft« bezeichnet, sei durch den Zusammenhang von Subjektivität und Selbsterhaltung für das moderne Bewußtsein konstitutiv und reguliere lediglich zwei fundamentale Beziehungen für die gesellschaftliche Reproduktion des Lebens. »Das Subjekt bezieht sich auf Objekte entweder, um sie so, wie sie sind, vorzustellen oder so, wie sie sein sollen, hervorzubringen.«[9] Für die kognitiv instrumentelle Vernunft ist »die *Erkenntnis* von Sachverhalten (...) strukturell auf die Möglichkeit von *Eingriffen* in die Welt als der Gesamtheit von Sachverhalten bezogen; und erfolgreiches Handeln verlangt wiederum Kenntnis des Wirkungszusammenhangs, in den es interveniert.«[10] Und genau diese Kenntnis des Subjekts bzw. überhaupt die Möglichkeit der erforderlichen Kenntnisse vom Wirkungszusammenhang bezweifelt Jürgen Habermas aufgrund der Komplexität und Differenzierung der Moderne. Die Folgen von Eingriffen sind nicht mehr kalkulierbar.[11] Zu Recht kritisiert Habermas die idealistische Vorstellung der Bewußtseinsphilosophie, daß das Subjekt, das zwecks Sicherung seiner individuellen Selbsterhaltung instrumentell und damit zweckrational in die kollektiven gesellschaftlichen Reproduktionsprozesse des Lebens eingreift, »Herr« der initiierten Veränderungen wäre. Tatsächlich vermag es die Folgen in ihrer Gesamtheit nicht einmal adäquat zu erfassen, geschweige denn heute noch zu beherrschen, wie exemplarisch an den *Welt*ernährungsproblemen aufgezeigt werden kann.

In der Moderne setze sich – so Habermas' Analyse – ein »naturalistischer Begriff von Subjektivität« durch, in dem als »Streben eines jeden Seienden« als alleiniger Zweck der der Selbsterhaltung gesetzt wird. Hierdurch verwandele sich das Vermögen der Subjekte: »Erkennen und zielgerichtetes Handeln (werden) zu Funktionen der Selbsterhaltung von Subjekten, die wie Körper und Organismen einen einzigen abstrakten ‚Zweck' verfolgen: ihren kontingenten Bestand zu sichern.«[12] Denn »nach den Grundannahmen der bürgerlichen Sozialphilosophie und Ökonomie erhält sich jedes Individuum gesellschaftlich am Leben, indem es rational seinem wohlverstandenen eigenen Interesse folgt«.[13] Vernünftig ist in diesem Sinne alleine derjenige, der sein (Selbst)Bewußtsein unter das Selbsterhaltungsproblem, in Form kognitiv instrumenteller Bestandssicherung, subsumiert. »Die durch instrumentelle Vernunft regulierten Beziehungen zwischen Subjekt und Objekt bestimmen nicht nur jenes Verhältnis zwischen Gesellschaft und äußerer Natur, das sich historisch im Stand der Produktivkräfte, insbesondere des wissenschaftlich-technischen Fortschritts ausdrückt. Die Struktur der Ausbeutung einer objektivierten und verfügbar gemachten Natur wiederholt sich auch im Innern der Gesellschaft, sowohl in den interpersonalen Beziehungen, die durch Unterdrückung sozialer Klassen, wie auch in den intrapsychischen Beziehungen, die durch Repressionen der Triebnatur gekennzeichnet sind.«[14]

Wie Horkheimer in »Vernunft und Selbsterhaltung« entfaltet hat, bedeutet die Zunahme der »formalen Allgemeinheit der bürgerlichen Vernunft« nicht zugleich auch ein Anwachsen des Bewußtseins universaler Solidarität. Die Vernunft selber zerstöre die Humanität, die sie ermögliche. Vernunft, als instrumentelle, ist allein durch ihre Beziehung zur individuellen Selbsterhaltung bestimmt. Ideen gesellschaftlicher Solidarität, die Geltung kommunikativer Vernunft und verständigungsorientierten Handelns vergesellschafteter Menschen, der Fortschritt der Entbindung von Vernunft aus normativen Kontexten der Lebenswelt - und darauf kommt es Habermas vorrangig an - können so weder erfaßt noch realisiert werden. Sie werden aber auch nicht in der »Negativen Dialektik«, trotz des Begriffes der Mimesis, adäquat entfaltet. Als Kern der »Kritik der instrumentellen Vernunft« ist Vernunft ihres Geltungsanspruches »entkleidet« und an schiere Macht assoziiert. »Die Kritik der instrumentellen Vernunft, die den Bedingungen der Subjektphilosophie verhaftet bleibt, denunziert als Makel, was sie in seiner Makelhaftigkeit nicht erklären kann, weil ihr für die Integrität dessen, was durch instrumentelle Vernunft zerstört wird, eine hinreichend geschmeidige Begrifflichkeit fehlt.«[15] Diese Unzulänglichkeiten der »Kritik der instrumentellen Vernunft« zwingen nach Habermas - wie oben schon angeführt - zur Aufgabe des Paradigmas der Bewußtseinsphilosophie und zu einem Paradigmawechsel für den Vernunftbegriff zur »kommunikativen Vernunft« hin.[16]

Zu hinterfragen bleibt, ob es Habermas mit dem neuen Paradigma der »kommunikativen Vernunft« gelingt, eingeklagte »Unzulänglichkeiten« der Kritik der älteren Kritischen Theorie zu überwinden und eine Theorie der Moderne als kritische Gesellschaftstheorie ohne Bornierungen und Vereinseitigungen zu konstituieren.

Entbindung der Vernunft durch »kommunikatives Handeln«?

Indem er sich auf das andere der instrumentellen Vernunft bezieht, das von Horkheimer und Adorno als Mimesis bezeichnet wird, in die die Hoffnungen der Menschen auf Versöhnung und Freiheit eingehen, stellt Habermas fest: »Die Strukturen einer Vernunft, auf die Adorno nur *anspielt,* werden der Analyse erst zugänglich, wenn die Ideen der Versöhnung und der Freiheit als Chiffren für eine wie auch immer utopische Form der Intersubjektivität entziffert werden, die eine zwanglose Verständigung der Individuen im Umgang miteinander ebenso ermöglicht wie die Identität eines sich zwanglos mit sich selbst verständigenden Individuums - Vergesellschaftung ohne Repression.«[17] Diesem Ziel will Habermas durch den Paradigmawechsel in der Handlungstheorie vom zielgerichteten Handeln zum kommunikativen Handeln hin sowie durch einen Wechsel in der Forschungsstrategie, »den modernen, mit einer Dezentrierung des Weltverständnisses möglich gewordenen Rationalitätsbegriff zu rekonstruieren«[18], sich nähern. Die instrumentelle Vernunft soll nun lediglich noch als Teilaspekt einer umfassenden kommunikativen Rationalität eingeordnet und damit – so interpretiere ich die Absicht von Habermas – »entschärft bzw. entmachtet« werden. »Nicht mehr Erkenntnis und *Verfügbarmachung* einer objektivierten Natur sind, für sich genommen, das explikationsbedürftige Phänomen, sondern die Intersubjektivität möglicher *Verständigung* – sowohl auf interpersonaler wie auch intrapsychischer Ebene. Der Fokus der Untersuchung verschiebt sich damit von der *kognitiv-instrumentellen zur kommunikativen Rationalität*.«[19]

Da der Prozeß der Vergesellschaftung und die Reproduktion der Gesellschaft ebensosehr von der Intersubjektivität und damit von der Bedingung der Verständigung unter Interaktionsteilnehmern abhängig ist, erhofft sich Habermas »über die Klärung der formalen Eigenschaften verständigungsorientierten Handelns einen Begriff von Rationalität zu gewinnen, der den Zusammenhang jener in der Moderne auseinandergetretenen Momente der Vernunft ausdrückt. . .«[20] Zu fragen ist nun, worauf Habermas die Bedingung der Möglichkeit kommunikativer Vernunft und die Intersubjektivität möglicher Verständigung (sowohl interpersonal wie auch intrapsychisch) gründet. Die Bedingungen der Möglichkeit für kommunikative Vernunft sieht Habermas darin, daß sich die Theorie kommunikativen Handelns »des vernünftigen Gehalts anthropologisch tiefsitzender Strukturen«[21] vergewissern kann, d. h. der Fähigkeit des Menschen, Vernunft zu entfalten, die potentiell mit jedem neugeborenen Menschen erneut gegeben ist, solange Menschen leben und sich biologisch reproduzieren. Dieses Vernunftpotential jedes Neugeborenen entfaltet sich in einem individuellen Entwicklungsprozeß, den Piaget – auf den sich Habermas hier bezieht – als Dezentrierungsprozeß während der kindlichen Psychogenese bezeichnet. Der Dezentrierungsprozeß umfaßt sowohl die Dimension des logischen Denkens sowie den kindlichen Spracherwerb als auch die moralische und soziale Entwicklung des Kindes. Die Dezentrierung als Steigerung des wachsenden Reflexionsvermögens des Subjekts ermöglicht ihm bei der Sozialisierung zugleich einen Individualisierungs- bzw. Autonomisierungsprozeß. In der Entwicklung der kindlichen Intelligenz zur »dezentrierten Vernunft« hin – wie von Piaget analysiert – sieht Habermas eine der zentralen anthropologischen Grundlagen für seine Theorie des kommunikativen Handelns, die Sicherung für »kommunikative Vernunft«.[22]

Als weitere erkenntnistheoretische Grundlage überträgt Habermas das Piaget'sche Lernkonzept auf die Herausbildung formaler Weltkonzepte. »Dabei werde ich mich stillschweigend eines Lernkonzeptes bedienen, das Piaget für die Ontogenese von Bewußtseinsstrukturen entwickelt hat. Piaget unterscheidet bekanntlich Stufen der kognitiven Entwicklung, die nicht durch neue Inhalte, sondern durch strukturell beschriebene Niveaus des Lernvermögens gekennzeichnet sind. Um etwas Ähnliches könnte es sich auch im Falle der Emergenz neuer Weltbildstrukturen handeln.«[23] Habermas geht hierbei von einem Parallelismus von Ontogenese und Phylogenese aus. Beide Prozesse – als Lernprozesse jeweils von ihm interpretiert – durchlaufen strukturell homologe Phasen.[24]

Die Ausdifferenzierung des Weltbildes, d. h. die gleichzeitige Abgrenzung der objektiven und der sozialen von der subjektiven Welt, ist für ihn Vorbedingung dafür, daß »ein reflexiver Begriff von Welt ausgebildet und der Zugang zur Welt durch das Medium gemeinsamer Interpretationsanstrengungen im Sinne eines kooperativen Aushandelns von Situationsdefinitionen gewonnen werden«[25] kann. Verständigung als kooperativer Deutungsvorgang zielt auf intersubjektiv anerkannte Situationsdefinitionen. »Die Weltkonzepte und die korrespondierenden Geltungsansprüche bilden das formale Gerüst, mit dem die kommunikativ Handelnden die jeweils problematischen, d. h. einigungsbedürftigen Situationskontexte in ihre als unproblematisch vorausgesetzte Lebenswelt einordnen.«[26] Die nichtproblematisierten Hintergrundüberzeugungen, durch vorgetane Interpretation erzeugte tote Arbeit, bilden den lebensweltlichen Hintergrund für kommunikatives Handeln und die Intersubjektivität möglicher Verständigung. Jedoch – »Je weiter das Weltbild, das den kulturellen Wissensvorrat bereitstellt, dezentriert ist, um so weniger ist der Verständigungsbedarf *im vorhinein* durch eine kritikfest interpretierte Lebenswelt gedeckt; und je mehr dieser Bedarf durch die Interpretationsleistungen der Beteiligten selbst, d. h. über ein riskantes, weil rational motiviertes Einverständnis befriedigt werden muß, um so häufiger dürfen wir rationale Handlungsorientierungen erwarten.«[27] Die Dezentrierung der Weltbilder und die Ausdifferenzierung der Lebenswelt[28] sind Bedingungen für die »Rationalisierung der Lebenswelt«, für eine fortschreitende Entbindung des in kommunikativem Handeln angelegten Rationalitätspotentials.

Der Begriff der »Rationalisierung der Lebenswelt« bezieht sich bei Habermas auf die Veränderungen lebensweltlicher Strukturen, die durch zunehmende Differenzierung zwischen Kultur, Gesellschaft und Persönlichkeit entstehen. In dem Maße, wie Sprache als Medium die notwendige Verständigung zur Vergesellschaftung von Individuen und deren Handlungskoordinierung übernimmt, vollzieht sich die »Rationalisierung der Lebenswelt« in der kulturellen Reproduktion sowie durch soziale Integration und Sozialisation. Von einer »Entwicklungslogik« im Sinne Piagets innerhalb des Rationalisierungsprozesses will Habermas nur sprechen, »wenn die Strukturen der geschichtlichen Lebenswelten in dem durch die Interaktionsform definierten Spielraum nicht zufällig, sondern in Abhängigkeit von Lernprozessen, also gerichtet variieren. Eine *gerichtete Variation von Lebensweltstrukturen* liegt z. B. dann vor, wenn sich die evolutionär bedeutsamen Veränderungen unter den Gesichtspunkt einer strukturellen Differenzierung zwischen Kultur, Gesellschaft und Persönlichkeit bringen lassen. Und Lernprozesse wird man für eine solche strukturelle Differenzierung der Lebenswelt postulieren müssen, wenn sich nachweisen läßt, daß diese einen Zuwachs an Rationalität bedeutet.«[29]

Habermas greift in zweifacher Weise auf Piagets psychologische Theorie der Entwicklung zurück: erstens, um sich der Möglichkeit der Entfaltung des individuellen und kollektiven Vernunftpotentials zu versichern, und zweitens, indem er versucht, »einen *vierten* Forschungsansatz, den *genetischen Strukturalismus* der Entwicklungspsychologie, für die Aneignung von Webers Religionssoziologie, von Meads Kommunikationstheorie und von Durkheims Theorie der sozialen Integration fruchtbar zu machen.«[30] Auf diese Art entwickelt er seinen grundbegrifflichen Theorierahmen. Mit diesem Rückgriff begründet er die formalen Eigenschaften verständigungsorientierten Handelns »kommunikativer Vernunft« metatheoretisch auf der Basis des genetischen Strukturalismus.

Trotzdem bleibt Habermas uns schuldig, in seiner Theorie des kommunikativen Handelns die Legitimierung für die Annahme der Homologie von Ontogenese des Menschen und Phylogenese als »Evolutionstheorie« plausibel zu entfalten. Ähnlich wie Eder[31] beschreibt er die Evolution von Weltbildern als gerichteten logischen Prozeß, der eine »Entwicklung« hat, aber keine »Geschichte« aufweist.[32] Zwei Abstraktionen sind für Habermas' Forschungsstrategie zentral für die Rekonstruktion der Theorie kommunikativer Vernunft: »Die Abstraktion der Entfaltung kognitiver Strukturen von der geschichtlichen Dynamik der Ereignisse und die Abstraktion der gesellschaftlichen Evolution von der geschichtlichen Konkretion der Lebensformen.«[33] Beide Abstraktionen seien unbedingt erforderlich, um die Theoriebildung vom »geschichtsphilosophischen Ballast« zu befreien.[34] Zugleich »befreit« sich Habermas von der Notwendigkeit, seine Theorie der sozialen Evolution und des kommunikativen Handelns historisch und interkulturell zu analysieren und zu reflektieren. Trotz der zwei geforderten Abstraktionen macht Habermas die fortgeschrittene Entbindung des in kommunikativem Handeln angelegten Rationalitätspotentials, die kommunikative Vernunft, in den »Verständigungsformen«[35] als »normativ entbundenes kommunikatives Handeln mit institutionalisierter Kritik«[36], indirekt an der historischen Konkretion unserer okzidentalen Gesellschaft fest, indem die schrittweise Entfaltung des Reflexionsvermögens der Gattung (Dezentrierungsthese) im Verbund mit der Differenzierung und Komplexitätssteigerung sozialer Strukturen (Differenzierungsthese) die innere Logik des Fortschritts für ihn ausmacht. Auf eine Kurzform gebracht, ist Habermas' Fortschrittsannahme, die in seine evolutionäre These eingeht: Je mehr soziale Differenzierung, desto mehr Dezentrierung als kollektiver Lernprozeß der Gattung. Das differenzierte System unserer okzidentalen Gesellschaften ist für ihn somit die notwendige Voraussetzung - aber durch die Kontingenz verursacht nicht zugleich auch hinreichende Bedingung - für die Ermöglichung und Realisierung universaler Rationalität und die Entbindung kommunikativer Vernunft in der Lebenswelt. Es wächst insgesamt der Verständigungsaufwand, der dem kommunikativ Handelnden zumeist aufgebürdet wird.

Eine Theorie der Moderne als kritische Gesellschaftstheorie kann nach Jürgen Habermas »nicht mehr an konkreten, den überlieferten Lebensformen innewohnenden Idealen ansetzen; sie muß sich an der Möglichkeit von Lernprozessen, die mit einem historisch bereits erreichten Lernniveau eröffnet worden ist, orientieren«.[37] Deshalb fordert er von einer kritischen Theorie: »Sie muß auf die kritische Beurteilung und normative Einordnung von Totalitäten, Lebensformen und Kulturen, von Lebenszusammenhängen und Epochen *im Ganzen* verzichten.«[38]

Kern seiner Theorie der Moderne ist und bleibt die »fortschreitende Rationalisierung der Lebenswelt«, die die modernen Gesellschaften von den traditionellen trennt und für ihn den Fortschritt durch Lernprozesse der Menschheit ausmacht. Kennzeichnend hierfür sind die Entbindungsprozesse als »welthistorischer Vorgang«, d. h. die Generalisierung von Normen und Werten, das Reflexivwerden kultureller Überlieferung durch »Versprachlichung«, die Entbindung kommunikativen Handelnse von beschränkenden normativen Kontexten, die Individuierungsprozesse und die Verallgemeinerung von Sozialisationsmustern. Nur - die individuellen und kollektiven Kosten dieses Aufklärungsprozesses, der Befreiung aus der selbstverschuldeten Unmündigkeit, sowie die modernen Formen der Bornierung werden von Habermas nicht hinreichend benannt.

Zu fragen bleibt, ob Habermas seinen Anspruch, der in den Paradigmawechsel zuvor einging, allein mit der vorliegenden Rekonstruktion des mit der Moderne möglich gewordenen Rationalitätsbegriffs, der Theorie des kommunikativen Handelns, realisieren kann. Er meint, mit der Theorie des kommunikativen Handelns die »Strukturen einer Vernunft, auf die Adorno nur anspielt« - Mimesis - freizulegen. Ob freilich die Eigenlogik der Objekte und Beziehungen, wesentliche Wurzeln von Mimesis, wirklich derart in Sprache ihren Niederschlag finden kann, daß Kommunikation, die Hoffnung auf Versöhnung, utopische Formen der Intersubjektivität und damit - wie Habermas sagt - »Vergesellschaftung ohne Repression«, also Freiheit begründen kann, muß dahingestellt bleiben. Liegt nicht in der Dominanz der Sprache bei Habermas selber schon wieder die Gefahr, »Mimesis« nicht, wie zuvor beabsichtigt, als »Ganze« adäquat zu thematisieren, sondern vereinseitigt und auf das Mentale der kommunikativen Vernunft reduziert zu fassen? So berücksichtigt er z. B. nicht hinreichend, daß in kommunikatives Handeln zwischen den Geschlechtern, in Situationsdefinitionen und -interpretationen in der

Moderne immer schon strukturell patriarchale Macht eingeht, d. h., daß Macht und Gewalt nicht nur durch Systemimperative, durch »Kolonialisierung der Lebenswelt« - wie Habermas in seiner Strukturanalyse herausarbeitet - verursacht wird, sondern struktureller Bestandteil auch der rationalisierten Lebenswelt der Moderne ist.[39] Denn gerade der bürgerliche Antifeminismus beruft sich auf die Dezentrierung als männliches Vermögen und die »Rationalität des Fortschritts« durch gesellschaftliche Differenzierung und legitimiert damit die geschlechtsspezifische Arbeitsteilung zur Sicherung des Gesellschaftssystems und der »Herrschaftskultur« (Christa Wolf) in der Moderne. Auch von einer »natürlichen Sprache«, als herrschaftsfreier, kann kaum gesprochen werden, bedenken wir die Forschungsergebnisse der Sprach- und Kulturkritik - und nicht nur die - der feministischen Wissenschaft.[40]

Habermas selbst behauptet zum Abschluß seiner umfangreichen Reflexionen »den völlig offenen Charakter«, aber auch die »Anschlußfähigkeit«, seines gesellschaftstheoretischen Ansatzes und betont, daß »dessen Fruchtbarkeit sich allein in verzweigten sozialwissenschaftlichen und philosophischen Forschungen bewähren kann«[41], die freilich bisher noch nicht vorliegen. Um für feministische Forschung »anschlußfähig« zu sein, müßte Habermas meines Erachtens seine Theorie des kommunikativen Handelns und damit sein Konzept des evolutionären Universalismus zusätzlich einer historischen Analyse sowie einem interkulturellen Vergleich zur Bewährung aussetzen. Denn nur so wären die okzidentalen patriarchalen Strukturen, die gerade auch in der Moderne in spezifischer Form in das Geschlechterverhältnis und damit in verständigungsorientiertes Handeln eingehen, aufzudecken, und wir wären der Realisierung der »Vergesellschaftung ohne Repression« einen Schritt näher.

Anmerkungen

1 *Habermas, Jürgen,* Theorie des kommunikativen Handelns, Bd. I: Handlungsrationalität und gesellschaftliche Rationalisierung, Frankfurt/M. 1981, S. 7 f., und Bd. II: Zur Kritik der funktionalistischen Vernunft, Frankfurt/M. 1981.
2 A.a.O., II, S. 583.
3 Ebenda.
4 A.a.O., I, S. 518.
5 A.a.O., I, S. 527.
6 A.a.O., I, S. 528.
7 A.a.O., I, S. 523.
8 A.a.O., I, S. 518.
9 A.a.O., I, S. 519.
10 Ebenda.

11 Vgl. auch *Habermas, Jürgen,* Konservative Politik. Arbeit, Sozialismus und Utopie heute. In: Ders., Die neue Unübersichtlichkeit, Frankfurt/M. 1983, S. 59 ff.
12 *Habermas, Jürgen,* Theorie des kommunikativen Handelns, I, S. 250.
13 Ebenda.
14 A.a.O., I, S. 521 f.
15 A.a.O., I, S. 522.
16 A.a.O., I, S. 523.
17 A.a.O., I, S. 524.
18 A.a.O., I, S. 525.
19 Ebenda.
20 Ebenda.
21 A.a.O., II, S. 561.
22 A.a.O., I, S. 104 ff.
23 A.a.O., I, S. 104.
24 Vgl. a.a.O., I, S. 104, und II, S. 218.
25 A.a.O., I, S. 106.
26 A.a.O., I, S. 107.
27 A.a.O., I, S. 107 f.
28 Vgl. a.a.O., II, S. 173 ff.
29 A.a.O., II, S. 218.
30 A.a.O., II, S. 554.
31 *Eder, K.* (Hrsg.), Seminar: Die Entstehung von Klassengesellschaften, Frankfurt/M. 1973.
32 *Habermas, Jürgen,* Theorie des kommunikativen Handelns, II, S. 562 f.
33 A.a.O., II, S. 562.
34 A.a.O., II, S. 560 ff.
35 A.a.O., II, S. 285 ff. u. S. 518.
36 A.a.O., II, S. 286, Fig. 28.
37 A.a.O., II, S. 562.
38 Ebenda.
39 Vgl. *Gerhard, Ute; Janshen, Doris; Schmidt-Waldherr, Hiltraud; Woesler de Panafieu, Christine,* Herrschaft und Widerstand: Entwurf zu einer historischen und theoretischen Kritik des Patriarchats in der bürgerlichen Gesellschaft. In: 21. Deutscher Soziologentag 1982, Beiträge der Sektions- und ad hoc-Gruppen; (Hrsg.) *Heckmann, Friedrich,* u. *Winter, Peter,* Opladen 1983, S. 60 ff., und *Schaeffer-Hegel, Barbara* (Hrsg.), Frauen und Macht, Berlin 1984.
40 Vgl. *Trömel-Plötz, Senta* (Hrsg.), Gewalt durch Sprache, Frankfurt 1984, und *Opitz, Claudia* (Hrsg.), Weiblichkeit oder Feminismus?, Weingarten 1984.
41 *Habermas, Jürgen,* Theorie des kommunikativen Handelns, II, S. 562.

Christine Kulke

Von der instrumentellen zur kommunikativen Rationalität patriarchaler Herrschaft

> »Im übrigen verfügen die Frauen aus dem historischen Erbe der geschlechtlichen Arbeitsteilung, der sie in der bürgerlichen Familie unterworfen waren, über Kontrasttugenden, über ein zur Männerwelt komplementäres, der einseitig rationalisierten Alltagspraxis entgegengesetztes Wertregister.«
> Jürgen Habermas in »Theorie des kommunikativen Handelns,« Band II, S. 579.

Die gegenwärtigen, tiefgreifenden gesellschaftlichen Krisen, wie sie sich in Arbeitslosigkeit, Umweltzerstörung und Vernichtungspotentialen unvorstellbaren Ausmaßes manifestieren, gehören offensichtlich auch zu den Resultaten jener Vernunft, die nicht nur von Voltaire als »Geschenk der Gottheit an die Menschheit« gepriesen wurde. Diese Zerstörungserscheinungen in ihrer besonders gravierenden Bedeutung für die Lebensbereiche von Frauen kurzerhand mit dem Hinweis auf die herrschende patriarchale Rationalität zu begründen, ist sicher zu allgemein und reicht für eine Erklärung nicht aus. Ebensowenig hilft es weiter, gesellschaftlich-kulturelle Widersprüche, die das Leben aller, aber das von Frauen besonders kennzeichnen und bedrohen, einem umfassenden gesellschaftlichen Veränderungsprozeß als Folgeerscheinungen anzulasten. Das neutralisiert und kaschiert sie vielmehr als daß es sie erklären hilft und Verantwortlichkeit herausfordert.

Die Frage nach der Zukunft der Lebenswirklichkeit gerade von Frauen bedingungslos zu stellen, bedeutet nach der gesellschaftlichen Organisation der Geschlechterbeziehungen und der patriarchalen Herrschaftsordnung zu fragen. Unter dieser Fragestellung treten die historischen Veränderungen des patriarchalen Herrschaftsgefüges hervor, die sich, da sie von Männern, aber auch von Frauen gestaltet und getragen werden, als Manifestation gesellschaftlicher Rationalität deuten lassen. So verstanden, kann die Entwicklung des patriarchalen Systems und der geschlechtlichen Arbeitsteilung als Prozeß einer umfassenden gesellschaftlichen Rationalisierung gesehen werden. Dieser Begriff ist hier nicht auf das herkömmliche industriesoziologische oder arbeitstheoretische Verständnis von Rationalisierung bezogen. Er bestimmt sich auch nicht allein durch Konzepte von industrieller oder nach-industrieller Gesellschaft oder von moderner Massen- sowie Kommunikationsgesellschaft. Er spielt auf die historische Erfahrung an, daß ein bestimmter Typus von Denken und Handeln gesellschaftlich dominant geworden ist und zur Legitimation der Unterdrückung oder Ausgrenzung anderer Formen von Vernunft dient. Mit der Aufklärung hat sich die gesellschaftliche Verallgemeinerung einer spezifischen Rationalität und deren Geltungsansprüche vollzogen. Alles das, was den geltenden Vernunftskriterien nicht unterzuordnen ist bzw. aus ihnen herausfällt, wird als »irrational« ausgegrenzt oder zum bedrohend-abweichenden, destruktiven Prinzip erklärt. An Ausgrenzungsprozessen erweisen sich nun die Wirksamkeit von Herrschaft und Gewalt. Vor allem Frauen sind hiervon traditionell und aktuell betroffen.

Gesellschaftliche Rationalisierung umfaßt historisch und systematisch die Durchsetzung einer zum gültigen Rationalitätsprinzip sich verallgemeinerten Vernunft und eine zweckhafte Gestaltung von Gesellschaft und Kultur unter der Herrschaft dieses Prinzips. Damit enthält der Begriff gesellschaftlicher Rationalisierung im Kern auch Aussagen über die Form, in der gesellschaftliche Arbeit in der Produktion und in der Reproduktion organisiert ist, d. h., er impliziert Annahmen über die gesellschaftliche Machtverteilung und die Klassenproblematik sowie die kulturelle Reproduktion. Dies geschieht jedoch entsprechend dem theoretischen Kontext, in dem er entwickelt wird, mehr oder weniger explizit.

Grundsätzlich scheint ein Konzept von Rationalisierung also geeignet zu sein, die Strukturen patriarchaler Herrschaft in besonderer Weise sichtbar zu machen. – Die doppelte Bedeutung dieses Begriffes, einmal als Durchsetzungs- und Gestaltungsprinzip und dann als Begründungs- bzw. Rechtfertigungsmechanismus bleibt hier grundsätzlich erhalten, auch wenn ich mich vorwiegend auf die erstgenannte beziehe. – Konkret würde sich dieses Konzept z. B. daran erweisen, die Beziehungen zwischen patriarchaler und technokratischer Herrschaft zu bestimmen, ohne sie zu verwischen und ohne die patriarchale Herrschaftsordnung in der technokratischen aufgehen und verschwinden zu lassen.

Es ist zu erwarten, daß sich mit »Rationalisierung« begrifflich die Dichotomisierung von Rationalität und Patriarchat gegenüber Sinnlichkeit und weiblichen Lebenszusammenhängen aufbrechen läßt. Diese Festschreibung entstammt patriarchalen Konstruktionen und verhindert, die Folgen der Verluste von beidem, Vernunft und Sinnlichkeit, sichtbar zu machen. Eine solche Zuordnung von Weiblichkeit zu sinnlicher Erfahrung und von Männlichkeit zu destruktiver Rationalität würde weiter bedeuten, daß dem Geschlechterverhältnis einmal mehr das einseitige und vereinfachende Täter-Opfer-Schema aufgedrückt würde. So wenig wie die Beziehungen zwischen patriarchaler Rationalität und Sinnlichkeit lediglich antinomisch/dichotomisch zu verstehen sind, so kann auch sinnliche Erfahrung den herrschenden Rationalitätsprinzipien nicht einfach nur als das ganz Andere entgegengesetzt werden. Diese Beziehung ist als die Verkehrung eines Verhältnisses zu denken, als verkehrter Zusammenhang, welcher auf der Verabsolutierung und Instrumentalisierung von Rationalität als herrschaftslegitimierendem Prinzip beruht.

Wie stellt sich also der Wandel patriarchaler Herrschaft dar, so lautet meine Frage, wenn er als gesellschaftlicher Rationalisierungsprozeß erfaßt und mit Hilfe theoretischer Konzepte von Rationalisierung gedeutet wird? Was folgt aus unterschiedlichen Deutungsansätzen für die Darstellung der Polarisierung des Geschlechterverhältnisses und ihrer Entwicklung?

Diese Fragestellung hat mehrere Vorteile. So schärft sie den Blick für Argumente, die die Ausdünnung und Nivellierung patriarchaler Herrschaftsmechanismen durch soziale und technologische Modernisierungsprozesse sehen wollen. Gegen eine solche Sichtweise sprechen bereits die Unterdrükkungserfahrungen von Frauen. Die Fragestellung sensibilisiert dafür, in welcher Weise patriarchale Herrschaft unter sozialen, ökonomischen und technologischen Bedingungen ihre Zugriffe auf die Lebensverhältnisse von Frauen gestaltet. Die Herangehensweise an diese Fragen kann zu einer differenzierten feministischen Kritik an der Rationalität des Fortschritts beitragen und seine Irrationalität erklären helfen. Die Wandlungen des patriarchalen Systems in Kategorien der gesellschaftlichen Rationalisierung zu deuten, ermöglicht, die Folgen patriarchaler Herrschaft für das Geschlechterverhältnis anzugehen, ohne primär den Blick ausschließlich auf Macht und Ohnmacht von Frauen zu richten.

Hierzu sollen einige ausgewählte Argumentationsstränge zur Rationalisierungsproblematik diskutiert und auf unsere Fragestellung bezogen werden. Es wird dies versucht mit Hilfe von Aussagen der Kritischen Theorie Horkheimers und Adornos zur Instrumentalisierung der Vernunft, die als Kritik der Rationalisierung verstanden werden können. Diese Ansätze knüpfen bei Max Weber und seiner unmittelbar an der Rationalisierungsproblematik entwickelten Konzeption an. Von seinem ambivalenten Verständnis von Rationalisierung sind Aufschlüsse zu erwarten über die Widersprüche von Modernisierungsprozessen, auch von denen patriarchaler Strukturen. Schließlich wird auf Habermas' Kritik der Rationalisierungsansätze Bezug genommen. Dabei sollen die theoretischen Ansätze hier nur insoweit entfaltet werden, als mit ihrer Hilfe der Zusammenhang von gesellschaftlicher Rationalisierung und patriarchalem System aufbereitet werden kann.

Für die Auswahl dieser klassischen Theoriepositionen war die Vermutung maßgeblich, mit Hilfe der Kritik einer Funktionalisierung der Vernunft und der Rationalisierungskonzepte theoretische Kategorien zu gewinnen für einen veränderten, ja neuen Zugang zur Geschlechterproblematik. Dieser konnte nicht direkt über unmittelbare Aussagen hierzu gewonnen werden, nicht einmal mit der Kritischen Theorie, obgleich diese ihre Argumentation ausdrücklich auf die patriarchalen Verhältnisse in Familie und Sozialisation bezieht.

Bei Weber, der sein Hauptaugenmerk auf die Freisetzung und Institutionalisierung von Zweckrationalität gelegt hat und nicht so sehr auf ihre Verluste, ist ein solcher Zugang nur indirekt zu erarbeiten. Das gilt auch für Habermas mit seiner Sichtweise von der zunehmenden Entkoppelung von System und Lebenswelt und der Durchdringung der Lebenswelt mit systemischen Steuerungsmechanismen aus den Bereichen von Wirtschaft und Verwaltung zu Lasten kommunikativ organisierter Lebensbereiche. Auch hier bleiben die Arbeits- und Lebensverhältnisse von Frauen und damit entscheidende Dimensionen der gesellschaftlichen Wirklichkeit weitgehend ausgespart. Damit werden diejenigen Beziehungen, die sich nicht unmittelbar zweck-und systemrationalen Deutungen zuordnen lassen, aus der wissenschaftlichen Interpretation von Rationalisierungsphänomenen ausgegrenzt und somit undefinierbar. Gleichzeitig werden Rückschlüsse möglich auf die Rationalisierungsdomänen, die mithin männlich bestimmt sind. Die ausgesparten Bereiche gesellschaftlicher Reproduktion zeigen jedoch ihre Spuren in den theoretischen Aussagen selbst. So umfaßt das Rationalisierungsverständnis bei Habermas nicht nur systemrationale Zugänge, sondern gerade die Entbindung kommunikativer Rationalität im Zuge der Entwicklung zur Moderne. Die Übergriffe der Steuerungsmechanismen des Systems auf die Lebenswelt werden auf die Steigerung von Systemüberkomplexität zurückgeführt, die entstanden ist durch die »sukzessive Freisetzung des im kommunikativen Handeln angelegten Rationalitätspotentials«.[1] Die Beziehungen zu herkömmlich als weiblich definierten Lebensdimensionen werden hier zwar nicht angesprochen, lassen sich aber über die Rationalisierung der Lebenswelt und die sich ihr entgegensetzenden Kommunikationspotentiale entschlüsseln.

Für unsere Fragestellung aufschlußreich ist weiterhin, daß diese drei theoretischen Zugangsweisen, die die gesellschaftliche Rationalisierung einmal als Problem der Instrumentalisierung von Vernunft, sodann als Dominanz von Zweckrationalität und schließlich als Systemzugriff auf die Lebenswelt unter Freisetzung von verständigungsorientiertem Handlungspotential sehen, kritisch von der Widersprüchlichkeit gesellschaftlicher Rationalisierungsprozesse ausgehen. Sie tun es auf jeweils unterschiedliche Weise.

So kann bei Horkheimer und Adorno die Instrumentalisierung der Vernunft, die dem Zwecke subjektiver Selbsterhaltung dient, festgemacht werden an der gesellschaftlichen Nahtstelle, an der »Rationalität der Naturbeherrschung mit der Irrationalität der Klassenherrschaft« zusammenkommt.[2] Die Verdinglichung des Bewußtseins als Voraussetzung und Folge der Zerstörung und der Funktionalisierung gesellschaftlicher Rationalität – allgemein und nicht primär durch den Charakter der Arbeit bestimmt – wird faktisch unentrinnbar und zum Schicksal. Das hier identifizierte Rationalisierungskonzept legt nahe, daß in einer durch formalisierte Vernunft geprägten patriarchalen

Herrschaftsordnung Frauen die besonderen Opfer der Verdinglichung und der daraus resultierenden Deformationsprozesse sind.[3]

Für Weber gewinnt mit der Ausdifferenzierung von kapitalistischer Wirtschaft und modernem Staat Zweckrationalität als Prinzip die Oberhand. Rationalisierung konstituiert sich und legitimiert sich durch bürokratische Herrschaft, gestützt auf Bildung und professionalisiertes Handeln. Als gesellschaftlich wirkender Modernitätsmechanismus vollzieht sich Rationalisierung gegen traditionelle Lebens- und Handlungsformen. In Webers Konzept verbindet sich die Eigendynamik von Zweckrationalität mit fortschreitender Unterordnung unter rational-bürokratische Herrschaftskriterien. Der geschichtliche Modernisierungsprozeß westlicher Gesellschaften habe dafür jedoch seinen Preis gefordert durch zunehmende Verluste an gesellschaftlicher Freiheit. Diese Ambivalenz moderner Rationalisierung geht ein in die Strategien patriarchaler Herrschaft, wie sie sich an zweckrationalen Zugriffen auf die weiblichen Arbeits- und Lebensverhältnisse nachweisen lassen. Die Entwicklung der Frauenerwerbsarbeit außerhalb der Familie und ihr Ansteigen im Laufe des 19. Jahrhunderts läßt diese Deutung zweifellos zu.[4]

Für Habermas sind die Rationalisierungsauffassungen beider Positionen, beruhend auf Verdinglichung bzw. Zweckrationalität, zu eng gefaßt für eine Erklärung der Moderne. Er stellt einen wachsenden gesellschaftlichen Bedarf an verständigungsorientiertem Handeln, an kommunikativer Rationalität in modernen Gesellschaften fest. Dieser Kommunikationsbedarf hat sich nach Habermas im Zuge von Rationalisierungsprozessen der Lebenswelt gemeinsam mit der Herausbildung sozialer Geltungsansprüche in den Bereichen kultureller Reproduktion entwickelt.[5] Die Wirksamkeit von Imperativen des gesellschaftlichen Systems ist jedoch ungebrochen, die die Bestände der Lebenswelt vereinnahmen und ihnen ein formal organisiertes Handlungssystem aufzwingen mit den Risiken sozialpathologischer Krisen. So werden die symbolischen Strukturen der Lebenswelt, die für die Funktionsfähigkeit des Systems die notwendigen Handlungskoordinaten bereitstellen, zwar durch Rationalisierungsansprüche in Frage gestellt, aber auch in ihrem kommunikativen Eigensinn herausgefordert.

Zu einer vorläufigen Deutung im Sinne unserer Fragestellung nach den Wandlungen der Geschlechterherrschaft scheint der durch verständigungsorientiertes Handeln konzipierte erweiterte Vernunftbegriff verheißungsvoll. Mit ihm werden einmal Chancen für eine zunehmende Diskursfähigkeit allgemein und die Erweiterung von Handlungsspielräumen auch für Frauen theoretisch begründbar. Zum anderen ist damit auf einen Zusammenhang hingewiesen, der die Rationalisierung nicht nur des weiblichen Arbeitsvermögens betrifft, sondern auch die der kommunikativen Kapazitäten von Frauen. Gerade einer solchen Herausforderung durch Bürokratisierung und Monetarisierung, also durch die rationalisierte Verfügung über die weibliche Beziehungsfähigkeit, stellt Habermas nun die Eigensinnigkeit kommunikativer Handlungsformen entgegen. Es wird herauszuarbeiten sein, inwieweit die Analyse von Habermas, die diese strukturellen Widersprüche zum Gegenstand hat, Deutungen zuläßt über ein mögliches Aufbrechen der Polarisierung des Geschlechterverhältnisses.

Bei der Verfolgung dieser Argumentation unter Bezug auf Aspekte der Rationalisierung in den ausgewählten Theoriepositionen zeigen sich bereits jetzt neben den Möglichkeiten neuer Sichtweisen und Interpretationen erwartungsgemäß auch die Grenzen der theoretischen Ansätze und Kategorien für eine Kritik an der Rationalität des Fortschritts. Sie werden besonders dort deutlich, wo zwar die sich der Rationalisierung widersetzenden Erfahrungen für die Gestaltung der Moderne theoretisch eingeklagt werden, ihnen aber – d. h. den Wünschen, Träumen, der Phantasie und der sinnlichen Erfahrung und Wirklichkeit – letztlich kein kulturell-gesellschaftlicher Eigenwert zuerkannt wird.

I

Die Veränderungen patriarchaler Herrschaft als Rationalisierung können, bezogen auf die »Dialektik der Aufklärung« Horkheimers und Adornos, mithin als Prozesse der Formalisierung und Verdinglichung von Vernunft begriffen werden. Mit der Entwicklung zur Neuzeit setzt eine grundlegende Verdichtung des Zusammenhangs von Vernunft und Herrschaft ein, der in der Dialektik von Mythos und Aufklärung zum Ausdruck gebracht wird.

Die durch Aufklärung voranschreitende »Entzauberung der Welt« vom Mythos, die noch mit der Hoffnung auf Vernunft als Selbstbestimmung und allgemeine menschliche Freiheit angetreten war, hatte einer zum Selbsterhaltungsprinzip verdinglichten Rationalität zur Durchsetzung verholfen. Damit war Vernunft auf Berechenbarkeit und ökonomische Zweck-Mittel-Beziehungen reduziert und in ihrem patriarchalen Charakter offen ausgewiesen. Die kulturell-gesellschaftlichen Voraussetzungen hierfür, an denen auch der Protestantismus seinen beträchtlichen Anteil hatte, waren die Freisetzung der Individuen und ihrer Leistungs- und Verantwortungsfähigkeit. Die protestantisch-puritanische »industrielle Revolution an Leib und Seele« konstituierte Vernunft als System der bürgerlichen Selbsterhaltung tatkräftig mit. Die Verdinglichung setzt nun die allein vernunftgemäße Begründung von patriarchalen Herrschaftsmechanismen fest und schließt damit Religion und Naturhaftes aus Deutungs- und Erfahrungszusammenhängen als nicht rational aus. »Die Vernunft ist gänzlich in den gesellschaftlichen Prozeß eingespannt. Ihr operativer Wert, ihre Rolle bei der Beherrschung der Menschen und der Natur, ist zum einzigen Kriterium gemacht worden.«[6] Mit der Legitimation von Herrschaft durch subjektive, selbsterhaltende Vernunft wird die gewaltsame Beherrschung von Gesellschaft und Natur zum »absoluten Lebenszweck« patriarchaler Macht. Vernunft als Selbsterhaltung bleibt also dem Bestehenden der Gesellschaft fraglos verhaftet. Von den Tauschbeziehungen und dem abstrakten Charakter der Arbeit bestimmt, kann sich instrumentalisierte Vernunft auf Unterdrückungsfunktionen stützen, die sich aus dem Zusammenhang von Bewußtsein, Warenproduktion und Klassenverhältnis herleiten. Zementiert werden diese Funktionen durch Besitz und Privilegien. Die Verabsolutierung von Vernunft ist also an Kategorien des Bewußtseins und des Arbeitsprozesses geknüpft, die auf den patriarchalen Machtzusammenhang hinweisen: auf Ausschluß (z. B. von Besitz und Privilegien) und Einbeziehung von Frauen in die Lohnarbeit durch Lohndiskriminierung. Die Instrumentalisierung der Vernunft zur Vernunft der Ware als universaler »Vermittlung des Zusammenlebens«[7] ist nicht abzutrennen von der gesellschaftlichen Arbeitsteilung, die, der Kritischen Theorie folgend, durch die Beziehung der Warenproduktion auf das Herrschaftsverhältnis der Geschlechter bestimmt ist. Die Ausbeutung von Natur und Gesellschaft setzt sich damit fort im Klassenverhältnis und in den zwischenmenschlichen Beziehungen, hier durch Triebverzicht und -unterdrückung, d. h., die Manipulation der »inneren Natur« durch Unterdrückung der »äußeren« wird festgeschrieben. »Die Menschen bezahlen die Vermehrung ihrer Macht mit der Entfremdung von dem, worüber sie die Macht ausüben.«[8] So fordert die Dialektik von Herrschaft und Opfer als Preis die Autonomie des bürgerlichen Individuums, die ihm (dem männlichen) durch die Aufklärung ursprünglich verheißen und gegeben worden war.

Die Verluste, Beschädigungen, Leidenserfahrungen wie auch die Verstümmelung durch Unterwerfung unter Autorität sind die gesellschaftlichen und individuellen Folgeerscheinungen der Zerstörung durch patriarchale Herrschaftsverhältnisse. Es wird deutlich, daß die Zurichtung der Individuen durch diejenigen Funktionen der Familie erfolgt, die sich unmittelbar auf die Reproduktion von gesellschaftlicher Herrschaft und Autorität beziehen. Dabei sind Frauen in mehrfacher Weise patriarchaler Unterdrückung ausgesetzt und haben gleichzeitig Anteil an ihr. Sie sind der doppelten Herrschaft des Mannes, nämlich als Familienoberhaupt und als Sachwalter des gesellschaftlichen Patriarchats unterworfen und reproduzieren nach Horkheimer durch ihre Einwilligung in den Unterdrückungszusammenhang der Familie gesellschaftliche Herrschaft beständig mit. In ihrer Rolle als ökonomisch abhängige vom Mann und seiner gesellschaftlichen Stellung stärkt die Frau zusätzlich die »Autorität des Bestehenden«. Nach Horkheimer vermittelt sich

Familie durch die Widersprüche zwischen patriarchaler Repression und einem potentiellen Reservoir an Widerständigkeit gegen die totale Verdinglichung, das nicht näher erklärt wird.

In dem als Rationalisierung des patriarchalen Systems beschriebenen Prozeß, den ich versuchte, mit Kategorien der »Dialektik der Aufklärung« zu deuten, scheint dieses emanzipatorische Potential reproduktiver Funktionen allmählich aufgezehrt zu werden. In die Lebensverhältnisse von Frauen schreibt sich – nach Horkheimer und Adorno – die Totalisierung des Verhältnisses von Herrschaft und Vernunft derart ein, daß patriarchale Herrschaft nicht mehr unmittelbar sichtbar und faßbar und damit auch die Auflehnung gegen sie unbestimmt wird. Die totale Verallgemeinerung von Macht und Herrschaft, wie sie mit dem Rationalisierungskonzept erfaßt werden kann, gibt die Sichtweise der Kritischen Theorie auf die weiblichen Lebenszusammenhänge frei. Was zunächst als Folge patriarchalen Denkens über die Ohnmacht der Frauen als domestizierte Natur und als Tugendspenderin interpretiert wurde[9], läßt sich jetzt anhand von Kategorien der Verdinglichung patriarchaler Vernunft schärfer kenntlich und der Kritik zugänglich machen: Die repressive Unterwerfung von Frauen und auch ihrer reproduktiven Funktionen unter den Prozeß fortschreitender Naturbeherrschung und gesellschaftlicher Herrschaft, jedoch ohne daß sie an der Rationalität der individuellen Selbsterhaltung ihren (berechenbaren) Anteil haben. Dieser Interpretation folgend können gleichzeitig genannt werden: die besondere Ausgrenzung von Frauen als partiell naturhaft und nicht rationalisierbar und ihre soziale Einwilligung in Vereinnahmung und Instrumentalisierung zur Linderung der individuellen und gesellschaftlichen Verluste der Rationalisierung. Mit der These der anonym gewordenen Herrschaftsverhältnisse wird erklärbar, daß sich die Potentiale an Widerständigkeit reduzieren. Damit gerät das Versprechen von Mimesis, von mimetischem Vermögen als Verheißung einer emanzipatorischen Vernunftdimension, außer Betracht.

Alle diese Beziehungen scheinen in einer inhaltlichen Folgerichtigkeit festschreibbar, die kritisch zu befragen ist. Eine solche Kritik kann hier nicht die »blinden Flecke« der Kritischen Theorie angehen[10], um zu den Grenzen der Rationalisierungsvorstellungen Horkheimers und Adornos zu gelangen. Die Begrenzungen zeigen sich dort, wo Rationalisierung keine Erklärung ermöglicht für Entstehung und Wirkungsweise weiblicher Vernunftpotentiale und Bedürfnisse, die sich gegen die Zugriffe der Verdinglichung sperren. In die Kritik müßte freilich einbezogen werden, unter welchen Bedingungen Horkheimer und Adorno den zivilisatorischen Fortschritt als Regression der okzidentalen Vernunft generalisiert haben. Ihr Konzept war auf die äußerste Verdinglichung von menschlicher und gesellschaftlicher Vernunft bezogen, wie sie in der faschistischen Gewaltherrschaft offen zutage trat. Hier mündet die

Rationalisierung des patriarchalen Systems in absolute Irrationalität ein. Der Rückfall der Geschichte in die Barbarei wurde somit als unausweichliche Folge der pervertierten Beziehung von Vernunft und Herrschaft gesehen.

II

Selbst als Vision wäre diese Deutung für Max Weber noch nicht zu vollziehen gewesen. Im Gegensatz zu Horkheimer und Adorno konnten für ihn nicht die Erfahrungen des Nationalsozialismus maßgeblich sein. Sein Rationalisierungsansatz, an dem die Arbeiten der Kritischen Theorie der frühen 40er Jahre angeknüpft haben, ist dagegen geprägt von fortschreitenden Modernisierungserfahrungen, ausgehend besonders vom 19. Jahrhundert. Für Weber kam es darauf an, den Modernisierungsprozeß des industriellen Kapitalismus unter der Perspektive zunehmender Rationalisierung zu erfassen. Im Unterschied zu Horkheimer und Adorno setzt er dabei einen universellen Vernunftprozeß der Moderne der westlichen Welt voraus, der sich jedoch entwicklungslogisch nicht bruchlos entfaltet. Von Weber zu den Klassikern der Kritischen Theorie hin hat also eine Veränderung des systematischen Bezugssystems stattgefunden. An einigen zentralen Aspekten seines Ansatzes soll nun aufgezeigt werden, was dieser für die Entwicklung des patriarchalen Systems sichtbar macht.

Die neuzeitliche Entwicklung der westlichen Welt wird verstanden als die allgemeine Durchsetzung einer zweckhaften Rationalität auf allen gesellschaftlichen Ebenen. Zweckrationalität als neue Handlungsdimension und als soziale Organisationsform wird für den modernen industriellen Kapitalismus strukturgebend und institutionalisiert sich durch Bürokratisierung mittels einer juristisch geschulten Fachbeamtenschaft und in rational kalkulierendem unternehmerischem Handeln. Dieser geschichtsprägende Prozeß wird als gesellschaftliche Rationalisierung verstanden und vermittelt sich in legaler, auf gesatzter Regel beruhender Herrschaft, deren reinste Form die bürokratische Herrschaft im modernen Staat wie im privaten kapitalistischen Betrieb darstellt. Ihre versachlichten und verallgemeinerten Beziehungen, in denen Macht entpersonalisiert und kontrollierbar wird, lassen die bürokratische Ordnung für Weber zum Herzstück der modernen Rationalisierung werden. Die Präzision, Berechenbarkeit, Disziplin und Unbestechlichkeit rationaler bürokratischer Herrschaft ist für ihn vergleichbar mit einer »lebendigen Maschine«, die nicht nur mechanisch funktioniert, sondern selbsttätig rational arbeitet. Zweckrationales Wirtschafts- und Verwaltungshandeln ist durch Effizienz und Erfolgsorientierung ausgewiesen, was ihm eine beträchtliche Eigendynamik der Medien Geld und Macht verliehen hat. Die »unentrinnbare

Gebanntheit unserer ganzen Existenz« unter die Ziele der Zweckrationalität[11] bringt aber für Weber eine Ambivalenz mit sich, die sich aus der erfolgreichen Beherrschung von Gesellschaft und Natur und dem gleichzeitigen Verlust moderner Sinngebung ergibt. Mit der historischen Etablierung von Zweckrationalität und ihrer sozialen Einübung durch die Protestantische Ethik ist die gesellschaftliche Rationalisierung zwar wertrational fundamentiert worden, aber es wurde fraglich, ob diese wertrationale Verankerung auf Dauer auffangen konnte, was »der Geist des Kapitalismus« an sozialen und kulturellen Folgekosten abfordern würde.

Eine Gewähr für eine befriedigende Sinnerfüllung sei jedenfalls mit der Verbreiterung einer zur »konsequenten Methode der ganzen Lebensführung« gestalteten Alltagspraxis gegeben, die »auf der Grundlage der Berufsidee« rastlose Berufsarbeit zur Vergewisserung des Gnadenstandes ermöglichte. Durch die innerweltliche Askese des Protestantismus wird die Durchsetzung eines Berufsethos befördert, das Beruf als verpflichtende Aufgabe, als »Sich-Hingeben an die Berufsarbeit«, versteht und somit zu einem der »charakteristischsten Bestandteile unserer kapitalistischen Kultur« geworden ist.[12] Den Preis der individuellen und kollektiven Unterordnung unter die Bedingungen der modernen Rationalität sieht Weber im bedrohenden Zugriff auf die menschliche Freiheit. Auch impliziert die rationale Ethik der puritanischen Berufsauffassung Widersprüche zwischen der Entfaltung von Zweckrationalität durch den Zwang zur Spezialisierung sowie zur Reduktion auf Fachspezialistentum gegenüber der vormodernen faustischen »Allseitigkeit des Menschentums«. Mit der Vision einer künftigen Vorherrschaft von »Fachmenschen ohne Geist« und »Genußmenschen ohne Herz« werden die Brüche der modernen Rationalisierung charakterisiert.

Mit Hilfe der dargestellten Aspekte der Weberschen Deutung von gesellschaftlicher Rationalisierung lassen sich einzelne allgemeine Züge der Veränderungen patriarchaler Herrschaftsstrukturen bestimmen. Im Unterschied zu Horkheimers und Adornos zentraler These von der Verselbständigung und Deformation von Vernunft und Herrschaft geht Weber von der Durchsetzung moderner Rationalität als einem grundsätzlich vernunftgeleiteten Prozeß aus. Mit der gesellschaftlich-kulturellen Freisetzung von Zweckrationalität als durchgängigem Prinzip und ihrer Institutionalisierung kann sich das patriarchale System jetzt in Kategorien legaler demokratischer Herrschaftsform ausweisen und ist nicht mehr auf Herrschaft durch traditionelle Ordnungen ständischer Herkunft festgelegt. Dieser Prozeß, der historisch gegen Ende des 18. Jahrhunderts mit der Auflösung des ständischen Patriarchats und der Entwicklung des modernen Staates festgemacht werden kann[13], impliziert eine Trennung in zweckhaft-rationale, erfolgsorientierte und nutzbringend-kalkulierbare Dimensionen gesellschaftlichen Handelns und solche, die sich diesen entziehen oder dem Bereich der Wertrationalität zuzuschreiben sind. Diese Abspaltung ist nun mit Rationalität zu legitimieren und wird durch moderne Rationalisierung institutionalisiert.

Die traditionelle Zuordnung weiblicher Tätigkeiten zu wertrationalen Domänen außerhalb von Zweckrationalität, die parallel zur Trennung in private und öffentliche Sphäre gesehen werden kann, erhält so ihre systematische Festschreibung. Zum anderen ist das Konstrukt der Zweckrationalität geeignet zu zeigen, wie die traditionelle Geschlechterordnung aufgebrochen wird, ohne sie in Frage zu stellen. Familie und Reproduktion werden den Mechanismen von Versachlichung von Herrschaft und Verrechtlichung unterworfen und damit wachsender Abhängigkeit von öffentlichen Instanzen ausgesetzt. Anhand des Rationalisierungsverständnisses von Weber sind weiterhin die Widersprüche sichtbar zu machen, die entlang der fehlenden rechtlichen Gleichtberechtigung von Frauen trotz der Verrechtlichung der Beziehungen, auch in der Ehe, führen, oder die in dem Verhältnis von bürokratischen Herrschaftsformen und Diskriminierung von Frauen ausgemacht werden können.[14] Indem das gesellschaftlich gültige Handlungsmodell des zweckrationalen Handelns, beruhend auf unternehmerisch-offensiven oder bürokratisch versierten Kompetenzen, diejenigen Handlungsstrategien umfaßt, die traditionell als männlich definiert sind, bleiben Frauen aus den zentralen Bereichen z. B. von Wirtschaft und Verwaltung weitgehend ausgeschlossen. An die Peripherie der rationalen Moderne verwiesen, haben bzw. hatten sie gleichwohl als Vertreterinnen der Protestantischen Ethik in der Familie ihren Anteil an der Herausbildung zweckrationalen Handelns.[15] Die Verbindung von innerweltlicher Askese und puritanischem Berufsethos hatte zwar um den beachtlichen Preis rationaler Lebensführung Professionalisierung und Spezialisierung in Aussicht gestellt, dies aber differenziert nach Geschlechtern.[16] Durch Rationalisierung als die Durchsetzung zweckrationalen Handelns als gesellschaftlich gültiges Prinzip ist die dichotomische Arbeitsteilung zwischen Männern und Frauen jetzt in funktionalistischer Weise fixiert. Das moderne bürokratisch organisierte patriarchale System - so kann Weber interpretiert werden - bedient sich der Ausgrenzung verstärkt in den Modernitätsarenen, wo bürokratische, technologische und ökonomische Rationalität mit Herrschaft sich verbinden. (Für das 19. Jahrhundert, in dem dieser Prozeß sich voll entfaltet, geben Industrialisierung und politische Konzentrierung staatlicher Herrschaft den Rahmen hierfür ab.) Die gesellschaftliche Verallgemeinerung von Zweckrationalität erfordert die Inbesitznahme des weiblichen Arbeitsvermögens durch außerhäusliche Erwerbsarbeit von Frauen, nicht nur die Propagierung asketischer Arbeitshaltung. Das Rationalisierungskonzept Webers macht die für Frauen geltenden verschärften Widersprüche einmal mehr deutlich, denn nicht Preisgabe der Allseitigkeit zugunsten einer Pflicht zum Amt, einer modernen Berufsarbeit also, ist hier die Frage, sondern die durch Lohnarbeit und Lohnpolitik erfahrene Diskriminierung und Unterdrükkung. Die Ausgrenzung aus der Rationalität der Moderne findet hier ihre Entsprechung in der Einbeziehung in die moderne Irrationalität durch die völlige Verfügung über den weiblichen Lebenszusammenhang.

III

Die beiden theoretischen Positionen, die hier unter der Rationalisierungsproblematik diskutiert wurden, grenzen den weiblichen Lebenszusammenhang begrifflich wie auch empirisch auf unterschiedliche Weise aus. Mit der Kategorie der instrumentellen Vernunft konnte die Ausgrenzung von Frauen als Opfer von Naturbeherrschung und gesellschaftlicher Repression festgeschrieben werden. Das zentrale Konzept der Zweckrationalität ermöglicht es, weibliche Fähigkeiten und Tätigkeiten aus den gesellschaftlichen Bedeutungsbereichen, die als rational-zweckhafte definiert sind, zu verweisen. Habermas' theoretisches System, das in Anknüpfung wie auch in Auseinandersetzung mit der Kritischen Theorie und mit Max Weber entwickelt worden ist, legt nahe, daß mit dem Paradigma der kommunikativen Rationalität theoretische Vorstellungen von Rationalisierung entwickelt werden, die die nicht zweckhaft organisierten Handlungsbereiche einbeziehen und nicht ausschließen. Die Kategorie einer Vernunft, die auf Verständigungsorientierung und sprachlicher Konsensusbildung beruht, scheint besonders geeignet zu sein, Prozesse der Intersubjektivität, der Identität und der kulturellen Reproduktion zu erfassen und sie für das Geschlechterverhältnis sowie die Lebensbedingungen für Frauen aufzuschlüsseln. Habermas will ja gerade über die Bestimmung der kommunikativen Handlungsrationalität in Abgrenzung auch zu Weber einen Vernunftbegriff gewinnen, der »die Rationalisierung von Handlungssystemen« nicht nur unter dem kognitiv-instrumentellen Teilaspekt, sondern unter Einbeziehung moralisch-praktischer und ästhetisch-expressiver Aspekte« analysiert.[16] Ein solcher Anspruch bestärkt die Vermutungen, daß mit dem Paradigmenwechsel von zweckrational-erfolgsorientiertem zu kommunikativ-rationalem Handeln die Trennung von Rationalität und sinnlicher Erkenntnis sowie Erfahrung aufgebrochen würde. Dafür spricht auch sein Erkenntnisinteresse an den Sozialpathologien der Moderne. Mit einem differenzierten strukturanalytischen Modell von System und Lebenswelt und ihren Austauschbeziehungen versucht Habermas die Gefahren moderner Paradoxien durch systemische Übergriffe auf handlungsorientierte Strukturen zu bestimmen. Diese theoretischen Konzepte könnten geeignet sein, patriarchale Herrschaftsmechanismen und ihre Verselbständigung aufzuzeigen sowie sie in ihren Zugriffen auf die weibliche Lebenswirklichkeit darzustellen.

Meine Leitthese, die ich hier entfalte, nicht aber belege, geht davon aus, daß die genannten Erwartungen, die sich von einer frauenbezogenen Sichtweise her an die zentralen Kategorien dieser Konzeption der »Theorie des kommunikativen Handelns« knüpfen, als nicht einlösbar erweisen. Der Grund dafür läßt sich darin sehen, daß in die theoretischen Voraussetzungen der Konzepte der kommunikativen Vernunft wie auch der Lebenswelt Annahmen eingegangen sind, die die geschlechtstypische Polarisierung bereits mitenthalten. Das Paradigma der kommunikativen Rationalität wird universalgeschichtlich und anthropologisch begründet mit der Ausdifferenzierung von Weltbildern und mit der kognitiven Entwicklung (in Anlehnung an Piaget) als »Dezentrierung eines egoistisch geprägten Weltverständnisses«.[17] Damit wird theoretisch unterstellt, daß es sich um ein geschlechtsneutrales Paradigma handelt, daß kommunikative Vernunft also von der Geschlechterherrschaft unberührt sich herstellen kann. Es ist dagegen eher anzunehmen, daß in die drei von Habermas gekennzeichneten Dimensionen der kommunikativen Rationalität, in die intrapersonelle, intersubjektive und kulturell-gesellschaftliche, geschlechtsspezifische Differenzierungen und damit patriarchale Herrschaftsmechanismen eingegangen sind, die die Identitätsproblematik, also den Umgang des Individuums mit sich selbst, die Verständigung zwischen den Individuen und den Austausch mit der gesellschaftlichen Umwelt von Beginn an mitbestimmen. Auch die Bedeutung der Sprache, des Verständigens über Situationsdefinitionen und des sprachlichen Handelns weisen auf die Geschlechtertrennung und auf das die Versprachlichung bestimmende Verhältnis von Sprachgewalt und patriarchaler Macht hin. Die Annahme einer kommunikativen Handlungsrationalität, die für Frauen und Männer sich identisch darstelle, impliziert überdies die soziale Gültigkeit von Vernunftstandards, die als allgemeine ausgewiesen werden, sich aber eindeutig als männlich definierte herausstellen (eine kritische Argumentation zeigt bereits in diesem Stadium Berührungspunkte mit der feministischen Kritik der moralischen Entwicklung, die Gilligan vorgenommen hat.[18]) Die Verbindlichkeit dieser Standards wird durch die Bedeutung unterstrichen, die Habermas der Koordinierung durch Kommunikation für die gesamte gesellschaftliche Reproduktion zuspricht. So erfordere die »Reproduktion der Gattung eben *auch* die Erfüllung der Bedingungen einer dem kommunikativen Handeln innewohnenden Rationalität«.[19]

Die fortschreitende Freisetzung dieses im kommunikativen Handeln angelegten Rationalitätspotentials wird von Habermas mit dem zentralen Konzept der Rationalisierung der Lebenswelt erklärt. Dabei ist Lebenswelt konzipiert als jener Fundus von kulturell überlieferten Deutungen und Interpretationsleistungen, die die Hintergrundüberzeugungen bilden, aus denen heraus gehandelt wird.[20]

Sie ist - so kann angenommen werden - von der Geschlechterproblematik eigens gekennzeichnet, da die Lebenswelt auf die Beziehungsfähigkeit und das Verständnispotential von Frauen strukturell in besonderer Weise angewiesen ist. Die sozial vorrätigen Interpretationen in der Öffentlichkeit wie in der Privatsphäre - beide konstituieren nach Habermas die Lebenswelt - handeln indessen nicht von weiblichen Interessen. An der Formulierung und Auslegung dieser kulturellen Bestände sind demnach Frauen historisch und strukturell nicht maßgebend beteiligt gewesen. Auch wird über den Fundus an Deutungsmustern von Frauen und Männern unterschiedlich verfügt, wie es sich z. B. an familiären Zusammenhängen bis hin zu politischen Organisationen empirisch nachweisen läßt. Was also als Lebenswelt für Habermas in Erscheinung tritt, enthält vorab patriarchal bestimmten Vereinbarungscharakter und solche Vorentscheidungen, die keiner Legitimation bedürfen, auf die sich Frauen jedoch beziehen müssen, wenn sie kommunikativ rational handeln wollen.

Mit der Rationalisierung der Lebenswelt, analysiert als eine zunehmende Differenzierung zwischen Kultur, Gesellschaft und Persönlichkeit, in deren Verlauf sich die Systembereiche Wirtschaft und Verwaltung ausdifferenzieren und von der Lebenswelt sich entkoppeln, nimmt die Systemkomplexität zu und mit ihr der strukturelle Bedarf an kommunikativer Rationalität. Mit dem Übergriff verselbständigter Imperative des Systems auf kommunikativ-strukturierte Bereiche wird der Prozeß der Freisetzung eines gesellschaftlichen Rationalitätspotentials begründet, aber auch zugleich seine Bedrohung durch systemische Vereinnahme der Lebenswelt und durch Überbelastungen kommunikativer Strukturen. Die »Kolonialisierung der Lebenswelt« schließlich durch Herrschaftsübergriffe und machtgesteuerte Medien überfrachtet die Individuen mit Widersprüchen, die jetzt nicht mehr kommunikativ aufzubrechen sind, und stellt eine Herausforderung der kulturellen Reproduktion dar. Damit wird die Funktionalisierung von kulturell-reproduktiven Potentialen von Frauen[21] festgeschrieben. Diese Kritik kann erweitert werden zu einer an der Rationalisierung der Lebenswelt. Die Differenzierungs- und Entkopplungsthese läßt keine ausreichende Erklärung zu für die Entstehung von Macht und Herrschaft auch in kommunikativ-strukturierten Handlungsbereichen. Damit geraten die Mechanismen alltäglicher patriarchaler Unterdrükkung, denen die Lebenswelt ausgesetzt ist, aus dem Blick. Die Wirkungen strukturell auch in die Lebenswelt eingehender patriarchaler Macht[22] entziehen sich so dem analytischen Zugriff. Auf diese Weise wird nicht in die Reflexion einbezogen - was aber für die Frage von Frauen zentral ist - ob nämlich die »utopische Perspektive von Versöhnung und Freiheit«, die »in den Bedingungen einer kommunikativen Vergesellschaftung angelegt« ist[23], auch für das herrschende Geschlechterverhältnis gilt.

Anmerkungen

1 *Habermas, Jürgen,* Theorie des kommunikativen Handelns, Bd. II, Zur Kritik der funktionalistischen Vernunft, Frankfurt/M. ²1982, S. 232.
2 *Habermas, Jürgen,* Theorie des kommunikativen Handelns, Bd. I, Handlungsrationalität und gesellschaftliche Rationalisierung, Frankfurt/M. ²1982, S. 208.
3 *Gerecht, Rita/Kulke, Christine/Scheich, Elvira,* Wie gehen Frauen mit der Macht – wie geht die Macht mit Frauen um? Eine Montage zur Demontage eines Begriffes und seiner Wirklichkeit. In: *Schaeffer-Hegel, Barbara* (Hrsg.), Frauen und Macht. Der alltägliche Beitrag der Frauen zur Politik des Patriarchats, Berlin 1984, S. 264–283.
4 *Hausen, Karin,* Die Polarisierung der »Geschlechtscharaktere«. Eine Spiegelung der Dissoziation von Erwerbs- und Familienleben. In: *Rosenbaum, Heidi* (Hrsg.), Seminar: Familie und Gesellschaftsstruktur. Materialien zu den sozioökonomischen Bedingungen von Familienformen, Frankfurt/M. 1978, S. 161–191.
5 *Habermas, Jürgen,* a. a. O., Bd. II, S. 593.
6 *Horkheimer, Max,* Zur Kritik der instrumentellen Vernunft, Frankfurt/M. 1974, S. 30.
7 *Horkheimer, Max,* Vernunft als Selbsterhaltung. In: Kritische Theorie der Gesellschaft, Bd. III, Frankfurt/M., 1968, S. 101.
8 *Horkheimer, Max/Adorno, Theodor W.,* Dialektik der Aufklärung, Amsterdam 1947, S. 19 f.
9 *Gerecht, Rita/Kulke, Christine/Scheich, Elvira,* a. a. O., S. 274.
10 Ebenda.
11 *Weber, Max,* Gesammelte Aufsätze zur Religionssoziologie, Bd. I, Tübingen 1922, S. 3.
12 A.a.O., S. 62.
13 *Gerhard, Ute/Janshen, Doris/Schmidt-Waldherr, Hiltraud/Woesler de Panafieu, Christine,* Herrschaft und Widerstand: Entwurf zu einer historischen und theoretischen Kritik des Patriarchats in der bürgerlichen Gesellschaft. In: 21. Deutscher Soziologentag Bamberg 1982, Beiträge der Sektions- und ad-hoc-Gruppen, hrsgg. v. *Heckmann, Friedrich* u. *Winter, Peter,* Opladen 1983, S. 60 ff.
14 *Hernes, Helga Maria,* Women and the Welfare State. The Transition from Private to Public Dependence. In: *Holter, Harriet* (Hrsg.), Patriarchy in a Welfare Society, Universitetsforlaget Oslo 1984, S. 26 ff.
15 *Hausen, Karin,* a. a. O., S. 178 f. u. *Duden, Barbara/Hausen, Karin,* Gesellschaftliche Arbeit – geschlechtsspezifische Arbeitsteilung. In: *Kuhn, Annette/Schneider, Gerhard* (Hrsg.), Frauen in der Geschichte, Bd. I (Studien und Materialien Geschichtsdidaktik), Düsseldorf ²1982, S. 11 ff.
16 *Habermas, Jürgen,* a. a. O., Bd. II, S. 449.

17 Ders., a. a. O., Bd. I, S. 106.
18 *Gilligan, Carol,* Die andere Stimme. Lebenskonflikte und Moral der Frauen, München 1984.
19 *Habermas, Jürgen,* a. a. O., Bd. I, S. 532.
20 Ders., a. a. O., Bd. II, S. 189 ff.
21 *Gerecht, Rita/Kulke, Christine/Scheich, Elvira,* a. a. O., S. 273.
22 *Schmidt-Waldherr, Hiltraud,* Die »Entbindung der Vernunft«? Zur Habermas'schen »Theorie des kommunikativen Handelns«. In: *Kulke, Christine* (Hrsg.), Rationalität und sinnliche Vernunft. Frauen in der patriarchalen Realität, Berlin 1985.
23 *Habermas, Jürgen,* a. a. O., Bd. I, S. 533.

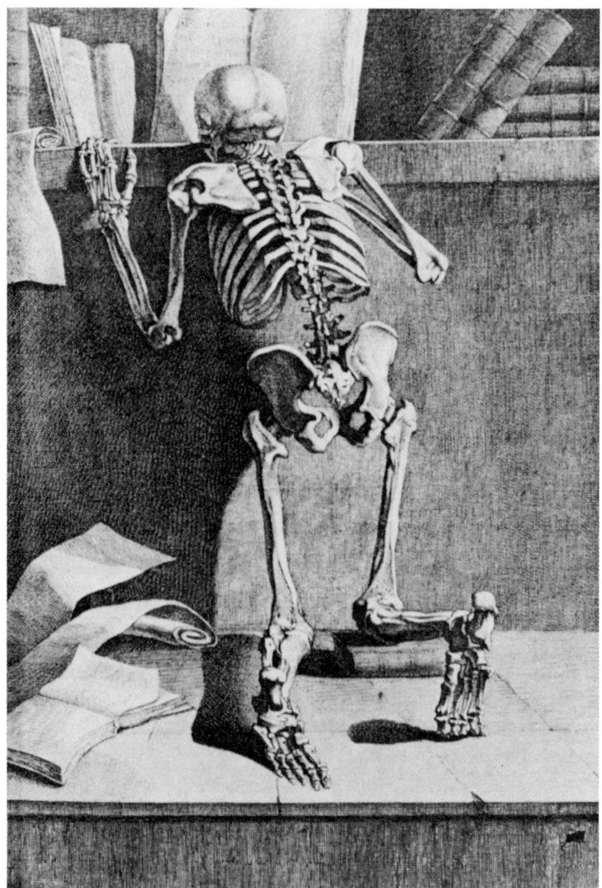

Jacques Gamelin: Bete, damit Du nicht in Versuchung kommst.

II RATIONALITÄT DER NATUR-BEHERRSCHUNG UND SINNLICHE WIRKLICHKEITEN

Elvira Scheich

Denkverbote über Frau und Natur – Zu den strukturellen Verdrängungen des naturwissenschaftlichen Denkens

> Mittels übermäßiger Bestätigung von Entzücken würde Schauder hergestellt. Wer heimlich begehre, was er öffentlich verachte, brauche diesen Trick. Die frauenverachtenden Kulturen brauchten ihn seit Jahrtausenden. Er verschaffte eine besondere Art von Lust. Die Lust des Verbotenen. Um sich eine Frau verächtlich zu machen, genüge, ihr Wesen als dumm zu deuten. Um eine weise Frau verächtlich zu machen, wäre erforderlich, ihr Wesen wenigstens als mörderisch zu deuten. »Aber Odysseus hatte doch tausendfach bewiesen, daß er sich vor Mördern nicht fürchtet«, entgegnete ich.
>
> »Vor Mördern nicht, aber vor sich. Die sagenhaften Gesänge der Sirenen hätten in ihm ausgraben können, was zugeschüttet war . . .« (S. 41)
>
> Frauen sind also hochtrainiert, Verantwortung zu tragen. Sie und die Männer müssen sich der Tatsache nur endlich bewußt werden und entsprechende Schlußfolgerungen ziehen. Schnell: das heißt von sirenischer Stimmgewalt aus Trott und Stupor gezwungen. Wenn die Frauen sich länger mit privater Verantwortung bescheiden und öffentliche an Spezialisten delegieren, handeln sie unverantwortlich. (S. 307)
>
> Gaja-Tochter Arke im Gespräch mit Sirene Beatriz, aufgezeichnet von Irmtraud Morgner, 1984.

Daß die Geschichte der Naturbeherrschung nicht nur die eines Fortschritts – gesellschaftlich, intellektuell, emanzipativ –, sondern ebenso die Geschichte einer Regression ist, steht im Mittelpunkt der Analyse von Horkheimer und Adorno. Die Dialektik des Fortschritts, die durch ihre Betrachtungsweise deutlich wird, beschränkt sich aber immer noch auf die Feststellung von Defiziten. Deshalb erscheint mir eine kritische Erweiterung dieses Fortschrittsbegriffs notwendig, die von Verdrängung statt von Regression ausgeht. Erst durch die Aufdeckung der Denkverbote, die Fortschritt und Aufklärung begleiteten, kann die Existenz und die Wirksamkeit verdrängter gesellschaftlicher Realität theoretisch sichtbar und praktisch veränderbar werden.

I. Die Grenzen des patriarchalen Denkens

Horkheimer und Adorno formulieren das zentrale Moment ihrer Anschauung: »Der Fluch des unaufhaltsamen Fortschritts ist die unaufhaltsame Regression.«[1] Der Begriff der Regression als notwendiger Bestandteil des von Rationalität getragenen Fortschritts erfaßt nur einen Teil des Geschehens.

Erzählt wird die Geschichte des Odysseus, dessen Schiff an den Sirenen vorbeifährt. Um der Lockung ihres Gesangs zu widerstehen, werden die Rollen auf dem Schiff verteilt: »Der Knecht bleibt unterjocht, der Herr regrediert. Keine Herrschaft hat es noch vermocht, diesen Preis abzudingen, und die Kreisähnlichkeit der Geschichte in ihrem Fortschritt wird mit erklärt von solcher Schwächung, dem Äquivalent der Macht.«[2] Der Arbeitende, der vom Glück, zu dessen Realisierung er die Mittel in der Hand hält, nichts weiß, und der Herr, der das Dasein nur noch als *reines* Substrat erfährt – das sind beides männliche Rollen.

Scheinbar gibt es keine Frauen auf dem Schiff der Zivilisation. Sie locken ins Verderben oder warten zu Hause. Doch die Wirklichkeit war anders, die Frauen sind von der Geschichte der Zivilisation nicht verschont geblieben und sind daran nicht unbeteiligt. Ihre Unsichtbarkeit auf dem Schiff entspricht vielmehr dem männlichen Wunschbild und der patriarchalen Konstruktion des Gedankens.

Hier läßt sich das erste Denkverbot erkennen: Die Bedeutung der weiblichen Arbeit und der weiblichen Subjektivität für die menschliche Geschichte wird verleugnet.

Regression meint Rückbildung, Rückständigkeit. Sie ermöglicht die Unterwerfung der sinnlichen Erfahrung unter die Selbstherrlichkeit des Intellekts. »Trennung und Beschädigung beider Bereiche« diagnostizieren die Autoren der »Dialektik der Aufklärung«.

Welche Strukturmerkmale aber trägt die Beschädigung des Sinnlichen? Sehen wir uns dazu kurz die Beziehung zwischen dem Herrn, Odysseus, und den Sirenen an. Was ist denn die Gefahr, die von ihnen ausgeht, und der Inhalt des unwiderstehlichen Glücksversprechens? »Wer ihrem Gaukelspiel folgt, verdirbt, wo einzig immerwährende Geistesgegenwart der Natur die Existenz abtrotzt.«[3] Und so hat der zivilisierte Mann eine eindeutige Entscheidung zu treffen: »Die Menschen hatten immer zu wählen zwischen ihrer Unterwerfung unter die Natur oder der Natur unter das Selbst.«[4] Der Sirenengesang verspricht die Möglichkeit eines Denkens, das die Entscheidung zur Herrschaft nicht kennt. Die Sirenen übertreten das zweite Denkverbot, nämlich die Annahme, daß die Natur dem Menschen feindlich gegenübersteht und daß dies für alle Zeiten galt und gilt.

Die Sirenen fordern die Preisgabe des Selbst, seine Auflösung. Das Glück, das sie versprechen, ist dem Tod nahe und ähnlich, der Selbsterhaltung entgegengesetzt. »Wer unmittelbar, ohne rationale Beziehung auf Selbsterhaltung dem Leben sich überläßt, fällt nach dem Urteil von Aufklärung wie Protestantismus ins Vorgeschichtliche zurück. Der Trieb als solcher sei mythisch wie der Aberglaube; dem Gott dienen, den das Selbst nicht postuliert, irrsinnig wie die Trunksucht. Beiden hat der Fortschritt dasselbe Schicksal bereitet: der Anbetung und dem Versinken ins unmittelbar natürliche Sein; er hat den Selbstvergessenen des Gedankens wie den der Lust mit Fluch belegt.«[5] Denn: »Rein natürliche Existenz, animalische und vegetative, bildete der Zivilisation die absolute Gefahr. Mimetische, mythische, metaphysische Verhaltensweisen galten nacheinander als überwundene Weltalter, auf die hinabzusinken mit dem Schrecken behaftet war, daß das Selbst in jene bloße Natur verwandelt werde, der es sich mit unsäglicher Anstrengung entfremdet hatte, und die ihm eben darum unsägliches Grauen einflößte.«[6]

Aber bei Horkheimer und Adorno gilt diese Anstrengung des Selbst nach wie vor als notwendig, als Ablösung von der unmittelbaren Macht der Naturverhältnisse im Schritt vom Chaos, bzw. der einfachen Reproduktion, zur Zivilisation. Dieser Fortschritt sei notwendig, denn der Naturzustand sei kulturlos. Obendrein trägt der Naturzustand die Züge der Weiblichkeit und des weiblichen Lebenszusammenhangs: »Szylla des Rückfalls in einfache Reproduktion und (der) Charybdis der fessellosen Erfüllung«. Die Logik des angeblich von der Zivilisation Unberührten wird von dem totalitären Denken als bedrohliches Chaos wahrgenommen. Die Drohung des Rückfalls in einen kulturlosen Naturzustand drückt das dritte Denkverbot aus.

Wesentlich für die Dialektik der Aufklärung ist, daß dieser Schritt aus der Natur in die Zivilisation nicht gelungen ist, sich gerade die Naturbeherrschung als vollkommene Naturverfallenheit herausstellt. Aber: »Aufklärung ist mehr als Aufklärung, Natur, die in ihrer Entfremdung vernehmbar wird. Naturverfallenheit besteht in der Naturbeherrschung, ohne die Geist nicht existiert. Durch die Bescheidung, in der dieser als Herrschaft sich bekennt und in Natur zurücknimmt, zergeht ihm der herrschaftliche Anspruch, der ihn gerade der Natur versklavt.«[7] Zwar wird die Hoffnung auf Versöhnung mit der Natur formuliert, bleibt aber wie die radikale Kritik der naturbeherrschenden, instrumentellen Vernunft in dem Rahmen, den diese gesetzt hat. Die Systematik des Ausgeschlossenen wird aufrechterhalten und bildet die Kontinuität, die im Übergang vom Mythos zur Aufklärung, von der Natur in bloße Objektivität beschrieben wird.

Die Beeinflussung der Natur, die die Magie durch Angleichung zu erreichen suche, werde in der Naturbeherrschung durch Arbeit erst erfolgreich. Die scheinbare Befreiung von Schicksal und Vergeltung reproduziere dieselben nur in der Vergegenständlichung als Naturgesetz. Mythos wie Wissenschaft erklären die Hoffnungslosigkeit: »In der Prägnanz des mythischen Bildes wie in der Klarheit der wissenschaftlichen Formel wird die Ewigkeit des Tatsächlichen bestätigt und das bloße Dasein als der Sinn ausgesprochen, den es versperrt.«[8] Daß sie den Mythos nicht überwunden habe, darin liege die Unwahrheit der Aufklärung.

Das totalitäre Denken der Aufklärung besteht in der Abstraktion, der die Liquidation der Objekte entspricht. Und zwar auf beiden Seiten: Subjekt wie Objekt. Entfremdet stehen sie sich gegenüber als abstraktes Selbst und abstraktes Material, gedacht in mathematischen Relationen.

»Wenn im mathematischen Verfahren das Unbekannte zum Unbekannten einer Gleichung wird, ist es damit zum Altbekannten gestempelt, ehe noch ein Wert eingesetzt ist. Natur ist, vor und nach der Quantentheorie, das mathematisch zu Erfassende; selbst was nicht eingeht, Unauflöslichkeit und Irrationalität, wird von mathematischen Theoremen umstellt. In der vorwegnehmenden Identifikation der zu Ende gedachten mathematisierten Welt mit der Wahrheit meint Aufklärung vor der Rückkehr des Mythischen sicher zu sein. Sie setzt Denken und Mathematik in eins. Dadurch wird diese gleichsam losgelassen, zur absoluten Instanz gemacht. . . Die mathematische Verfahrungsweise wurde gleichsam zum Ritual des Gedankens. Trotz der axiomatischen Selbstbeschränkung instauriert sie sich als notwendig und objektiv: sie macht das Denken zur Sache, zum Werkzeug, wie sie es selber nennt.«[9]

Die Selbsterhaltung des beherrschten gesellschaftlichen Ganzen durch die Arbeitsteilung konstituiert die Vernunft der Wirklichkeit. In ihr stellt sich die Macht des Allgemeinen gegen das Einzelne, Partikulare, Abweichende dar. Im identischen Wesen aller Dinge wiederholt sich das immergleiche Substrat der Herrschaft. In der Regression der Erkenntnis zu instrumenteller Vernunft konstituiere sich die Einheit der Natur. In solcher begrifflichen Einheit spiegelt sich die Verfassung eines Lebens, das vom Befehl strukturiert ist. »Noch die deduktive Form der Wissenschaft spiegelt Hierarchie und Zwang.«[10]

Wirklich undurchdringlich und (scheinbar) unauflösbar werden diese Verhältnisse und das Denken, das sie produzieren, jedoch durch ihre Verankerung in der Natur. Der Naturlauf sei in den Stammesgesellschaften zur gesellschaftlichen Norm, der man sich unterwerfen müsse, geworden. Gesellschaftliche Herrschaft etabliere sich als deren logisch notwendige Fortentwicklung.

Das wäre der Inhalt des vierten Denkverbots: Herrschaft als gesellschaftliches, notwendiges Resultat des Naturumgangs. M. E. ist es das schwerwiegendste. Es baut auf den Annahmen der anderen drei auf und faßt diese zusammen:

Die Frau habe keinen Anteil an der Zivilisation (sei nur ihr Opfer), d. h., es ist verboten, über die Bedeutung und Existenzweise der weiblichen Kultur zu reflektieren, die sich von der patriarchalen unterscheidet. Die Natur sei dem

Menschen feindlich, d. h., ein Denken wird unmöglich, das nicht von einer prinzipiellen Bedrohung ausgeht und die Kooperation mit der Natur anstrebt. Der einfach reproduktive, chaotisch sinnliche Naturzustand sei durch Kultur überwunden worden, d. h., undenkbar wird der Naturzustand als Kultur, ebenso die Kultur des Sinnlichen oder des Alltags. Herrschaft wird als die Kontinuität von Mythos und Aufklärung betrachtet, d. h., die Differenz erscheint nur als Unzulänglichkeit mythischer Welterfahrung.

Durch die Denkverbote ist es unmöglich, den Bruch zwischen Mythos und Aufklärung aufzuzeigen und nach der prinzipiellen Differenz zwischen den mythischen Ansichten der Natur und der Naturbeherrschung zu fragen. Solches ergäbe sich nicht aus den bleibenden Momenten des Naturverhältnisses, würde vielmehr erst sichtbar mit dem Aufsuchen des Widersprüchlichen und Widerständigen. Dessen Geschichte (und Geschichtsschreibung) wird seine Entwicklungslogik sicher nicht allein und unberührt aus sich selbst beziehen, sondern auch aus der Abgrenzung, Gewalt, der Verleugnung durch die Herrschaft.

Ohne Kenntnis dessen, was wirklich mit der mythischen Weltanschauung verlorenging – also über eine Projektion unseres Mangels hinaus –, wird, trotz aller Dialektik, dieser Fortschritt, die Unterdrückung der Frauen, die Naturzerstörung und die Liquidation der Sinnlichkeit und Fantasie im abstrakten Selbst zur tragischen Naturnotwendigkeit. Und die Verdrängung des »anderen« bleibt bestehen, was sich auch dort nicht ändert, wo es als goldenes Zeitalter der Hoffnung beschworen wird. Unter dem Blickwinkel des Identischen von Mythos und Aufklärung läßt sich nicht sehen, ob es je eine andere gesellschaftliche Praxis gegeben hat und ob das Differente sogar immer noch, eben auf eine andere Art wirksam ist. Gegen die Herrschaft und auch für sie.

II. Die Selbsterkenntnis der Naturwissenschaften

Die Frage nach den gesellschaftlichen Implikationen und Voraussetzungen der Naturbeherrschung geht auf die Entstehungsbedingungen des modernen naturwissenschaftlichen Bewußtseins zurück. Darauf möchte ich jetzt etwas näher eingehen.

Wolfgang Krohn unterscheidet in seiner Arbeit über »Die neue Wissenschaft der Renaissance«[11] drei Phasen im Entstehungsprozeß der neuzeitlichen Naturwissenschaften:

Im Spätmittelalter lag eine Fülle neuer technologischer Entwicklungen sowie wissenschaftlicher Neuerungen in der Hochscholastik vor; die Renaissance war bestimmt durch eine Umstrukturierung der Beziehung zwischen Erkenntnissubjekt und -objekt.

In der frühen Neuzeit führten dann die neuentwickelten Erkenntnisschemata zu neuen empirischen Theorien, zur Etablierung und Vereinheitlichung der Wissenschaften.

Diese Einteilung hat W. Krohn nach der Theorie von Piaget vorgenommen. Die Entwicklungsschritte, die bei der Herausbildung eines neuen kognitiven Schemas unternommen werden, beziehen sich auf zwei unterschiedliche Bereiche der Realität, nämliche einerseits auf die Objekte und ihre Struktur und andererseits auf die Handlungen des Subjekts. Diese zweite Dimension des Lernprozesses »bezieht sich auf die Einstellungen, Motive und Intentionen des Subjekts und ermöglicht neue Problemwahlen und Handlungsbereiche«.[12] Es ist jene Dimension, die in diesem Zusammenhang von besonderem Interesse ist.

Die Akkomodationen des Subjekts werden selbstverständlich als progressiv – stufenweise fortschreitend – angenommen, da sie neue begriffliche Möglichkeiten schaffen. Die Frage, ob in diesem Lernprozeß nicht auch etwas verlernt wird und ob die neuen begrifflichen Möglichkeiten nicht auch mit dem Auslöschen anderer Begriffe in Zusammenhang stehen könnten, wird nicht gestellt. Mit Blick auf die obengenannten vier Denkverbote will ich sie hier verfolgen.

Was also war das Wesentliche dieser »völligen Umstrukturierung der Weltanschauung und Geisteshaltung«, die durch die wissenschaftlichen Anstrengungen der Renaissance hervorgerufen wurde? Die Erweiterung der konstruktiven Rationalität vollzieht sich durch eine Dezentrierung des Subjekts im Erkenntnisprozeß: »Eine Dezentrierung besteht immer darin, daß gewisse objektive Erkenntnisse durchschaut werden als vom Erkenntnissubjekt selbst gesetzt. Dieser Prozeß der Dezentrierung der Stellung des Subjekts in der Erkenntniswelt und Sozialwelt ist immer die Zunahme einer Operativität, durch die die Beziehung von Subjekt und Objekt neu koordiniert wird. Diese Koordination setzt jeweils an die Stellee einer relativ phänomenistisch-egozentrischen Weltsicht eine durch Erkenntnisoperationen abgesicherte relativierte Weltsicht, die den Absolutismus der egozentrischen Erkenntnisweise einen Schritt aufhebt.«[13]

Der Unterschied zwischen beiden Erkenntnisleistungen (besser: Erkenntnisformen) wird an zwei Beispielen erläutert, der Kosmologie und der Bewegungslehre. Das Neue bei Kopernikus und bei Galilei bestand darin, daß sich das Erkenntnissubjekt bei der Beobachtung beobachtete, seine Tätigkeit als Beobachter reflektierte. Diese Relativierung des Subjekt-Standpunkts wurde grundlegend für die Formulierung und Feststellung objektiver, intersubjektiver Wahrheit und stellte den Erkentnnisfortschritt der Renaissance dar.

Der gleiche Zusammenhang etwas anders ausgedrückt: Man entwirft sich Modelle von der Natur, die Entscheidung für das »richtige« Modell findet sich durch die Gewißheit subjektiver Einsicht, und da diese aber verschieden sein kann, braucht man einen objektiven Maßstab für die Absicherung der Wahrheit. Diesen hat man gefunden durch die Art der Beobachtung, nämlich durch die Gleichsetzung von objektiver Naturerkenntnis mit der Gestaltung der Natur durch den Menschen. Erkenntnis wird instrumentell. Die Gestaltung der Natur aber ist tendenziell mit der Naturbeherrschung verknüpft. Und war es damals schon – in den Arbeiten und Forschungen der Künstler-Handwerker.

Hier sind wir auf eine Lücke gestoßen: Das erkennende Subjekt reflektiert sich als Beobachter und definiert die erkannte Wahrheit als das Machbare. Durch Eingriff und Teilnahme an einem Naturgeschehen wird Wahrheit sichtbar gemacht und objektiviert. Das genau aber wird nicht reflektiert.

Diese Form der Selbstreflexion und die Reflexionslücke, die sie läßt, bestimmt die zentralen Kategorien, die die neue Denkweise bilden. Es geht um Fortschritt, experimentelle Methode und Naturgesetz. Ihre Zusammenfassung begründet den neuen Begriff der Wissenschaft und das neue Beziehungsgefüge zwischen Erkenntnissubjekt und -objekt.

»Das Lernen, das in der Geschichte der Menschheit zu Fortschritten geführt hat, wird reflektiert zu einem Lernen, wie man Fortschritte betreibt. Im Begriff des *Experiments* werden die traditionellen Methoden der Erfahrung bewußt, und aus diesem Bewußtsein entstehen Strategien darüber, wie das Unerfahrene erfahrbar gemacht wird. Der Überzeugung von der *Gesetzmäßigkeit* der Natur liegt die Thematisierung der Tatsache zugrunde, daß der Mensch in seinem Umgang mit der Natur Regeln auffindet. Hieraus entsteht die Überzeugung, daß nur die Erkenntnis von Regeln gesicherte Erkenntnis der Natur gewährleistet; diese Überzeugung führt schließlich zu der kantischen Reflexion, daß die Erkenntnis der Naturgesetze von der Gesetzmäßigkeit der Erkenntnis abhängt.«[14] Das neue Ideal der naturwissenschaftlichen Arbeit läßt sich dann so zusammenfassen: »In den Ereignissen der Natur sind Gesetze aufzudecken, die Erkenntnis von Gesetzen wird, wenn möglich, experimentell betrieben; neue Gesetze sind Erkenntnisfortschritte.«[15]

Diese drei reflexiven Abstraktionen – durch ihre Erarbeitung spielte sich die Dezentrierung des Subjekts ab – haben alle sowohl eine kognitive wie eine soziale Bedeutung. Ihre definitorische und normative Bedeutung ordnete sich am Ende der Renaissance zu wissenschaftlichen Weltbildern, von denen der cartesianische Mechanismus das wichtigste wurde.

III. Die Absicherung der Denkverbote durch die Naturwissenschaft

Meine Frage geht nun weiter, wie aus den Bedingungen, unter denen sich diese Kategorien zu reflexiven Kategorien entwickelt haben, gleichzeitig die vier Denkverbote entstanden sind. Und wie die verbotenen Inhalte in der Reflexionslücke verschwanden. Im Vordergrund stehen hier vor allem die experimentelle Methode und die Naturgesetze. Dazu greife ich auf das historische Material zurück, das Carolyn Merchant in ihrem Buch »The Death of Nature« vorgelegt hat.[16] Dabei gehe ich zeitlich rückwärts. Also vom Ende - der mechanistischen Weltanschauung - zum Anfang - den organischen Weltbildern der Renaissance und des Mittelalters.

Emanzipation von der Natur durch gesetzmäßige Herrschaft

Das mechanistische Weltbild schafft Ordnung. Damit antwortete es auf die grundlegenden Probleme seiner Entstehungszeit: Unsicherheit der Erkenntnis, soziale Instabilität, Verantwortungslosigkeit der einzelnen gegeneinander - alles in allem die Konfusion einer Gesellschaft, die von Zerfalls- und Umwälzungserscheinungen geprägt war. Die Antwort der mechanistischen Weltanschauung auf diese Krise stellte eine Ordnung her, die Kontrolle möglich machte. Das Verhalten jedes einzelnen Teils wurde durch ein rationales System von Gesetzen vorhersagbar. Die Metapher dieses Weltbildes war die Maschine.

In dieser Welt besteht die Materie aus unveränderlichen Atomen, die von äußeren Kräften bewegt werden, werden Farben von verschieden schnell bewegten Teilchen hervorgerufen, bewegen sich die Körper nach dem Gesetz der Trägheit, ist die Sonne der Mittelpunkt des Planetensystems. Durch experimentelle Beobachtung der Erscheinungen ist es möglich, die »wirkliche« Wahrheit, die mathematische Logik des Kosmos und seiner physikalischen Gesetze zu erkennen.

Es gibt keinen Platz mehr für Spontaneität im Konzept der Natur. Spontane Aktion hat mit dem Freiheitsgrad einer Bewegung nichts zu tun. Imagination, die Quelle der Erkenntnis in einer ganzheitlichen Weltanschauung, wird reduziert auf eine individuelle Angelegenheit. Natur wird reduziert auf eine Ressource, die zu kontrollieren ist und die verbraucht werden kann.

Dieses Konzept der Natur wurde von den französischen Mechanisten Descartes, Gassendi und Mersenne entwickelt. Ihre Vorstellungen wurden von dem Engländer Hobbes auf zwei Gebieten fortgeführt. Für ihn stellten sich auch die menschliche Seele, Wille, Gehirn und Begierde als bloße Materie in mechanischer Bewegung dar. Wichtiger wurde aber noch sein mechanistisches Modell der Gesellschaft. Hier - wie in der Natur - hat Freiheit nicht viel mit Spontaneität zu tun, sondern mit Selbstkontrolle, Mäßigung und Einsicht, vernünftigen Erwägungen.

Ebenso wie der Kosmos dirigiert werde von einem Gott, der sich außerhalb befindet, wird das Staatswesen, das aus gleichartigen, atomisierten Individuen besteht, von oben durch den absoluten Herrscher regiert. Wie die unordentliche Natur sind auch die Menschen im Naturzustand gewalttätig, sich feindlich, anarchisch. Um dem Chaos zu entgehen, schließen die Menschen den Staatsvertrag, der auf ihrer Furcht voreinander gründet. Die rivalisierenden selbst-süchtigen Interessen machen Gesetz und Ordnung notwendig. Das Leben in Frieden ist erst möglich durch die vernünftige Einsicht in die Notwendigkeit der souveränen Herrschaft.

Die Theorie des Wettbewerbs und der »natürlichen« Rivalität ist das Produkt einer Zeit, in der der Kampf um die Verfügung über die Naturressourcen und das ehemalige Gemeineigentum erbittert geführt wurde und in der die Marktökonomie aus den Elementen einer zerstörten Gesellschaftstruktur und einer zerrütteten gesellschaftlichen Beziehung zur Natur entstand. Das Konzept einer ausbeutbaren, toten Natur, die nach mathematischen Gesetzen strukturiert ist, legitimierte einen neuentstehenden Naturumgang, der auf Herrschaft zielte. Es entsteht in einer historischen Periode, in der die erstarkenden Zentralstaaten ihre Herrschaft rationalisieren.

Um es zusammenzufassen: Die Vorstellungen von der Gesetzmäßigkeit der Natur, wie sie in der mechanistischen Anschauung formuliert sind, bringen Ordnung in eine Welt der gesellschaftlichen, moralischen und intellektuellen Verunsicherung. Der chaotische Naturzustand wird mit Gesetzmäßigkeit kontrollierbar und ausbeutbar. Herrschaft und Kontrolle von gleicher Art etablieren sich über die Natur und über die Gesellschaft.

Die Behauptung, die das dritte Denkverbot einschließt, nämlich daß der Mensch sich vom chaotischen Naturzustand emanzipiert hat und dafür mit Herrschaft bezahlen mußte, stimmt nur, was den Preis angeht. Denn diese Vorstellung des menschlichen Naturzustandes, die in jener Zeit neu auftaucht, und diesen in einen Kontrast zu Kultur und Ordnung stellt, entpuppt sich selbst als Gesellschaftszustand, in dem Zerfall, Chaos und Krieg herrschten. Die Gegenüberstellung von Natur und Gesellschaft in einem Herrschaftsverhältnis bedingt eine Definition des vernünftigen Staatsbürgers und Zivilisationsteilnehmers, die alle ausschließt, deren Subsistenz nicht durch Naturbeherrschung gesichert ist. Das waren damals neben den Frauen auch die unteren Bevölkerungsschichten, die Bauern.

Pierre Sonnerat: Die Fauna Neuguineas.

Elvira Scheich

Die Identifizierung von Frau und Natur als dem Gegenteil von Ordnung und Gesellschaft

Die uralte patriarchale Vorstellung von Frau und Natur war immer zweideutig gewesen: nährend und zerstörerisch. Das ändert sich im mechanistischen Weltbild.

Im 16. und 17. Jahrhundert wird das Konzept der Natur als Wildnis in der (englischen) Literatur vorrangig. Der einzelne (Mann) kämpft gegen die Natur und seine Mitmenschen ums Überleben. Die Notwendigkeit, die Kontrolle über die Natur zu gewinnen, wird betont. Von einer gnadenvollen Natur ist nicht mehr die Rede. Diese Seite der Natur, die jetzt die Oberhand gewinnt, wird mit der dunklen, geheimnisvoll-mächtigen Seite der Weiblichkeit assoziiert. Wie die wilde, chaotische Natur muß die Frau gezähmt und ihre Unterordnung gesichert werden.

Die Aufrechterhaltung der weiblichen Unterordnung, wie der gefährdeten sozialen Ordnung überhaupt, war einer der Gründe für die Hexenverfolgung. Diese richtete sich in 83 % aller bekannten europäischen Fälle gegen Frauen, vor allem gegen Frauen der Unterschicht. In diesem Zusammenhang entstand das neue Bild der Frau, wie es die neue Ordnung der Welt erforderte.

Über die Inhalte, die Naturbilder und Praktiken der Hexen läßt sich wenig sagen. Höchstens das: Eine unmittelbare Beziehung zu einem spirituellen Wesen oder Dämonen wäre eine der wenigen Möglichkeiten zur Einflußnahme für die Machtlosen am unteren Ende der gesellschaftlichen Hierarchie gewesen. Magie als Macht und Rache wäre auch hier das Ergebnis einer von Herrschaft geprägten Sozialordnung. Aber nicht das Wesentliche einer magischen Weltanschauung.

Der Beitrag der aufgeklärten Wissenschaft zum Ende der Hexenverfolgung war für die Frauen von zweifelhaftem Wert. Die Theorien über die »natürliche« Passivität, ihre »natürliche« Unfähigkeit zur Vernunft setzten die Entmachtung der Frauen fort. Die Vernunft, so hieß es, vererbe sich nämlich nur über die männliche Linie. Auch die weibliche Sexualität wurde entwertet. Im Laufe der Zeit verkehrten sich die Ansichten darüber: Hatte man in der Renaissance noch angenommen, die sexuelle Lust der Frau sei größer als die des Mannes, so wurde sie am Ende ganz geleugnet und mußte zu Beginn unseres Jahrhunderts neu »entdeckt« werden.

Die »controversy over women«, etwa 1630 bis 1650, spiegelt die Tatsache, daß Frauen von der allgemeinen sozialen Unruhe ergriffen waren. Frauen engagierten sich für die religiöse und politische Gleichberechtigung. Gebildete Frauen wehrten sich dagegen, von den Männern nicht ernst genommen zu werden. Die patriarchale Position in dieser Kontroverse behauptete, die männliche Herrschaft über die Frauen entspräche den Gesetzen der Natur.

Diese Naturordnung wurde als grundsätzlich bedroht angesehen: von der weiblichen Herrscherin bis zu den Frauen, die es wagten, die Kleiderregeln zu durchbrechen.

Die Auseinandersetzung ging für die Frauen schlecht aus. In der hierarchischen Gesellschaft war die Stellung der Frau durch ihren Stand bestimmt, den Stand ihres Mannes. In der frühen bürgerlichen Gesellschaft dagegen bestimme sich ihre Rechtlosigkeit aus der natürlichen Schwäche ihres Geschlechts, so war sie jedem Mann untergeordnet. Dieser neuen »natürlichen« Ordnung entsprechend hatte sie in der Öffentlichkeit der Männer nichts mehr zu suchen, der weibliche Ort war das Haus. Die häusliche Rolle der Frau änderte sich im Zuge des Protestantismus, die Frau wurde zur privaten Angelegenheit des Mannes.

Die Aneignung der weiblichen Reproduktionsfähigkeit und -arbeit in dieser privaten Form erforderte es, den Frauen jeden Weg zur Selbständigkeit abzuschneiden. Ihre Rechtssituation verschlechterte sich ebenso wie ihre Möglichkeiten zu einer selbständigen Arbeit in der Produktion. Sie wurden für geschäftsunfähig erklärt, und - nicht genug - die Arbeit wurde ihnen auch konkret verboten, so 1511 das Weben.

An der Kontrolle über die weibliche Reproduktion und der Legitimation dieses Zustandes war die Naturwissenschaft entscheidend beteiligt. Es häuften sich die seltsamsten Theorien, um die Passivität der Frauen an der Zeugung eines Kindes zu beweisen. Die Hebamme wurde mit der Entwicklung der männlichen Medizin zum Symbol der weiblichen Inkompetenz. Von der weisen Frau wurde nichts übrig gelassen außer den Ammenmärchen, ihr brauchbares Wissen verleibte sich die junge Wissenschaft ein.

Die Assoziation von Frau und Natur erhielt auf dem Hintergrund der allgemeinen Unruhe jener Zeit eine eigentümliche Schlagseite: Die Reduktion der Natur auf das Wilde, Chaotische wird zum Beweis für die Notwendigkeit der Naturbeherrschung. Mit der Bewältigung dieser Aufgabe verläßt der Mensch seinen Naturzustand und zivilisiert sich. Der Mensch ist der Mann. Die Frau nimmt an diesem Zivilisationsprozeß nicht teil, sondern ist ihm unterworfen wie die Natur. Zu solcher Naturfähigkeit wird ihre Arbeit erklärt, zur ausbeutbaren, kontrollierten Naturressource jenseits der Kultur.

Der Widerstand der Frauen gegen diese Entmachtung auf allen Ebenen - zu einer Zeit, die das Gegenteil versprach, nämlich die Befreiung - zog den Knoten wechselseitiger Legitimation nur noch fester zusammen. Das mechanistische Konzept der Natur wies der Frau einen Platz außerhalb der Zivilisation zu.

Die Denkverbote über die Beteiligung der Frauen an der Zivilisation und über die Möglichkeit einer Kultur, die sich in Kooperation mit der Natur entwickelt, finden in der historischen Konstellation der Renaissance ihre gemeinsame Entstehungsbedingung. Die mechanistische Ordnung der Naturgesetze ermöglichte die Gegenüberstellung von Gesellschaft und Natur. Die natürliche Existenz des Menschen wurde zur Aufgabe der Frau, zur Natur also, deren historische Form mit dieser Gegenüberstellung geleugnet und verdrängt wurde. Gefühl, Spontaneität und Freiheit wurden so aus der vernünftigen, durch Vernunft erkannten Welt verbannt, doch damit werden die Gegensätze Natur und Gesellschaft einander täuschend ähnlich. Überall herrscht die immer gleiche Ordnung der Kontrolle, die bis in unsere Zeit Gesellschaftsprozesse als naturhafte erscheinen läßt.

Die Zähmung der Widerspenstigen durch das wissenschaftliche Experiment

Die Idee von der Notwendigkeit der Kontrolle und Herrschaft über die Natur und die Frauen steht in einem engen Zusammenhang mit der Entwicklung der experimentellen Methode in der Naturwissenschaft. Die Rolle des Experiments als Methode eines universalen Fortschritts - zum Wohle der Menschheit - wurde von Francis Bacon in einem für das Selbstverständnis der Naturwissenschaft ganz wesentlichen Sinn formuliert.

Bacon (»Wissen ist Macht«) war Kanzler und Minister unter James I., der als Hexenverfolger in die Geschichte eingegangen ist. Bacon war selbst an dieser Gesetzgebung und Rechtsprechung beteiligt. Seine Ideen über Natur und seine Sprache in den naturwissenschaftlichen Arbeiten sind davon geprägt. Er vergleicht die Natur im Experiment mit der Frau im Hexenprozeß: Ihre Geheimnisse ließe sie sich nur unter der Folter entreißen. Und das Experiment sah er als Folter der Natur an: »Inquisition of the truth«.

Die neue Form des Wissens und der Erkenntnis strukturierte sich analog zu den Ereignissen einer Hexenbefragung. In der sexistischen Begrifflichkeit liegt die strukturelle Gewalt der modernen experimentellen Methode, der empirischen Naturwissenschaft. Solches Wissen ist allerdings der Macht und der Herrschaft aufs innerste verwandt, solche Forschung vereinigt Erkenntnis mit materieller Gewalt in der neuen Form des wissenschaftlichen Experiments.

Für Bacon, der die Natur in drei Zuständen kannte - völliger Freiheit, Verirrung, Gezähmtheit -, waren Hemmungen, wie er sie den Alchimisten vorwarf, nicht angebracht, gehe es doch um die Zivilisierung und Umwandlung der Natur für die Menschheit.

Im Verlaufe der Transformation der Naturvorstellungen von der nährenden Mutter und dem Schoß des Lebens zu einer Quelle der Geheimnisse, die man der Natur zum Zweck des ökonomischen Fortschritts entreißen müsse, wurde das Experiment als Methode zur Objektivierung der Erkenntnis entwickelt.

Von der Wahrheit blieb nur das mächtige Wissen. In die reflexive Abstraktion der experimentellen Methode - der Strategie zur Erfahrbarmachung des Unerfahrenen - sind die Denkverbote bleibend eingegangen, die Idee der feindlichen Natur prägte die Methodik der Naturwissenschaft. Die Wildheit von Natur und Frauen und die angebliche Notwendigkeit ihrer Beherrschung durch die zivilisierte Menschheit begründete das Konzept der Erkenntnis als Macht zur Umwandlung und Zähmung der Natur (und der wissenden Frau). Ausgestattet mit Macht und Hemmungslosigkeit setzte sich diese Vorstellung einer durch die Kenntnis ihrer Gesetze beherrschbaren Natur gegen alle anderen Ansichten durch.

Die verbotene Gegenwart

Hier bleibt noch die Überzeugung von der Notwendigkeit des Fortschritts durch eine Ordnung als Herrschaft zu hinterfragen. Mit dem dieser Überzeugung impliziten Denkverbot verschwand das Bewußtsein über mögliche andere Wege der naturwissenschaftlichen Erkenntnis.

Carolyn Merchant räumt auf mit der Behauptung, es habe nur ein einziges vorwissenschaftliches Weltbild gegeben. Der prinzipielle Gegensatz, den die moderne Naturwissenschaft zwischen sich und ihrer Vorgeschichte herstellt, verwischt alle anderen Differenzen, seien sie auch noch so tiefgreifend. Die mechanistische Weltanschauung beerbte so die verschiedensten Strömungen der Naturerkenntnis, indem sie den jeweiligen Kontext zerstörte und sich einzelne Aussagen aneignete.

In der Renaissance sind drei wesentliche Strömungen zu unterscheiden: Neoplatonismus (Agrippa), Naturalismus (Campanella, G. Bruno) und Vitalismus (Paracelsus). Die gemeinsamen Voraussetzungen, die in diesen Theorien über die Natur gemacht werden, reichen nur so weit: Der Kosmos wird als lebendige Einheit betrachtet, in der alle Teile miteinander in Beziehung stehen, in gegenseitiger Abhängigkeit. Von dieser prinzipiell ganzheitlichen Herangehensweise sind auch die jeweils entsprechenden Vorstellungen über Gesellschaft geprägt.

In der hierarchischen Auffassung des Neoplatonismus wird die Gesellschaft analog dem menschlichen Körper gegliedert. Dieses Bild ist recht bekannt, vom Kopf bzw. dem Fürsten bis hinunter zu den Füßen bzw. den Bauern und Arbeitern werden die Funktionen verteilt. Im Vergleich zur mechanistischen Vorstellung von Hobbes fällt auf, daß bei diesem die Gesellschaft keine Füße mehr hat. Das hierarchische Konzept der Natur erstreckt sich von der materiellen Basis der Erde bis hinauf zum göttlichen Intellekt, Platos reiner Form und Idee. Dazwischen bewegt die weibliche Seele der

Welt die Dinge. Der Mechanismus übernahm aus dieser magischen Tradition das Konzept der Manipulation, löste es aber aus den ethischen Restriktionen, die durch die Vorstellung eines lebendigen Weltorganismus gesetzt waren.

Der Naturalismus stellt die Realität als Aktivität und Prozeß immanenter Selbstbewegung des Ganzen und seiner Teile dar. Der passiven Materie ist ein aktives Prinzip gegenübergestellt, das sie in Bewegung hält: die Dialektik der Gegensätze. Es ist ein Konzept der Veränderung für Natur und Gesellschaft. Die Struktur dieses Denkens reflektiert - in seiner reinen Form, die Übergänge zum Neoplatonismus sind in Wirklichkeit fließend - die Selbstverwaltung der bäuerlichen Dorfgemeinschaft, die durch geteilte Verantwortlichkeit und gemeinsame Traditionen zusammengehalten wird. In der politischen Realität war das Verhältnis von Autonomie und Ausbeutung durch die Feudalherrschaft ja ebenfalls sehr unterschiedlich gestaltet. Aus dieser Konzeption übernimmt das mechanistische Weltbild die Vorstellung des Heliozentrismus, des unendlichen Universums und der Homogenität des Raumes. Die Idee der Veränderung als innerer Eigenschaft des Kosmos findet in der modernen Welt keinen Platz.

Die Kernaussage des Vitalismus stellt die Einheit von Materie und Geist in einer aktiven lebendigen Substanz fest. Materie ist hier der kondensierte Ausdruck einer spirituellen Einheit, bzw. einer Kombination davon. Die Imagination als innere Erkenntnis hält Körper und Geist zusammen, sie agiert als Notwendigkeit einer inneren Kraft, sich zu entfalten, und muß durch Vernunft kontrolliert werden, so machtvoll ist sie. Diese Auffassung der Vernunft ist der mechanistischen wirklich diametral entgegengesetzt: Vernunft als Kontrolle der Erkenntnis! Der Mensch steht nicht im Mittelpunkt der Welt: »And that's a fools maxim which boasts that we are the noblest of creatures.« Der Mensch als Diener der Natur vervollständigt die natürlichen Prozesse durch Kunst und Handwerk (techné). Das animistische Konzept der Natur als eines heiligen, selbstaktiven Lebewesens war assoziiert mit atheistischen und politisch radikalen Ideen. Carolyn Merchant gibt keinen Hinweis darauf, welche Teile sich der Mechanismus aus dieser Weltanschauung angeeignet hat. Und doch wurde in gründlich verfremdeter Form gerade die Relativierung des menschlichen Daseins in der Natur zum zentralen Ausgangspunkt des modernen naturwissenschaftlichen Denkens.

Das Herauslösen herrschaftsfähiger Teile aus den verschiedenen Traditionen schuf eine trügerische Kontinuität, in der sowohl der Begriff der Natur als auch die Geschichte dieses Begriffs auf eine einzige Dimension reduziert und damit die entscheidende Differenz zwischen Mythos und Naturbeherrschung verdunkelt wird.

Deutlich wurde nun, daß der Fortschritt, diese Entwicklung der Zivilisation, in der sich die moderne Naturwissenschaft herausbildete und von der sie ein institutionalisierter Bestandteil ist, nicht die einzige Möglichkeit der Kultur, der menschlichen Gesellschaft, der Subjektivität und ihres Umgangs mit der Natur war. Das aber war der Inhalt des letzten und wichtigsten Denkverbotes gewesen, das wichtigste, weil es den Zugang zu den anderen versperrt. Gerade der entscheidende Schritt, auf den die Naturwissenschaft so stolz ist, die Herausbildung der dezentrierten Denkweise, hätte auch ganz anders aussehen können. Im Naturalismus sind solche Möglichkeiten angedeutet, in der Bewegungslehre wird der Standpunkt des Beobachters relativiert, in der Kosmologie die Lage der Erde. Im Vitalismus werden diese Vorstellungen deutlicher und prinzipieller formuliert: Der Mensch ist nicht das Ziel der Natur, und die menschliche Vernunft ist eher eine Begrenzung der Erkenntnis als ihr Gipfel. Die spezifische Art der Dezentrierung in der mechanistischen Anschauung - der Mensch ist zwar nicht der Mittelpunkt der Welt, aber ihr Herrscher - gelingt durch die Reduktion der Erkenntnis auf eine vernünftige Objektivität. Damit ist das Erbe des Vitalismus für die moderne Wissenschaft bis zur Unkenntlichkeit verfälscht.

Wenn in der Folge der Renaissance andere Ansichten der Natur einen Platz neben der wissenschaftlichen beanspruchten, geschah das immer in einem Kontext sozialer und politischer Aussagen, die aber keineswegs zwangsläufig auf emanzipative Inhalte und Absichten hinausliefen. In jedem Fall aber verrieten die anderen Bilder der Natur zuviel über die gesellschaftliche Herkunft wissenschaftlicher Objektivität.

Abweichendes und verräterisches Denken über Natur im Zusammenhang mit Befreiungsversuchen war den heftigsten Verleumdungen und Verfolgungen ausgesetzt.

Jeder Naturbegriff, der nicht eindeutig und ahistorisch ist, stellt den Sinn und die Notwendigkeit der Verdrängungen in Frage, rührt an die Denkverbote. Die Anerkennung der gesellschaftlichen Bedeutung der Reproduktioen und der sozialen und natürlichen Kreativität von Frauen muß um jeden Preis vermieden werden, denn damit würde die Abhängigkeit der bürgerlichen Kultur von der Ausbeutung der Natur und des »autonomen« männlichen Selbst von der privaten Ausbeutung der Frau unvermeidlich sichtbar werden. Die Aufrechterhaltung dieser Herrschaftsverhältnisse ist an Verdrängungsleistungen gebunden, die sicherstellen, daß das Denken die Identifikation aller Abhängigkeitsverhältnisse mit Herrschaft und Ausbeutung nicht überschreitet und an der Verleugnung von Frauen und Natur festhält.

Das Eingeständnis der Abhängigkeit von der weiblichen Beteiligung an der Kultur wie von der Existenz natürlicher Prozesse bringt die Selbstdefinition des männlichen Subjekts in äußerste Gefahr. Denn es bestätigt den angstvollen Verdacht, daß es keine wirklich »wichtigen« Gründe - außer der Aufrechterhaltung der bürgerlich-patriarchalen Herrschaft - für die Vermeidung des

Glücks gibt und sich also das ganze sehnsüchtige Leiden des herrschenden Mannes als unsinnig herausstellt. Die Hoffnungslosigkeit, die den Anspruch auf Herrschaft begleitet, produzierte ihre materielle Bestätigung in der zerstörerischen Technik.

Die Behauptungen des modernen Denkens über die Natur und die Frau:
— die Frau sei unbeteiligt an der Zivilisation,
— die Natur sei wild und feindlich,
— der Mensch habe den Naturzustand verlassen müssen,

und zwar notwendigerweise: Diese Behauptungen stellen keineswegs die anthropologischen Konstanten dar, als welche sie gehandelt werden. Sie sind vielmehr das Produkt einer historischen Krise der Gesellschaft und des Denkens - und der Krisenlösung.

In diesen teils verborgenen, aber nichtsdestoweniger grundlegenden Annahmen für das Verständnis der Natur und das Selbstverständnis der Naturwissenschaften sind patriarchale Denkverbote enthalten, die in den wichtigsten Abstraktionen gleichsam »verschwinden«. Die zentralen Momente der so vollzogenen Dezentrierung des Subjekts bestehen aus den Entwürfen einer Realität, die *tot* konzipiert wird; aus einer subjektiven vernünftigen Einsicht, die sich als *Teilnahmslosigkeit* herausstellt und die die erkannte Wahrheit zum *Management* degradiert.

Der Reflexion weitgehend unzugänglich gemacht, manifestiert sich diese patriarchale Struktur als materielle Gewalt. Im Denken über Natur wird eine Verdrängung vollzogen und aufrechterhalten, die durch die Naturwissenschaften wirksam wird und die in dem Tatbestand enden kann, den Carolyn Merchant mit dem Titel ihres Buches ausdrückt: Der Tod der Natur.

Anmerkungen

1 *Horkheimer, Max, Adorno, Theodor W.:* Dialektik der Aufklärung, Frankfurt, 1971, S. 35.
2 A. a. O., S. 35.
3 A. a. O., S. 33.
4 A. a. O., S. 32.
5 A. a. O., S. 30.
6 A. a. O., S. 31.
7 A. a. O., S. 39.
8 A. a. O., S. 28.
9 A. a. O., S. 27 f.
10 A. a. O., S. 23.
11 *Krohn, Wolfgang:* Die »neue Wissenschaft« der Renaissance, in: *Böhme, van den Daele, Krohn:* Experimentelle Philosophie. Ursprünge autonomer Wissenschaftsentwicklung, Frankfurt, 1977, S. 13–128.

12 A. a. O., S. 17.
13 A. a. O., S. 103.
14 A. a. O., S. 32 f.
15 A. a. O., S. 32.
16 *Merchant, Carolyn:* The Death of Nature. Women, Ecology and the Scientific Revolution, New York, 1980.

Claudia von Werlhof

Die Sicht der »Opfer«. Kritik der herrschenden Rationalität und die konkrete Utopie von Bauern und Frauen in der Peripherie

Vorwort

»Die Arbeit wurde durch das Kapital degradiert, und der Bauer wurde zum Heimarbeiter der Banken und Chemie, zum Angestellten, zum passiv Ausführenden von Gebrauchsanweisungen . . . Was als Landarbeiter bezeichnet wird, ist ein modernisierter Sklave einer Plantagenkultur – ob in der Karibik oder heute in der EG. . . Das ‚Land' (somit der Bauer) hat seine Identität verleugnet. . . Heutige (Land-)Wirtschaft ist linear, zeit- und daher geistlos. . . Moderne Landwirtschaft hat zu totaler Entfremdung, zu Gefühllosigkeit und damit zur Grausamkeit geführt. Der Technokrat ist letztlich jenseits sowohl von Verstand als von Gefühl. Anstelle der Vernunft trat Effizienz, anstelle der Sympathie die Apathie. . . Die moderne Landwirtschaft hat Räume systematisch zerstört und monotone Flächen daraus gemacht. Genau deshalb ist moderne Landwirtschaft für die Landwirtschaft gefährlich und mörderisch. . . Die Auswirkungen sind. . . katastrophal, unmenschlich und widernatürlich. Anstatt Lebensräume entstehen Tier- und Pflanzenkäfige . . . (Agrar-)Kultur (aber) kennt Zyklen und Kosmologien. . . und (hat) damit ein enges Verhältnis zur Zeit . . . Körperliche, menschliche und animalische Arbeit sind das Grundkapital der Landwirtschaft, nicht das Geld oder chemische Produkte . . . Echte Agrararbeit fördert jedoch freiheitlichen Geist. Befreiung des Bauern heißt daher: Eigenarbeit statt Fremdkapital . . . Agrikultur ist eine Lebensweise . . .«[1]

Könnte das, was hier über die Bauern und die Landwirtschaft gesagt wird, nicht analog über die Frauen, die Kinderbetreuung und die Hausarbeit gesagt werden?

Über die Gemeinsamkeiten von Bauern und Hausfrauen

Bauern und (Haus-)Frauen haben vieles miteinander gemein. In gewisser Hinsicht sind sie sich untereinander »ähnlicher« als Bauern und »Proletarier« oder als (Haus-)Frauen und »Proletarier«, obwohl sie allesamt – wenn auch in unterschiedlichen Formen – patriarchalisch-kapitalistischer Ausbeutung und

Unterdrückung unterworfen sind.[2] Die »klassischen« theoretischen und politischen Debatten über das widersprüchliche Verhältnis von Bauern und Lohnarbeitern bzw. »Proletariern« sind bis heute ungelöst geblieben. Mit der neuen Frauenbewegung entsteht nun parallel dazu die Debatte über das widersprüchliche Verhältnis von Hausfrauen und Lohnarbeitern. Dabei wird aber in den seltensten Fällen bei der Frauenfrage auf die Bauernfrage Bezug genommen, obwohl sich hier viele Anknüpfungspunkte bieten. Ist der Zusammenhang von geschlechtlicher und national-gesellschaftlicher Arbeitsteilung, also der Arbeitsteilung zwischen Männern und Frauen einerseits und der Arbeitsteilung zwischen Stadt und Land andererseits oft unklar geblieben, so gilt dies auch für die Beziehung der ersteren beiden zur internationalen Arbeitsteilung. Zwar wird oft hervorgehoben, daß die Kolonien, die »Dritte« Welt, die »Peripherie« vor allem Agrarproduzenten sind. In diesem weitgehend bäuerlichen »Status« der Peripherie innerhalb des kapitalistischen Weltsystems/Weltmarkts wird aber meist keine Parallele zur klassischen Bauernfrage gesehen, geschweige denn zur Frauenfrage. Wie aber, wenn sich im Verhältnis Peripherie – Zentrum nur wiederholte, was auch für die Verhältnisse innerhalb des Zentrums (und innerhalb der Peripherie) gilt: daß nämlich die jeweils nichtstädtischen bzw. nichtproletarischen Produzenten/innen einen gleichzeitig bäuerlich-weiblichen und peripher-kolonialen »Status« hätten?[3]

Der allgemeine Grund für die Nicht-Entwicklung oder »Unterentwicklung« einer solchen Perspektive samt ihren Folgen für die Kritik patriarchalisch-kapitalistischen Wirtschaftens und politischen Handelns – um die es im Folgenden gehen wird –, ist durch ein (welt)weit verbreitetes generelles Tabu gegeben. Es ist das Tabu, über die wirklichen Grundlagen der (Welt-)Gesellschaft zu sprechen. Sie sind das »Unaussprechliche« von heute: die »direkt naturabhängigen« Produzenten/innen, nämlich diejenigen, die die Nahrungsmittel und die Menschen produzieren, in ihrer Bedeutung für eben diese Gesellschaft. Gerade weil es einen allgemeinen Fortschrittsglauben, insbesondere den des technischen Fortschritts und der immer weiter möglichen Industrialisierung und Urbanisierung in Form einer mehr oder weniger geradlinigen »Evolution« in Richtung auf eine möglichst vollständige »Unabhängigkeit von der Natur« gibt, muß die bleibende Abhängigkeit von der Natur unter allen Umständen verschwiegen, unsichtbar gemacht werden, muß die rabiate Ausbeutung dieser Natur, ja ihre weitgehende Zerstörung in ihren wirklichen Ausmaßen verborgen oder bagatellisiert werden, muß die ungeheure Gewalttätigkeit dieses Vorgangs geleugnet oder als Schuld ihrer Opfer ausgegrenzt werden.[4]

Dazu gehört es unbedingt – und das unterscheidet Bauern und Frauen wesentlich von anderen Produzenten in diesem System –, daß die nicht »immer noch«, sondern immer notwendigen direkt naturabhängigen Produzenten/innen nicht als menschliche Produzenten gelten, sondern wie sächliche Ressourcen oder Produktionsmittel der nicht-menschlichen Natur selbst zugerechnet werden. In einer Ausschließlichkeit, wie sie bei keinem anderen Produzententyp feststellbar ist, sind Bauern und insbesondere Frauen damit als »Naturbasis« des Systems selbst »gesetzt«, ja gelten als »Natur« der patriarchalisch-kapitalistischen (Welt-)Gesellschaft schlechthin. Dadurch sind sie die eigentlichen Haupt-Opfer herrschender Ökonomie und Politik, die durch ein gewalttätig-instrumentelles, technisch-technokratisches Naturverständnis gekennzeichnet sind.[5] Gleichzeitig sind sie aber auch die eigentlichen Hauptproduzenten dieser Ökonomie, weil sie als einzige unverzichtbar sind. Beides gilt in noch deutlicherem Maße für diejenigen dieser Produzenten/innen, die zusätzlich zu alledem in der Peripherie, in den Kolonien des Zentrums leben.

Es ist daher von erheblicher und im wahrsten Sinne allgemeiner Bedeutung, was diese Produzenten/innen, gerade auch in der Peripherie, selbst von ihrer Situation halten und wie sie sich ihr gegenüber verhalten, ist doch ihre »Loyalität« ebenso Grundlage des politischen Systems wie ihre Produktion Grundlage des ökonomischen.[6]

Ein zentraler »Indikator« für die Art, wie die »Opfer« das System aus ihrer Perspektive »von innen und unten«[7] sehen und sich ihm gegenüber verhalten, ist ihr Umgang mit der immer wieder aufgestellten Behauptung, sie, die Bauern und Frauen (der Peripherie), verharrten »immer noch« in »Rückständigkeit«, »Traditionalität«, »Unterentwicklung« und »Unproduktivität«, würden aber alsbald im Zuge der modernen »dynamischen« Entwicklung in diese »integriert« und somit in ihrer Eigenschaft als bäuerliche und weibliche Produzenten »verschwinden«. Ihre »Zukunft« sei, so wird ihnen immer wieder versichert, durch ihre »Emanzipation« und »Befreiung« von eben jener angeblich »feudalen« »Rückständigkeit« bestimmt, so daß auch sie alsbald der »Proletarisierung«, Verstädterung und »Modernisierung« ihrer Arbeits- und Lebensbedingungen entgegensähen, die sich, insbesondere durch die »Verallgemeinerung« von Lohnarbeit, immer mehr denen im Zentrum anglichen.

Das ist die allgemeine These, die in immer neuen Varianten als Legitimation dessen herhalten mußte, was in Realität mit Bauern und Frauen (in der Peripherie) geschah, und es ist die These, die immer wieder verhindert hat, daß die ökonomische und politische Bedeutung der direkt naturabhängigen Produzenten/innen ernsthaft untersucht und hinterfragt wurde.

In jüngster Zeit ist nun durch die Frauenforschung klarer herausgearbeitet worden, daß das evolutionäre Fortschritts- und Entwicklungsmodell eher eine Herrschaftsideologie denn eine Erklärung der Realität ist. So ist die heutige Lage bäuerlicher und weiblicher Produzenten keineswegs als »Relikt« vergangener Epochen, geschweige denn als »Verbleiben« in einer Art »Naturzustand« anzusehen. Denn die Geschichte zeigt uns ebenso wie die Gegenwart, daß die »Verbäuerlichung« und »Verweiblichung«, insbesondere auch als »Hausfrauisierung« von Arbeit und »Status« der so Arbeitenden, erst ein *Ergebnis* der neuzeitlichen Entwicklung ist und *gleichzeitig* mit der »Proletarisierung«, Urbanisierung und »Vermännlichung« anderer Arbeit und des »Status« der so Arbeitenden auftritt. Auch die Kolonisierung der Arbeit und des gesellschaftlichen Status von Menschen ist nur als *Kehrseite* der Möglichkeit zur »Freiheit, Gleichheit und Brüderlichkeit« anderswo zu interpretieren: Das eine setzt demnach das andere voraus, ist dessen Bedingung und Grundlage.

Das erklärt, daß eine *allgemeine* »Emanzipation« und »Befreiung« mittels einer immer mehr um sich greifenden Ausbreitung der »freien« Lohnarbeit innerhalb dieses Systems nicht stattfinden kann. Es ist im Gegenteil zu immer neuen Wellen der Kolonisierung, Verbäuerlichung und Hausfrauisierung von Arbeits- und Lebensbedingungen bestimmter Produzenten/innen gekommen, die in immer neuen Formen immer wieder neue Wellen der Proletarisierung, Verstädterung und Vermännlichung von Arbeits- und Lebensbedingungen *begleitet* haben.

Auch heute scheint wieder eine solche neue wellenartige Entwicklung in ihrem Doppelcharakter eingeleitet zu werden. Sie äußert sich in den Zentren zunächst als *Rückgang* der Bedingungen »freier« Lohnarbeit (anstatt daß, wie immer behauptet, deren Ausweitung mit Notwendigkeit eintritt). Dadurch werden zur Zeit auch die bisher relativ Privilegierten, die weißen männlichen Lohnarbeiter in den Städten des Zentrums, tendenziell herabgedrückt auf den Status der direkt naturabhängigen Produzenten, der »Natur« des Systems. Von hier aus erscheint die Rückbesinnung ökologisch-alternativ orientierter Gruppen auf die Natur und die ökologischen Grundlagen des Systems sowie die Entwicklung von Vorstellungen über eine »andere« Arbeit und Gesellschaft in einem neuen Licht. Denn aus der hier dargestellten Perspektive gibt es dabei zwei Möglichkeiten: Entweder wird nun das Ganze in neuer Weise hinterfragt, oder es werden bloß »Strategien« zur Verhinderung des Absinkens der bisher weltweit Privilegierten auf den Status von »Naturproduzenten« gesucht. Daß eher die zweite Möglichkeit dabei ist, sich durchzusetzen, zeigt sich unter anderem daran, daß zumindest bisher die Bauern-, Frauen- und Kolonialfrage – geschweige denn deren innerer Zusammenhang – von den fraglichen Gruppen nicht ernsthaft zur Debatte gestellt wurde.[8]

In den Kolonien, der Peripherie, ist manches dagegen in einem bestimmten Sinne schon »weiter« als in den Zentren, wo erst jetzt gesellschafts- und wirtschaftspolitische Maßnahmen gegen etwas erwogen werden, was schon immer zum »Normalzustand« in der Peripherie gehörte: die (relative) Lohnarbeitslosigkeit. Die neuen Politiken bestehen unter anderem darin, Bauern, (Haus-)Frauen und allgemein Nicht-Lohnarbeiter in immer direkteren Formen, immer intensiver und immer umfassender in eine immer mehr industrialisierte Warenproduktion einzubeziehen, *ohne* sie – wie angeblich notwendig – in (freie) Lohnarbeiter oder »Proletarier« zu verwandeln. Im Gegenteil, die Propagierung angeblich »grundbedürfnisorientierter«, »grass-root«-bezogener und »einkommenschaffender« Programme gerade für »die Armen« und »marginale« Kleinbetriebe[9] sowie sogenannte »frauenrelevante« Projekte zielt keineswegs ab auf eine bessere Eigenversorgung, noch auf »Beschäftigung« in Form von Lohnarbeit. Es geht im Gegenteil um eine Beschäftigung, die über die Vergabe von Krediten (bis hin zu sogenannten »Hausfrauen-Krediten«[10]), bzw. die Überlassung von gewissen Produktionsmitteln als reine Warenproduktion und oft unter ausdrücklichem Verbot von Subsistenzproduktion in Gang gesetzt und anschließend über Marktverkäufe vergütet werden soll.[11] Deswegen entstehen hier auch keine »Fabriken« im üblichen Sinne, sondern vor allem Kleinbetriebe und Genossenschaften[12], die eher den Charakter von warenproduzierenden »Familien« oder Familienbetrieben haben, in denen rund um die Uhr und im Endeffekt nahezu gratis gearbeitet werden »kann«. Dabei sind diese Betriebe zu verstehen als zwangsbewirtschaftete Produktionseinheiten, die – vollständiger als je zuvor – allesamt nahtlos, von außen durchkontrolliert und -organisiert als bloß »ausgelagerte« und dazu lohnlose Warenproduzenten in den (Welt-)Markt integriert sind.

In der Peripherie ist es seitens der Betroffenen inzwischen immer weniger wahrscheinlich, diese neue Variante der »Verbäuerlichung«, »Hausfrauisierung« und Kolonisierung von Produzenten und Produktionseinheiten als »alternativ-dezentrale«, »autonome« oder in neuer Weise »selbständige«, »unternehmerische« Produktion zu verkennen, wie es sich manche »Grün-Alternativen« von einer entsprechenden Wirtschaftspolitik in den Zentren erhoffen. Denn die nun schon seit 10 bis 20 Jahren von der neuen Wirtschaftspolitik Betroffenen in der Peripherie haben inzwischen erleben müssen, daß sie seitdem noch mehr ausgebeutet wurden, noch weniger Einkommen hatten, noch weniger Freiheit und zu alledem noch mehr Arbeit. Sie haben daher begonnen, die neue Politik schon wieder infrage zu stellen und sich ihr zu widersetzen, bevor sie noch allgemein durchgesetzt ist und in den Zentren erst neuerdings überhaupt zur Debatte steht. Von Beispielen eines solchen Widerstands wäre also für uns in den Zentren einiges zu lernen.

Was das folgende Beispiel einer ländlichen Sozialbewegung in Venezuela, einem formal demokratisch regierten Land der Peripherie, aber auch zeigt, ist die Schwierigkeit, das *Verhältnis zwischen Bauern und Frauen* seinerseits als *widersprüchliches* zu erkennen und zu verändern, nämlich als geschlechtliches. Denn trotz aller Gemeinsamkeiten, die durch die Zugehörigkeit zur Peripherie noch verstärkt sind, hat sich wie im Zentrum auch innerhalb der Peripherie der Geschlechtergegensatz (wie auch der Stadt-Land-Gegensatz) immer mehr herausgebildet. Neben den vielfältigen Spaltungen zwischen den Ausgebeuteten, auch zwischen verschiedenen agrarischen und bäuerlichen Produzenten sowie auch zwischen Frauen, z. B. denen in der Stadt gegenüber denen auf dem Land, ist die allgemeine Geschlechterpolarisierung jedoch am markantesten: Auch der Nicht-Lohnarbeiter hat eine Art »Hausfrau«, und dem Bauern steht nicht eine Bäuerin zur Seite, sondern er hat eine *bäuerliche Hausfrau,* die unter ihm steht. Die moderne geschlechtliche Arbeitsteilung, wie sie im Zentrum als Arbeitsteilung zwischen Lohnarbeiter und Hausfrau geschaffen wurde, ist also auch in der Peripherie durchgesetzt worden, *obwohl* hier der Lohnarbeiter im wesentlichen fehlt und als allgemeines Proletariat gerade nicht durchgesetzt wurde (werden sollte und konnte).[13]

Daß also die moderne geschlechtliche Arbeitsteilung im Prinzip auch dort und dann existiert, ja noch weiter vertieft werden kann, wo die Bedingungen für ihre »reine« Form gerade nicht gegeben sind, zeigt darüber hinaus, wie wenig selbstverständlich es ist, daß die Reduzierung der Lohnarbeit in den Zentren mit einer Aufhebung der Arbeitsteilung zwischen dem ehemaligen Lohnarbeiter und »seiner« Hausfrau verbunden sein muß (wie es viele Männer fürchten und Frauen erhoffen). Gerade die betonte Neuerrichtung dieser Arbeitsteilung seitens des Staates wie des Kapitals im Rahmen der neuen Wirtschaftspolitik, sei es bei sogenannten Agrarreformen, sei es bei der sogenannten Förderung von Kleinindustrien, -handwerk und kleinen Dienstleistungsbetrieben, beweist die Bedeutung, die der Aufrechterhaltung und gar Vertiefung des Geschlechtergegensatzes vor allem anderen beigemessen wird.[14]

Wenn, wie in unserem Beispiel aus Venezuela, daher nicht nur Frauen, sondern auch Männer dabei sind, eine Kritik und Praxis zu entwickeln, die nicht nur die Lohnarbeit als angeblich mögliche Perspektive, sondern die kapitalistische Warenproduktion insgesamt infrage stellt und von hier aus Industrialisierung und technischen »Fortschritt« abzulehnen beginnt, um ein nicht mehr gewalttätiges Verhältnis zur Natur zu ermöglichen, ja damit sogar als nächstem (und letztem) Schritt beim Verhältnis der Geschlechter angekommen ist, dann ist das weit mehr als das, was bisher auch in den »neuen« sozialen Bewegungen im Zentrum möglich war. Allein die Tatsache, daß Männer zum Geld und vor allem zur Technik als den allgemeinen Mitteln der Frauen- und Naturbeherrschung ein zumindest ambivalentes, wenn nicht zum Teil ablehnendes Verhältnis entwickeln, und damit gegen ihre »männliche Identität« bzw. eine neue Politik der »Vermännlichung« zumindest indirekt eintreten, ist hier im Zentrum kaum vorstellbar. Auch daß die Frauen nicht ihrerseits dabei stehenbleiben, »nur« Geld und Lohnarbeit zu fordern, sondern ein bewußteres und grundlegenderes Verhältnis zu den Produktionsmitteln selbst, insbesondere zum Land, und zu einer neuen, an der *Subsistenz und nicht an der Ware* orientierten Ökonomie haben, ist für uns im Zentrum ungewohnt. Eine Erklärung dieser »Phänomene« müßte daher am bäuerlich-kolonialen und insgesamt »verweiblichten« Status von Produzenten ansetzen, die unmittelbar naturabhängig arbeiten und leben: Es scheint, als sei der Zugang zur Frauenfrage von der Bauernfrage her eher möglich als von der »Arbeiterfrage«.

Es geht im folgenden Beispiel um die Entwicklung einer solchen »konkreten Utopie« bei verschiedenen ländlichen Produzenten im wichtigsten Agrarreform- und Agroindustriegebiet Venezuelas, insbesondere den Bundesstaaten Yaracuy und Lara, wo ich längere Zeit zusammen mit den Betroffenen gelebt und geforscht habe.[15] Es handelt sich dabei um sogenannte »traditionelle« Subsistenzbauern (»conuqueros«); neue Kleinbauern (»parceleros«) und Genossenschaften der Agrarreform, die mit staatlichen Krediten als »Vertragsproduzenten« Monokulturprodukte für die Agroindustrie anbauen; neue Pächter (Halbpächter, »medianeros«), die hier insbesondere den Boden von Großgrundbesitzern bewirtschaften, und zwar ebenfalls mit den modernsten Techniken und für den Bedarf agroindustrieller Fabrik-Komplexe; industrielle und ländliche Lohnarbeiter mit und ohne Landbesitz; Bauern ohne Land; Arbeiter ohne Lohn; sowie die »dazugehörigen« oder »unabhängig« lebenden Frauen (Hausfrauen, Kleinbäuerinnen, kleine Warenproduzentinnen).

Mit einer Reihe von ihnen habe ich wiederholt lange Gespräche geführt[16], die Grundlage für die folgende Analyse sind.[17]

Das Verhältnis zur Produktivkraftentwicklung und zum Fortschritt: die Arbeit mit Kredit, Geld und Maschinerie als Zwangssystem und als Prozeß der Entfremdung von innerer wie äußerer Natur

»La máquina«, die Maschine, ist die oft undifferenzierte Bezeichnung für sehr verschiedene Maschinen (Traktor, Bulldozer, Sämaschine, Erntemaschine...) und gleichzeitig für »die Arbeit«, die diese Maschine tut. Der Begriff der Arbeit ist dabei genauso zweideutig wie der der Maschine. Die Maschine erledigt eine Arbeit, die man also nicht selbst zu tun braucht. Auf der anderen Seite zerstört die Maschine aber auch die Arbeit. Das Bild des Traktors, der die Bauernhütte niederwalzt, scheint hierfür besonders typisch zu sein (Raúl Domínguez, Alejandro Colmenares). Schließlich zerstört die Maschine Art und Inhalt der bisherigen Arbeit, indem sie sie verändert und sich unterordnet. So entfremdet und entwertet sie die Arbeit und damit auch die lebendige Arbeitskraft und letztlich gleichzeitig deren Träger, die Menschen und ihr Leben. So sei bereits der Beginn der Maschinisierung mit Zwang verbunden gewesen. Die künstliche Düngung zum Beispiel sei den Bauern aufgezwungen worden, denn sie hätten sie weder gebraucht noch gewollt. Mit der künstlichen Düngung seien viele Nutzpflanzen eingegangen, und es sei insgesamt zu einer Verringerung der Diversifizierung der Produktion gekommen. Die allgemeine Technisierung der Produktion mit der Agrarreform habe die Monokultur und die Krankheiten der Pflanzen wie die Unterernährung der Menschen nach sich gezogen. Die Kredite hätten den Anbau von Nahrungsmitteln verhindert.

Mit der Verschlechterung des Bodens und seiner Produkte, dem Verschwinden des Waldes und Wassers und der schlechten Ernährung der Menschen sei insgesamt eine Zerstörung der lokalen Ökonomie einhergegangen, bei der auch der örtliche Handel und die vorhandene Manufaktur verschwunden seien (Vicente Rojas).

Die moderne Landwirtschaft hat also keinen Nutzen im Sinne einer allgemein rationaleren Bewirtschaftung. Im Gegenteil, sie ruiniert kleine Produzenten, erzwingt eine allgemein verschärfte Konkurrenz um den Boden und dessen Konzentration, weil die Maschinen kapazitätsmäßig ausgelastet werden müssen, damit sie sich lohnen und vor allem auch abbezahlt werden können. Derjenige, der mit einer Maschine anfängt, wird sie samt allen daran geknüpften Folgen nicht mehr los. Er muß einen Kredit aufnehmen und dann einen neuen, er muß versuchen zu expandieren, koste es was es wolle, und sich dadurch zum Feind anderer machen. Er ist gezwungen, das Geld ernster zu nehmen als die Nützlichkeit des Produkts oder die pflegliche Behandlung des Bodens (Juan Gonzáles, Orlando Alvarado).

So werden die einen zur »Leistung« gezwungen, wobei sie gleichzeitig andere an einer solchen hindern müssen. Der Kredit, das Geld, die Maschine machen also alle, die damit arbeiten müssen, »unfrei« (Marcos Torres) und zwingen sie, auf dem einmal eingeschlagenen Weg weiterzugehen.

Währenddessen ist »die Agrarreform das beste Geschäft für das venezolanische Kapital geworden«, weil es ihm auf diese Weise gelungen ist, alle Risiken der Produktion abzuwälzen und die verschiedenen unmittelbaren Produzenten bestensfalls als »Kapitaldurchleiter«[18] zu benutzen, während ihm selbst die Akkumulation des Kapitals vorbehalten war. Die diesbezüglichen »Wünsche der Agroindustrie« waren gewissermaßen Befehl für den Staat, seine Planung entsprechend zu organisieren und durchzuführen (Juan Rodríguez).

Der Widerspruch zwischen Kapital hier und unmittelbaren Produzenten da – und zwar gleichgültig, ob es sich um Landflüchtige, Kleinbauern neuer und alter Art, große oder kleine Halbpächter, mittelgroße und selbst größere Produzenten oder auch ländliche Lohnarbeiter handelt – ist dabei sichtbar größer geworden.

Claudia von Werlhof

Das Verhältnis zum Land als Produktionsmittel und Arbeitsplatz: Ausgangspunkt für die Kritik an gegenwärtigen individuellen und kollektiven Landbesitzformen, für die Forderung nach neuen subsistenzorientierten Produktionsverhältnissen und die Entwicklung eines alternativen Ökonomieverständnisses allgemein

Die Forderung von Bauern und gar Arbeitern nach Land gilt innerhalb der Linken als kleinbürgerliches, egoistisches und reaktionäres Besitzstreben, das Staat und Kapital bei der Verfolgung ihrer Ziele nutzen.

Nun hätten die Bauern und Arbeiter auf dem Lande sicherlich nichts dagegen einzuwenden, wenn sie ihren Lebensunterhalt durch einen Lohnarbeitsplatz sichern könnten. Jedoch kam entweder die versprochene Lohnarbeit nicht (Simón Medina), oder sie wurde wieder abgeschafft. Andererseits war sie so gering bezahlt, daß die Leute von einer derartigen »Nur-Lohnarbeit« nicht leben konnten, und deshalb suchen sie nicht primär oder nur Lohnarbeit, sondern in erster Linie den Landbesitz selbst. Erst wenn sie wieder Land haben, können sie auch Lohnarbeit akzeptieren, selbst wenn sie schlecht bezahlt ist und eher den Charakter des weiblichen Lohnarbeitsverhältnisses hat (vgl. die sogenannten Arbeiter-Bauern als »Nebenerwerbslandwirte« bzw. Nebenerwerbsarbeiter und allgemein die niedrige Entlohnung weiblicher Erwerbsarbeit als angeblich »zusätzlicher«). Die einzige Alternative für die landlosen Bauern, Frauen und Lohnarbeiter ist also insgesamt nicht die Lohnarbeit, sondern der Landbesitz. Sie müssen daher versuchen, auf dem Wege der Landbesetzung Kleinbauern oder Genossenschaftsbauern zu werden, wenn sie keine Subsistenzbauern bleiben oder wieder werden können. Erweist sich die Agrarreform hierbei als nicht ausreichend und/oder als Irrweg – wie von den Bauern inzwischen erkannt worden ist –, dann bleibt ihnen nur die Inbesitznahme von Land, auch außerhalb der Ländereien und Mechanismen der Agrarreform. Gerade die Parzellenbauern der Agrarreform sind es, die nicht nur Land, sondern vor allem eine andere Art der Nutzung des Landes fordern. Denn auch das ist ein Vorteil des Landbesitzes vor dem puren Lohnbesitz: Die Nutzung des Landes kann man ändern, man kann sie revolutionieren, die des Geldes nicht oder nur in viel geringerem Ausmaß. Die neue Forderung nach Land ist so unmittelbar mit einer Kritik der Geldwirtschaft verbunden.

So sei »Geld schlechter als Subsistenzproduktion« und lebe der Subsistenzbauer besser als der moderne Parzellenbauer der Agrarreform mit all seinen Krediten und Maschinen (Juan Gonzáles), und so könne der Parzellenbauer trotz Rekordernte und höchstmöglicher Einnahmen davon noch nicht einmal seine Familie das Jahr über mit Essen, geschweige denn Wohnung, Kleidung und Gesundheitsleistungen versorgen (Carlos Rojas).

Trotz Öl-Boom und allgemeinem Geldrausch hat sich daher zumindest im ländlichen Venezuela ein Gefühl breitzumachen begonnen, daß es ja gar nicht darum geht, »besser zu leben«, sondern schon oder wieder zunächst einmal darum, die laufende Entwicklung überhaupt zu überleben. Diese Erkenntnis ist für die meisten Frauen zwar nichts Neues, und sie verhalten sich schon seit geraumer Zeit entsprechend grundbedürfnisorientiert, denn auf sie wurde das Problem bisher abgewälzt. Inzwischen haben außer ihnen nicht nur die Landlosen und Kleinbauern angefangen, über Waren- und Subsistenzproduktion in neuer Weise nachzudenken, sondern sogar die besser gestellten Halbpächter, die hier wie sonst kein anderer Produzent in diesem Ausmaß die reine Kapital- und Marktorientierung der Produktion im Agrarsektor vertreten. Die Rückkehr bzw. das Fortschreiten zu einer diversifizierten, an den Grundbedürfnissen der näheren und ferneren Bevölkerung orientierten Subsistenz- und »einfachen« Warenproduktion würde den Bedarf an Land drastisch verringern. So hatten die Bauern errechnet, daß sie mit 7% der ihnen zur Verfügung stehenden Fläche bereits ihre Ernährung sicherstellen konnten, falls sie Subsistenzproduktion betrieben, während unter den gegebenen Bedingungen der Warenproduktion selbst mit einer 100%igen Nutzung des Bodens ihre Ernährung nur zur Hälfte gesichert war.

Wenn davon ausgegangen wird, daß gerade die Basis der individuellen Bedürfnisbefriedigung immer mehr zerstört worden ist, während kein Ersatz dafür geschaffen wurde, dann stellen sich die Probleme in völlig anderem Licht.[19] Es ist dann tatsächlich so weit, daß an der Frage der Subsistenzproduktion angesetzt werden muß, weil sie der Bereich ist, in dem die alltägliche Befriedigung der Grundbedürfnisse stattfindet.

Aber erst vor dem Hintergrund einer Angleichung der »objektiven« Interessen und letztlich der Klassenlagen ist die Herausbildung der allgemeinen Forderung nach Land und deren inhaltlicher Bedeutung als Land primär zur Selbstversorgung, als Land zum Leben im allgemeinen Sinn zu verstehen.

Während bei den Diskussionen zwischen und mit den unmittelbaren Produzenten die Frage der Subsistenzproduktion immer mehr ins Blickfeld rückte, blieb dennoch die Beziehung zwischen Subsistenzproduktions- und Frauenfrage in den meisten Fällen unklar oder wurde noch gar nicht wahrgenommen, obwohl die Frauen durch die geschlechtliche Arbeitsteilung ja für die Subsistenzproduktion zuständig gemacht worden waren.

So bestand einerseits die Gefahr, die neue Subsistenzproduktion einseitig den Frauen aufzulasten, wodurch letztlich nur die alte geschlechtliche Arbeitsteilung fortgesetzt und am Ende noch nicht einmal ein wirklicher Unterschied zur Agrarpolitik der Regierung bestehen würde, die ja die Frauen auch als »Subsistenzproduzentinnen« anspricht, allerdings um damit die Nicht-Vergütung weiblicher Subsistenz- *und* Warenproduktion zu verschlei-

Alexandre Hogue: Erosion No.2 – Mother Earth Laid Bare.

ern. Auf der anderen Seite mußte außer dem »Was« der Produktion ja auch ihr »Wie« geklärt werden (Juan Rodriguez). So hatten sich auch kollektive Arbeitszusammenhänge meistens gerade für die Frauen negativ ausgewirkt, da sie dann praktisch den größten Teil der Arbeit alleine und darüber hinaus praktisch unvergütet machen mußten.

Durch die Priorität der Subsistenzproduktion innerhalb eines neuen Verständnisses von Ökonomie könnte, ja müßte daher auch das Problem der geschlechtlichen Arbeitsteilung angegangen und insgesamt vielleicht sogar der Weg in eine Art »Gegenökonomie«, ja neue Produktionsweise entdeckt werden. Die Entstehung einer konkreten Utopie dürfte jedenfalls nicht möglich sein, wenn weiterhin das Kapital wertvoller erscheint als die lebendige Arbeitskraft und gleichzeitig die Arbeit zur Befriedigung der Grundbedürfnisse aller Menschen nicht für wichtiger gehalten wird als die Arbeit für die Kapitalakkumulation über einen anonymen Markt.

Das Verhältnis zwischen den Geschlechtern als sozialer Prozeß, der als solcher kaum reflektiert wird

Der männliche Umgang mit dem quantitativen und qualitativen Engagement von Frauen zum Beispiel bei Landbesetzungen, wo gerade die Frauen besonders zäh, mutig, einfallsreich und militant gewesen sind (Vicente Rojas, Simón Medina, María Pérez, Baudilia Sivira), erinnert allgemein an das Erstaunen der männlichen Führung über das Verhalten von Frauen in revolutionären Bewegungen überall auf der Welt.[20] Während Frauen offenbar keine besonderen Schwierigkeiten damit haben, alle Menschen (»Bauern, Frauen und Kinder«, María Pérez) als Subjekte der Veränderung anzusehen, scheint das für Männer nicht unbedingt zu gelten. Als Subjekte der Veränderung und »Menschen« in diesem Sinne sehen sie eher nur sich selbst, wobei gerade Frauen und Kinder entweder unbewußt oder auch aktiv aus dieser Definition ausgeschlossen werden (María Pérez). Frauen sind definiert als »Natur«, als gewissermaßen nicht-menschliche passive Ressource, bedürfnisloses Objekt der Manipulation durch andere oder auch Maschine, domestizierte Natur, williges Instrument in Händen anderer.[21] In dem insgesamt instrumentellen Verhältnis zu den Frauen und dessen Veränderung in Richtung auf eine immer maschinenhaftere Beziehung könnte wahrscheinlich eine Parallele zu den sonstigen Vorgängen in der Gesellschaft gesehen werden. »Die Maschine« verändert ja nicht nur das Verhältnis zum Boden und allgemein zu anderen Menschen, sondern speziell auch zu den Frauen.

So gehören zum Beispiel auch die Wärme und Achtung, mit der die älteren Männer von ihren Frauen und Müttern sprechen (Vicente Rojas, Alejandro

Colmenares) einer Vergangenheit an, in der die unmittelbaren Produzenten noch in relativ freiem Besitz von Subsistenzproduktionsmitteln waren. Es ist eben ein Unterschied, ob die geschlechtliche Arbeitsteilung die Frauen auf einen Bereich festlegt, ihnen aber innerhalb dieses Bereichs bestimmte Mittel und Entscheidungsbefugnisse beläßt, oder ob sie die Frauen zwar festlegt, ihnen aber nahezu alle Mittel und Freiheiten versagt (Eugenia Colmenares). Das Leben der Frauen besteht buchstäblich aus Arbeit. Reicht der Tag nicht, dann wird auch nachts gearbeitet (María Pérez, Baudilia Sivira). Außer ihrer Unaufhörlichkeit fällt an der Arbeit vor allem auf, daß sie praktisch kein Einkommen erbringt: »Es gibt nur Arbeit, kein Einkommen... Es gibt keine Ruhe und keinen Ertrag« (Eugenia Colmenares). Gerade weil die Arbeit kaum etwas einbringt, besteht der Zwang, immer mehr davon zu tun. Was bei den Frauen ohne sogenannten »Ernährer« ohnehin Arbeitszwang ist, fühlt sich für die Frau mit »Ernährer« als Zwangsarbeit an (Eugenia Colmenares). In allen Fällen sind die Frauen die wirklichen Ernährer aller, und zwar von Männern, Kindern und sich selbst. Falls Männer überhaupt etwas zu dieser Ernährung beitragen, dann nur einen geringen Teil ihrer Arbeitskraft und ihres Einkommens. Diese Situation zwingt die Frauen außer zur Arbeit auch zum Kampf. Ihr Kampf ist immer eng verknüpft mit ihrer Arbeit, Arbeitskampf im eigentlichen Sinne. Während dieser Zwang zum Kampf für alle Frauen besteht, fällt auf, daß die Ehefrau (Eugenia Colmenares) von ihrem Mann an diesem Kampf gehindert und zur Passivität gezwungen wird. Die Ehe und der Ehemann halten sie wie eine Gefangene, die an ihr Haus gebunden und vom Rest der Gesellschaft praktisch völlig isoliert ist. Die nichtverheirateten Frauen dagegen können die Energien, die durch den Überlebenskampf mobilisiert werden, eher nach außen wenden, anstatt sich damit selbst zu zerstören (vgl. die »Krankheiten« von Eugenia Colmenares). Ihr Problem ist daher auch mehr ihre Schutzlosigkeit gegenüber der Gesellschaft und eine Art »Vogelfreiheit«, in die sie gestellt sind (Baudilia Sivira).

Insgesamt leiden die Frauen nicht nur an der vielen Arbeit und dem wenigen Einkommen, sondern vor allem auch an der Angst vor männlicher Gewalt, an der Verbitterung über den Mangel an männlicher Solidarität und an der Verzweiflung darüber, daß es »Liebe« - in welcher Form auch immer - nicht gibt, jedenfalls nicht zwischen Männern und Frauen. So etwas wie Liebe und menschliche Wärme gibt es eigentlich nur zwischen Müttern und Kindern, zwischen Frauen und zwischen Geschwistern.

Das Verhältnis zur Politik als Kritik der politischen Institutionen und Entwicklung eigener Methoden der Veränderung: die Entstehung eines alternativen Politikverständnisses

Wie den Frauen allgemein, so wird auch den Bauern insgesamt ein mangelndes Interesse an »Politik« bzw. eine zumindest konservative politische Einstellung vorgeworfen. Dieser Vorwurf ist in einem bestimmten Sinne womöglich gar nicht falsch.

Für Bauern (und Frauen) ist offensichtlich eine von der Ökonomie mehr oder weniger losgelöste Politik weder vorstellbar noch wünschenswert. Sie messen daher die Politik an ihren ökonomischen Bedürfnissen bzw. können sich Politik nur vorstellen als Konsequenz ökonomischer Bedürfnisse. Hier scheint die Ökonomie den Primat vor der Politik zu haben.

Parteien erlebt man als oft korrupt, bürokratisch, basisfern, personenabhängig, machistisch (Orlando Fernández) und auch dann untereinander zerstritten, wenn es um eine gemeinsame Sache gehen sollte (Alejandro Colmenares).

Man kommt schließlich zu dem Ergebnis, daß auch die linken Parteien gar keine wirkliche Veränderung wollen (Hermes Sivira).

Die Erfahrung ist, daß eine Einigkeit der Unterdrückten möglich ist, diese aber durch bestehende Institutionen immer wieder zerstört wird. Das gilt auch für die Gewerkschaften, die unter Umständen dazu benutzt werden können, die Einheit der Organisierten zu verhindern. Das hat die Betroffenen veranlaßt, nicht nur mißtrauisch gegenüber den verschiedenen Ideologien zu werden, sondern auch mißtrauisch gegenüber bestimmten Formen der Organisation.

Daraus folgt, daß es keine Lösung ist, wenn man bei einer Kritik an den Parteien zum Beispiel nun selbst eine Partei, also eine Art Bauernpartei, gründen würde. Der »Lokalismus«[22], der ja nicht nur in Venezuela beobachtet werden kann, hat also gute Gründe. Das heißt jedoch nicht, daß die Bauern zum Beispiel gegen eine breitere oder auch die Nation umfassende Organisierung wären (Carlos Rojas, Orlando Fernández). Die Entstehung derart übergreifender Organisationsformen müßte jedoch von unten ausgehen und »dezentral vernetzt« bleiben. Permanente »Stellvertreter« und die dafür nötige Bürokratie dürfte es nicht geben. Hauptziel jeder Organisierung wäre es, eine Möglichkeit für ständige Aktivität, Kritik und Solidarität von unten zu schaffen.

Inhaltlich wäre die Politik der Bauern bestimmt vom Ziel der Befriedigung der Grundbedürfnisse aller Menschen. Es handelt sich also um kein »politisches« Ziel im traditionellen Sinne, aber auch nicht um ein »ökonomisches« Ziel im traditionellen Sinne. Was besonders auffällt, ist die Art, wie hier ein anderes Ökonomieverständnis mit einem anderen Politikverständnis zusammenhängt. Letzteres ist dabei überhaupt erst die Folge des ersteren. Aus der Sicht der Bauern ist Politik überhaupt erst gerechtfertigt und sinnvoll, wenn sie der Ökonomie wegen nötig ist und ihr in Zielen und Mitteln gleicht. Politik ist demnach nichts »Autonomes« und von der Ökonomie Getrenntes, sondern, wenn überhaupt existent, dann einfach nur Teil oder Aspekt der Ökonomie.

Auch die Bedeutung der Subsistenzproduktion als dem zentralen Ort und Prozeß von Grundbedürfnisbefriedigung ist von hier aus zu erkennen. Aus dieser Sicht ist Politik dann nur jene Aktivität, die nötig ist, um das ökonomische Ziel zu erreichen, wenn dies nicht anders möglich ist. Auch dieser Politik-Begriff ist damit das Gegenteil von dem, was üblicherweise darunter verstanden wird. Eine so verstandene »andere« Gesellschaft wird aber nicht als eng und begrenzt aufgefaßt, sondern als »polyzentrisch« und egalitär. Sie hält Macht und Herrschaft für überflüssig und soll nicht durch »Heldentaten«, sondern durch die allmähliche Veränderung des Alltags realisiert werden. Gewalt ist ein Mittel, das eigentlich verabscheut wird und auch als ungeeignet gilt: Gewalt »brutalisiert nur die Leute« (Carlos Rojas). Stattdessen stellt man sich vor: »Was am schönsten ist, ist die Aussaat... Die Aussaat ist das Leben, die Nahrungsmittel zu säen, heißt, das Leben säen, denn wenn wir kein Essen haben, haben wir kein Leben« (Marcos Torres).

Das so begründete Politikverständnis steht damit nicht nur im Gegensatz zur herrschenden Politik, sondern auch zu der des sogenannten »Untergrunds«, wie zum Beispiel der venezolanischen Guerilla der sechziger Jahre, die nicht ohne Grund gescheitert ist.[23]

Die konkrete Utopie der Bauern: Ein Weg zur Veränderung des Geschlechterverhältnisses?

In der Agrarreformgenossenschaft »Jobo Liso« ist inzwischen eine Parzelle für Versuchszwecke mit Subsistenzprodukten reserviert, wo die Methoden des altindianischen »conuco« (übersetzt: des »Lebens«) wieder eingeübt werden, denn die alten Kenntnisse über einen ökologischen Landbau waren schon fast verschwunden. Dabei wurde nicht nur der praktische Nachweis erbracht, daß man von einem Hektar »conuco« besser leben kann als von zehn Hektar mechanisierter Parzelle, es wurde auch erkannt, daß dieser Zusammenhang über das mit zunehmender Mechanisierung immer schlechter werdende Energie-Input-Output-Verhältnis weit hinausgeht. Mit der Wiederbelebung der altindianischen Form des »conuco« wurde auch »die Liebe zur Erde« wiederentdeckt und damit eine philosophische Tradition, die nicht nur in einem anderen Ökonomie- und Entwicklungsverständnis, sondern auch allgemein in einem anderen Verständnis des Lebens wurzelt. Im »conuco«, dem »Leben«, geht es um die Beziehung zur Erde, zu den Pflanzen, zum Universum. Im »conuco« ist die Produktion eine »Liebkosung« und die Arbeit eine »Kreation«. Aus dieser Sicht ist auch jede Mechanisierung der Landwirtschaft nicht nur unnötig, sondern sogar schädlich. Der angeblich »produktiven« Produktion für einen anonymen Markt wurde so die »direkte« Produktion für den individuellen und kollektiven Eigenbedarf gegenübergestellt. Dabei griff man auch auf die alte Institution des gemeinschaftlichen Landbesitzes zurück und diskutierte die Neuerrichtung eines »conuco comunal«. Unter allen Institutionen, die die Bauern untersuchten, um einen eigenen Weg zu finden, erschien ihnen dieses gemeinsam zu bebauende Subsistenzland geeigneter als die bisher bekannten Genossenschaftstypen oder die kleinbäuerlichen Einzelstrategien. Auch Institutionen wie die »ayuda mutua«, die gegenseitige Hilfe, und andere Formen nachbarschaftlicher Unterstützung wurden überprüft.

Mit dieser Diskussion und dem damit verbundenen Ökonomie- und Politikverständnis ist die Bewegung an einem Punkt angelangt, wo sie die Konzepte der politischen Parteien und die vor allem verwaltend-kontrollierende Tradition bürgerlicher Dauer-Institutionen eigentlich schon weit hinter sich gelassen hat. Auch ohne die Mechanismen bürokratischer Erfassung und angeblich volksnah formulierter Programme gibt es eine »Partizipation der Massen«. »Die Leute fangen an zu reden, Informationen einzuholen und sich auf Aktionen vorzubereiten.« Die alten Institutionen dagegen »trocknen aus«, sie werden zu »weißen Elefanten« (Carlos Rojas).

Man mag darüber uneinig sein, wie groß die Chancen für die Verbreitung, Vertiefung, ja sogar Durchsetzung eines derart alternativen Verständnisses von Ökonomie als nicht ausbeuterischer, die Natur beherrschender und von Politik als nicht entmündigende, das Individuum unterdrückende sein können und in diesem konkreten Falle sein werden. Es steht dennoch damit aber zur Debatte, daß hier Bauern und Frauen, die zum Teil Analphabeten sind und auf dem Lande einer Nation der sogenannten Peripherie leben, Fragen stellen und diskutieren, die über den Rahmen dessen hinausgehen, was zum Teil als »alternativer Entwicklungsweg« oder als »alternative Wirtschaftspolitik« in den Zentren selbst diskutiert wird. Dies zeigt sich vor allem an zwei Bereichen der Diskussion, nämlich am Verhältnis zum Staat einerseits und am Verhältnis zum Kapital andererseits. So fällt auf, daß der Staat nicht einfach als »Naturform«[24] akzeptiert, sondern ganz generell als angeblich »notwendiger« indirekt in Frage gestellt wird. Im Verhältnis zum Kapital, auf der anderen Seite, fällt nicht nur auf, wie grundsätzlich es in seiner Form als angebliches »Produktiv«-Kapital kritisiert wird, sondern auch, daß generell wohl nicht daran gedacht wird, eine relative Abkoppelung nur zum Zwecke des »Nachholens der kapitalistischen Entwicklung« anzustreben.[25]

Nimmt man die Sicht ernst, die aus einer subsistenz- anstatt warenorientierten Perspektive herrührt, dann ist auch erkennbar, daß es dabei bereits um die Entstehung einer »konkreten Utopie«, ja womöglich die Vorstellung von einer tatsächlich nichtkapitalistischen Produktionsweise geht. Wenn man dabei wieder einmal als Kriterium die Frage aufwirft, wie dabei das Verhältnis zwischen den Geschlechtern gesehen wird, dann kommt man allerdings noch nicht zu einem deutlichen Ergebnis.[26] So hatten zum Beispiel die Frauen von Anfang an offenbar kein Problem damit, die Bedeutung der Subsistenzproduktion zu erkennen und sie zum Ausgangspunkt ihrer von nun an in auffallendem Maße zunehmenden Aktivitäten (v. a. bei Landbesetzungen und deren Organisation sowie in den Slums) zu machen. Bei den Männern dagegen wurde immer wieder ein Zögern beobachtet, als es um die Rolle der Subsistenzproduktion ging. Sie fürchteten nämlich, nun zumindest auf einen Teil ihrer Geld einbringenden Tätigkeiten verzichten zu müssen, wenn sie vermehrt in einer neuen Subsistenzproduktion engagiert wären. Auch in der Praxis der Bewegung zeigte sich, daß die Männer selten so entschlossen, unbeirrbar und massenhaft vorgingen wie die Frauen. Die Frage der geschlechtlichen Arbeitsteilung, Arbeitsbewertung und Arbeitshierarchie ist zwar von einigen als eines der verbliebenen Hauptprobleme erkannt und immer wieder in die Diskussion eingebracht worden (Carlos Rojas), aber es wird für die Männer wahrscheinlich sehr schwer sein zu akzeptieren, daß sie die nun angestrebte neuartige und »freie« Verfügung über das Land als Produktionsmittel nicht zum Aufbau einer neuen männlichen »Identität« und Macht im alten Sinne, nämlich auf Kosten der Frauen, einsetzen sollten. Es wird für sie fast unmöglich sein, in der Gleichstellung mit den Frauen innerhalb einer subsistenzorientierten Ökonomie zunächst etwas anderes zu sehen als eine »Verweiblichung« im negativen Sinne. Schließlich haben sie ja bereits genügende Erfahrungen damit gemacht, wie rechtlos, ausgebeutet und ohnmächtig bisher gerade solche Produzenten waren, die quasi »wie Frauen« behandelt werden konnten. Und dennoch ist hier ein entscheidender Punkt erreicht: Bleibt die Herrschaft der Männer über die Frauen erhalten, dann werden mit aller Wahrscheinlichkeit auch außerhalb des Lohnarbeitsbereichs das Prinzip Staat und das Kapitalverhältnis weiter bestehen oder sich neu entwickeln.

Anhang: Die Gesprächsteilnehmer

Interview mit *Orlando Alvarado,* ungefähr 40 Jahre alt, Halb-Pächter, Organisator der Vereinigung kleiner und mittlerer Agrar-Produzenten von Yaracuy, ehemaliger Agrartechniker des Nationalen Agrarinstituts.

Interview mit *Alejandro Colmenares,* ca. 55 Jahre alt, Subsistenzbauer und Zuckerrohrschneider (Saisonarbeiter), Führer in einem jahrzehntelangen Kampf gegen die Großgrundbesitzer.

Interview mit *Eugenia Colmenares,* 30 Jahre alt, bäuerliche Hausfrau und Mutter von drei Kindern, Ehefrau eines Subsistenzbauern und Saison-Landarbeiters in einem abgelegenen Dorf.

Interview mit *Raúl Domínguez,* ca. 60 Jahre alt, Universitätsprofessor in Caracas, Rechtsanwalt für Agrarfragen, Verteidiger der Rechte von Bauern und Indianern, Führer im Kampf gegen agro-industrielle Komplexe im ganzen Land und einer der Berater der Agrarreform von 1958.

Interview mit *Orlando Fernández,* etwas über 30 Jahre alt, Volksführer, Journalist, unabhängiger Abgeordneter der Linken im Bundesstaat Lara (seit 1980) und ehemaliges Mitglied eines Kommunalparlaments.

Interview mit *Juan González,* Anfang 50, Einwanderer von den Kanarischen Inseln, größerer Halbpächter, ehemaliger Besitzer von »Jobo Liso«, der heutigen Agrarreform-Genossenschaft.

Interview mit *Simón Medina,* ca. 27 Jahre alt, Bauer und Arbeiter, Teilnehmer und Führer bei einer Landbesetzung und Mitglied der daraus entstandenen Genossenschaft.

Interview mit *María Pérez,* 37 Jahre alt, Bauernführerin, Präsidentin eines Slum-Stadtviertels, dessen Grund und Boden unter ihrer Führung besetzt wurde, Leiterin einer Agrarreform-Genossenschaft und Mitglied eines Landkomitees für die Besetzung der Ländereien eines agro-industriellen Komplexes.

Interview mit *Juan Rodríguez,* Vizepräsident des staatlichen Bauernverbandes, Mitglied der Regierungspartei von 1979 bis 1983 (Christdemokraten).

Interview mit *Carlos Rojas,* 30 Jahre alt, Mitglied des Gemeinderates von Yaritagua, Vizepräsident der Agrarreform-Genossenschaft Jobo Liso, Bauern-und Gewerkschaftsführer der Landarbeiter, seit 1979 Mitglied eines Kommunalparlaments.

Interview mit *Vicente Rojas,* ungefähr 55 Jahre alt, Bauer und Kaufmann, Exmitglied eines Bauern-Komitees für die Rückforderung von Land (unter anderem von Jobo Liso), Oberhaupt einer weitverzweigten Familie.

Interview mit *Maria Baudilia Sivira,* 45 Jahre alt, ledige Mutter, Parzellenbäuerin der Agrarreform und gleichzeitig Kleinhändlerin, Aktivistin in ihrem Wohnviertel und in ihrer Genossenschaft »Jobo Liso«. Später Organisatorin einer Bewegung von ca. 2000 Landbesetzern, insbesondere Frauen.

Interview mit *Hermes Sivira,* ca. 27 Jahre alt, Zuckerrohrschneider und Schüler des Abendgymnasiums; aktives Gewerkschaftsmitglied.

Interview mit *Marcos Torres,* 52 Jahre alt, Ex-Unteroffizier der Polizei, Subsistenzbauer und einer der Führer eines Landkomitees zur Besetzung der Ländereien eines agro-industriellen Komplexes.

Anmerkungen

1 *Imfeld, Al,* Ökologie und Self-Reliance. Nach einem Besuch von Projekten in der Sahel-Zone. In: epd, Entwicklung und Ökologie, Materialien II/1982, S. 64 ff.
2 *Bennholdt-Thomsen, Veronika,* Bauern in Mexiko zwischen Subsistenz-und Warenproduktion. Frankfurt 1982.
3 Vgl. zuerst *Luxemburg, Rosa,* Die Akkumulation des Kapitals, Frankfurt 1970 (zuerst 1923).
4 *Bennholdt-Thomsen, Veronika, Mies, Maria, Werlhof, Claudia von,* Frauen, die letzte Kolonie, Technologie und Politik 20, Reinbek 1983.
5 *Merchant, Carolyn,* The Death of Nature. Women, Ecology and the Scientific Revolution. San Francisco 1983.
6 *Bennholdt-Thomsen,* Zweifel an den klassischen Thesen zum bäuerlichen Bewußtsein – Folgerungen einer Untersuchung in zwei Regionen Mexikos. In: *H. D. Evers, D. Senghaas, H. Wienholtz* (Hg.), Auf dem Weg zu einer neuen Weltwirtschaftsordnung? Baden-Baden 1983, S. 327–340.
7 *Nash, June,* Perspectiva de la mujar latinoamericana y en las ciencias sociales. In: *Elu de Leñero, María del Carmen* (Hg.), La Mujar en América Latina, Bd. II. Mexico 1975, S. 9–34.
8 *Werlhof, Claudia von,* Zur Kritik dualwirtschaftlicher Ansätze in der neueren Diskussion über »die Zukunft der Arbeit«, den »informellen Sektor« und eine »alternative Ökonomie« (Habil.-Vortrag), Working Paper No. 50 des FSP Entwicklungssoziologie, Univ. Bielefeld 1984 b (sowie in: Opielka, Michael [Hg.]: Die Ökosoziale Frage, Frankfurt [Fischer] 1985).
9 Vgl. z. B. *Nuscheler, Franz,* »Befriedigung der Grundbedürfnisse« als neue entwicklungspolitische Lösungsformel. In: *D. Nohlen, F. Nuscheler* (Hg.), Handbuch der Dritten Welt, Bd. 1. Hamburg 1982, S. 332–358.
10 *Werlhof,* Auf dem Wege zu einer neuen Zwangsarbeit? Frauenarbeit im Agrarsektor Venezuelas, in: Beiträge zur feministischen Theorie und Praxis, Nr. 9/10: Zukunft der Frauenarbeit, Köln 1983 a, S. 135–156.
11 *Bennholdt-Thomsen,* Investition in die Armen. Zur Entwicklungspolitik der Weltbank. In: *dies.* u. a. (Hg.), Lateinamerika, Analysen und Berichte 4. Berlin 1980, S. 74–96.
12 *Fals Borda, Orlando,* Entstehung und Deformierung der genossenschaftlichen Politik in Lateinamerika. In: *E. Feder* (Hg.), Gewalt und Ausbeutung. Lateinamerikas Landwirtschaft. Hamburg 1973, S. 354–379. *Feder, Ernest,* Neuere Tendenzen in der Agrarerzeugung unterentwickelter Länder, in: Starnberger Studien 4, Frankfurt 1980, S. 89–125.
13 *Mies, Maria,* The Lace Makers of Narsapur. Indian Housewives Produce for the World Market, London 1982 a.
14 *Werlhof,* vgl. Anm. 10 u. *dies.,* Neue Formen genossenschaftlicher Agrarproduktion und staatlich verordnete Geschlechterpolarisierung – Das Modell-Kollektiv von Cumaripa, Venezuela – in: *dies. u. a.:* Frauen, die letzte Kolonie, Reinbek 1983 c, S. 62–81.

15 Das Gesamtergebnis der Forschungen ist niedergelegt in der Habilitationsschrift d. Verf.: Produktionsverhältnisse, geschlechtliche Arbeitsteilung und soziale Bewegungen auf dem Land. Bauern in Venezuela. 1984 a, die unter dem Titel: »Wenn die Bauern wiederkommen . . . Frauen, Arbeit und Agrobusiness in Venezuela« bei der Edition CON/Periferia Verlag, Bremen, 1985 erscheint. Der Abdruck einiger Ergebnisse der Studie erfolgt mit Genehmigung des Verlags.

16 Die vollständige Dokumentation dieser Gespräche findet sich in *Werlhof* 1984 a, vgl. Anm. 15.

17 Die Gesprächsteilnehmer werden im Anhang kurz charakterisiert.

18 *Stockhausen, Joachim* von, Ländliche Finanzmärkte und kleinbäuerliche Betriebe. In: Entwicklung und ländlicher Raum 1/1980, S. 8–14.

19 *Arbeitsgruppe Bielefelder Entwicklungssoziologen* (Hg.): Subsistenzproduktion und Akkumulation. Bd. 5, Bielefelder Studien zur Entwicklungssoziologie, Saarbrücken 1979. *Bennholdt-Thomsen,* Subsistenzproduktion und erweiterte Reproduktion. Ein Beitrag zur Produktionsweisendiskussion, in: Gesellschaft, Beiträge zur Marxschen Theorie 14, Frankfurt 1981, S. 30–51.

20 Für Kuba vgl. z. B. *Werlhof,* »Vereint wie eine Schar wütender Adler. . .« Frauenkämpfe und Machismo in Lateinamerika. In: Beiträge zur feministischen Theorie und Praxis Nr. 3: Frauen und »Dritte Welt«. München 1980. S. 26–43; allg. vgl. *Braeucker, Sieglinde,* Frauenwiderstand in Lateinamerika. Hamburg 1982; *Aquilar, Graciela R., Vogel, Peter* (Hg.), Frauen in Lateinamerika: Alltag und Widerstand. Hamburg 1983; insbes. Venezuela vgl. *Schmidt-Relenberg, Norbert; Kärner, Hartmut; Köhler, Volkmar:* Selbstorganisation der Armen. Ein Bericht aus Venezuela. Frankfurt 1980.

21 Allg. zu diesem Thema vgl. *Mies, M.*, Gesellschaftliche Ursprünge der geschlechtlichen Arbeitsteilung. In: Beiträge zur feministischen Theorie und Praxis 3: Frauen und »Dritte Welt,« 1980, S. 61–78; *Griffin, Susan,* Woman and Nature. New York/Cambridge 1978; *Merchant,* a. a. O., *Werlhof,* Frauen und Dritte Welt als »Natur« des Kapitals, oder: Ökonomie auf die Füße gestellt. In: *H. Daubner, W. Simpfendörfer* (Hg.), Eigener Haushalt und bewohnter Erdkreis. Ökologisches und ökomenisches Lernen in der »Einen Welt«. Wuppertal 1981, S. 187–214.

22 *Scott, Jim,* Revolution in the Revolution: Peasants and Commissars. Beitrag für Tagung »Underdevelopment and Subsistence Reproduction in Southeast Asia«. Bielefeld/New Haven 1978.

23 *Pena, Alfredo,* Couversaciones con Douglas Bravo, Caracas 1978; allg. für Lateinamerika *Debray, Régis,* Kritik der Waffen. Wohin geht die Revolution in Lateinamerika? Reinbek 1975.

24 *Hirsch, Joachim,* Elemente einer materialistischen Staatstheorie. In: *Ders. u. a., 1*Probleme einer materialistischen Staatstheorie. Frankfurt 1973, S. 199–266.

25 *Evers, H.-D., Senghaas, Dieter, Wienholtz, Huberta* (Hg.), Auf dem Weg zu einer neuen Weltwirtschaftsordnung? Bedingungen und Grenzen für eine eigenständige Entwicklung. Baden-Baden 1983; insbesondere *Senghaas, Dieter,* Dissoziation und autozentrierte Entwicklung. Eine entwicklungspolitische Alternative für die Dritte Welt. In: *Ders.* (Hg.), Kapitalistische Weltökonomie. Frankfurt 1979, S. 376–412.

26 Vgl. auch *Münzel, Mark,* Wandel in indianischen Widerstandsformen in Lateinamerika. Man. Frankfurt 1981, für Indianerorganisationen.

Lutz Hieber

Wider den patriarchalen Blick auf die Natur:

Überlegungen zur Kritik der instrumentellen Vernunft durch ästhetische Kategorien der »Naturbetrachtung«

Naturwissenschaft und Technik spielen im Zusammenhang kapitalistischer Naturverwertung ihre feste Rolle. Es ist heute schon fast Konsens, daß die *neuzeitliche Naturwissenschaft* nicht von »der Natur« handelt, sondern eigentlich Technikwissenschaft ist: »An die Stelle der verstaubten Ideologie vom Naturforscher, der die Welt enträtselt«, ist die Auffassung getreten, daß beispielsweise dem Physiker »als einzige(s) die Aufgabe der Technikermöglichung« zukommt.[1] Den gesellschaftlich dominierenden Bedingungen entsprechend, in die sie eingebunden sind, stellen die Naturwissenschaften zweckrationales Wissen zur Verfügung. Sie können als Mittel aufgefaßt werden, die dem Erreichen praktisch gesetzter Zwecke dienstbar sind. Ihr Charakter als beliebig einsetzbares Mittel ist dadurch gewährleistet, daß sie *erstens* einen kalkulierenden Umgang mit der Natur ermöglichen, und *zweitens* bereits auf Technik angelegt sind.

Zum *ersten* Punkt: Naturwissenschaft (Physik, Chemie. . .) handelt nicht von konkreten Naturgegenständen, sondern von abstrakten Objekten. Wie in der Ökonomie Personen lediglich als Besitzer und Tauscher von Wert, also als abstrakte Konstrukte, aufgefaßt werden, um eine durch den Tauschwert bestimmte gesellschaftliche Praxis zu ermöglichen, wird ein kalkulierender Umgang mit Naturgegenständen erst durch abstrahierendes Denken ermöglicht.[2] Die Reduktion natürlicher Gegenstände auf abstrakte Objekte erlaubt, daß ihre Verwendung ausschließlich an ökonomischen Erwägungen orientiert wird. Mit der Verwandlung von Arbeit in Lohnarbeit setzt sich über die konkreten Bedürfnisse des Arbeiters die ökonomische Zweckmäßigkeit seiner Verwendung durch. Mit der Verwandlung eines physikalischen Körpers, beispielsweise in einen physikalischen Massenpunkt, verschwindet, was dieser Körper von sich aus will (sein »Eigensinn«, wie es bei Negt/Kluge[3] heißt).

Zum *zweiten Punkt:* Naturwissenschaft hat als empirische Basis das Experiment. Ihre Erfahrung ist also technisch erzeugt. Daher müssen Begriffe, in denen naturwissenschaftliche Naturerfahrung formuliert wird, bereits technisch orientiert sein. Darin liegt indes die Begründung dafür, daß naturwissenschaftliche Resultate prinzipiell technisch umsetzbar sind: »Technik im Sinne einer materiellen Beherrschbarkeit der Natur ist . . . möglich, weil die zur Verwendung des Naturgeschehens verwendeten Begriffe bereits technisch orientiert sind.«[4]

Die Nutzung natürlicher Ressourcen unter dem Primat der ökonomischen Kalkulation und mit naturwissenschaftlich-technischen Mitteln hat Folgen, die auch ästhetisch faßbar sind: »Der Eindruck der Häßlichkeit von Technik-und Industrielandschaft . . . datiert zurück aufs Prinzip der Gewalt, des Zerstörenden. Unversöhnt sind die gesetzten Zwecke mit dem, was Natur, wie sehr auch vermittelt, von sich aus sagen will.«[5] Wo sich indes das Diktat des ökonomischen Kalküls, das eine Ausbeutung der natürlichen Grundlagen menschlicher Existenz involviert, nicht auswirkt, kann das *Naturschöne* zutage treten. Carl Friedrich von Weizsäcker, ein Physiker, der sich intensiv mit den Grenzen naturwissenschaftlicher Erkenntnis befaßt hat, charakterisiert anhand eines Beispiels die *Wahrnehmung des Naturschönen als ein Mitwahrnehmen des Lebensnotwendigen,* welche als ästhetische Erfahrung aber *indirekt,* ohne das Pathos des Notwendigen geschehe: »Wenn ich in (. . .) einer Wiese liege, was nehme ich wahr? . . . Ein Summen - nein, die Bienen - nein, den Frieden der Natur. Ist dieser Affekt des Friedens bloß subjektiv, oder ist er die Wahrnehmung von etwas Wirklichem? Er ist eine Wahrnehmung. Was er wahrnimmt, nennt die heutige Wissenschaft das ökologische Gleichgewicht. . . Wenn er dieses Gleichgewicht als schön wahrnimmt, so nimmt er die Harmonie wahr, im Beispiel der Wiese sinnlich dargestellt, die Harmonie, ohne die er nicht leben könnte.«[6]

Die Wortwahl Carl Friedrich von Weizsäckers ist an einigen Punkten problematisch (der »Frieden der Natur«, die »Harmonie«). Seine zentrale Aussage thematisiert jedoch höchst Bedeutsames: daß ästhetische Erfahrung nichts subjektiv Beliebiges ist, sondern auf real Vorhandenes verweist. Und daß der Eindruck des Naturschönen ein Indikator für intakte ökologische Kreisläufe ist, der der Häßlichkeit einer für ihre Zerstörung. Sofern sie lebensweltlich erfahrbar sind, scheinen in der Wahrnehmung des *Naturschönen* jene *stofflichen Zusammenhänge* auf, *in die das Naturwesen Mensch eingebunden ist.*

Dem Naturschönen kommt die Bedeutung einer nichtigen Erfahrungsquelle zu, ohne deren Beachtung Dysfunktionalitäten im Stoffwechselprozeß der menschlichen Gesellschaft mit ihrer physischen Basis fast notwendig auftreten. Für den Begriff des Naturschönen gilt also, daß er

Sachverhalte von intersubjektiver Gültigkeit thematisiert (die ökologischen Kreisläufe),

einer allgemein konstatierbaren Entmündigung bezüglich des Produktionswissens entgegenwirkt (durch Verwissenschaftlichung entstehende Undurchschaubarkeit), eine Wahrnehmung von Gesamtzusammenhängen einschließt, die naturwissenschaftlicher Erfahrung unzugänglich ist.

Dennoch spielt er gesellschaftlich noch eine untergeordnete Rolle.

Nach der gesellschaftlich herrschenden Ideologie kommt den objektiven Aussagen der Wissenschaften eine weitaus höhere Dignität zu als ästhetischen Äußerungen. Denn die ästhetische Empfindung wird schlichtweg dem Subjektiven (ohne das sie allerdings auch nicht denkbar ist) zugeordnet und damit in den Bereich der willkürlich-privaten Dezision verwiesen, der sich einer rationalen Argumentation entzieht.

Der ästhetischen Argumentation in der Auseinandersetzung um die irreversible Zerstörung lebensnotwendiger ökologischer Lebenszusammenhänge zu mehr Gewicht zu verhelfen, wird sicher dadurch erleichtert, daß sich in der Ökologiebewegung unter der sichtbaren Oberfläche – wie ich glaube erkennen zu können – die Bedeutung »schöner Landschaften« als verteidigenswerter Wert durchgesetzt hat. Für das praktisch-politische Engagement von vielen wird die lebensweltliche Erfahrung von Umweltzerstörung von unmittelbarer Relevanz sein, eine Erfahrung, die sich in ästhetischen Kategorien fassen läßt. Tote Flüsse, abgestorbene Bäume sind erschreckend und häßlich. Und wenn man im Ruhrgebiet auf Vorgärten und Häuser trifft, die von einer schwarzen Rußschicht überdeckt sind, so läßt sich auch das nur als häßlich bezeichnen. Derartige Zerstörungen in ökologisch intakten Gebieten verhindern zu wollen, ist eine durchaus tragfähige Grundlage ökologischen Protests geworden und bedeutet, dem Naturschönen gesellschaftliche Geltung zu verschaffen.

Es wäre jedoch verkehrt, weil man die Umwelt schützen möchte, in Technikfeindlichkeit schlechthin zu verfallen. Denn jede Bemühung, sich mit lebensnotwendigen Gegenständen zu versorgen, bedeutet einen Eingriff in »natürliche« Zusammenhänge. Daher muß *das Naturschöne als ein gesellschaftlicher und historischer Begriff* gefaßt werden. An *Landschaftsbildern* läßt sich sowohl der geschichtliche Wandel als auch die gesellschaftliche Bedeutung dessen, was als Naturschönes jeweils gilt, darstellen.

Dazu einige Beispiele:

Feudale Landschaft: In den »Très Riches Heures des Jean Duc de Berry«, einer Buchmalerei der Brüder Limbourg aus dem frühen 15. Jahrhundert, befindet sich das »Kalenderblatt Juni« (Abb. 1). Hier, in der feudalen Gesellschaft, gehören die Bauern durch persönliche Abhängigkeit nicht nur als Leibeigene zum Land, sondern zugleich zu einer – mit diesem Grund und Boden verknüpften Herrschaft. Dem Feudalherren erscheint die Arbeit der Leibeigenen »als unorganische Bedingung der Produktion in die Reihe der anderen Naturwesen gestellt, neben das Vieh oder als Anhängsel der Erde«.[7] Die Tätigkeit der Bäuerinnen und Schnitter wird in diesem Sinne mit dem Pro-

Abb. 1: Les Très Riches Heures du Duc de Berry. Kalenderblatt Juni.

Abb. 2: Jan van Goyen: Landschaft mit Bauernhaus.

Abb. 3: Claude Monet: Les Coquelicots (Der Klatschmohn).

Abb. 4: Annonce der »Air Canada«. Stern Nr., 8, 1981.

spekt feudaler Herrschaftsarchitektur erläutert. Die Darstellungsweise ist gekennzeichnet durch genaue Zeichnung, Nahsichtigkeit. Landschaft ist als Umraum für handelnde Personen (Hintergrund) aufgefaßt.

Frühbürgerliche Landschaft: Die »Landschaft mit Bauernhaus« des Jan van Goyen (Abb. 2) steht in der holländischen Tradition des 17. Jahrhunderts. Hier liegt eine stimmungsvolle Landschaft vor uns. Sie ist malerisch: Der Horizont liegt tief; daher kann der Himmel (als das malerische Moment per se) großen Raum einnehmen. Statt Schönfarbigkeit herrscht eine fast monochrome Harmonie. Fernsichtigkeit ist konsequent durchgehalten. Die Personen werden zur Staffage: In diesen Landschaften könnte unmöglich ein Heiliger, eine Nymphe verweilen. Es ist kein Zufall, daß der Höhepunkt der holländischen Landschaftsmalerei im 17. Jahrhundert in die Zeit fällt, in der Descartes nach Amsterdam ging, um in Ruhe arbeiten zu können, in der Galilei (nach seinem Inquisitionsprozeß 1633) die »Discorsi« in Holland veröffentlichte. D. h., »in der geschichtlichen Zeit, in welcher die Natur, ihre Kräfte und Stoffe zum ‚Objekt' der Naturwissenschaften und der auf diese gegründeten technischen Nutzung und Ausbeutung werden, übernehmen es Dichtung und Bildkunst, die gleiche Natur . . . in ihrer Beziehung auf den empfindenden Menschen aufzufassen und ‚ästhetisch' zu vergegenwärtigen.«[8] Die *ästhetische Naturerfahrung* bildet sich *komplementär zur naturwissenschaftlichen Naturauffassung* heraus, komplementär in dem Sinne, daß erst beide zusammen ein vollständiges Bild ergeben.

Landschaft des Städters: Die Impressionisten (Abb. 3) waren vom Bewußtsein geleitet, in einer bereits vollständig angeeigneten Welt zu leben. Sie stellen eine Landschaft dar, die der Städter beim Spaziergang, beim Ausflug aufs Land erlebt. Bei Regen bleibt der Städter - auch der Maler - zu Hause. Nicht selten werden Kanäle, rauchende Schlote oder die Eisenbahn in die Darstellung mit einbezogen.[9]

Bereits aus diesem kleinen Exkurs in die Geschichte der Landschaftsmalerei lassen sich Schlußfolgerungen für den Begriff der Natur und den Begriff des Naturschönen ziehen. »Natur« gibt es nicht, wie es auch den »Menschen« nicht gibt. Natur ist ein Begriff, der von gesellschaftlicher Entwicklung abhängig ist, insbesondere von der Entwicklung der Naturaneignung. Der Begriff des Naturschönen ändert sich, wie sich der gesellschaftlich bedingte Stoffwechselprozeß der Menschen mit der Natur verändert. Da das Wahrnehmen des Naturschönen als ein Mitwahrnehmen des Lebensnotwendigen aufgefaßt werden kann, unterliegt es demselben Wandel, dem die Aneignung des Lebensnotwendigen unterliegt.

In der Bilderwelt, die täglich auf uns einwirkt, beispielsweise auf *Reklamebildern,* verhält es sich allerdings anders: Hier gibt es - wie in der herrschenden Ideologie »der Mensch« existiert - »die Natur«. Natur wird oft als Ort und

Symbol von Freiheit aufgefaßt. Da suggeriert wird, daß sich in ihr alle vorhandenen Triebe und Anlagen freiwüchsig entfalten können, kennzeichnet sie scheinbar einen Gegensatz zur gesellschaftlichen Reglementierung (Abb. 4). (Ich kann nur ganz knapp andeuten, daß die Ikonographie dieser Landschaftsauffassung Stränge aus der deutschen Romantik aufnimmt[10].) Der einer romantisierenden Landschaftsdarstellung in der Reklame zugrunde liegende Naturbegriff ist häufig ein abstrakter, weil ungesellschaftlicher. Da es höchst verwunderlich wäre, wenn ein abstrakter Naturbegriff in heutigen politischen Bewegungen keine Rolle spielte, gilt es, sich kritisch mit ihm auseinanderzusetzen. Denn ungesellschaftliche Begriffe eignen sich schlecht für Kritik an gesellschaftlichen Entwicklungen.

Anmerkungen

1 *Janich, Peter:* Zweck und Methode der Physik aus philosophischer Sicht (Konstanzer Universitätsreden Bd. 65). Konstanz 1973. S. 17.
2 Vgl.: *Sohn-Rethel, Alfred:* Geistige und körperliche Arbeit. Frankfurt/M. [2]1972.
3 *Negt, Oskar; Kluge, Alexander:* Geschichte und Eigensinn. Frankfurt/M. 1981.
4 *Mittelstaedt, Peter:* Die Beherrschbarkeit der Natur. In: *Ders.* (Hrsg.): Wissenschaft und Gesellschaft. Köln - Berlin - Bonn - München 1972. S. 45.
5 *Adorno, Theodor W.:* Ästhetische Theorie (Schriften Bd. 7). Frankfurt/M. 1970. S. 75.
6 *Weizsäcker, Carl Friedrich von:* Der Garten des Menschlichen. München - Wien 1977. S. 141.
7 *Marx, Karl:* Grundrisse der Kritik der politischen Ökonomie. Berlin 1953. S. 389.
8 *Ritter, Joachim:* Subjektivität. Frankfurt/M. 1974. S. 153 f.
9 Vgl.: *Friedländer, Max J.:* Essays über die Landschaftsmalerei und andere Bildgattungen. Den Haag - Oxford 1947. S. 152.
10 *Hieber, Lutz:* Das Naturschöne als politischer Begriff. In: Wechselwirkung, Nr. 13, 4. Jg. 1982. S. 32–37.

Klaus Binder

Geometrie und Phantasie – Zwei Weisen des Weltumgangs, der Weltkonstitution

I. ... so ein Blinder es auch leugnen möge, ... ist der wunderbarste aller Himmelskörper die Sonne: Ihr innerstes Wesen ist nichts geringeres als das reinste Licht; es gibt keinen größeren Stern als sie; sie ist die einzig und allein Erzeugerin, Bewahrerin, Erwärmerin aller Dinge; sie ist die Quelle von Licht, reich an fruchtbarer Wärme und wunderschön, hell und rein anzusehen, die Quelle der Sehkraft, Malerin aller Farbe, obgleich selbst ohne Farbe, Königin der Planeten genannt wegen ihrer Bewegung, Herz aller Dinge wegen ihrer Kraft, Auge dere Welt wegen ihrer Schönheit, und sie allein sollten wir des Allerhöchsten Gottes für würdig erachten, so er an einem stofflichen Wohnsitz Gefallen finden und sich einen Ort wählen sollte, um dort ruhig mit den Engeln zu verweilen.

J. Kepler, 1619

Ich bin Techniker und gewohnt, die Dinge zu sehen, wie sie sind. Ich sehe alles, wovon (die Leute) reden, sehr genau; ich bin ja nicht blind. Ich sehe den Mond über der Wüste von Tamaulipas – klarer als je, mag sein, aber eine errechenbare Materie, die um unseren Planeten kreist, eine Sache der Gravitation, interessant, aber wieso ein Erlebnis? Ich sehe die gezackten Felsen, schwarz vom Schein des Mondes; sie sehen aus, mag sein, wie die gezackten Rücken von urweltlichen Tieren, aber ich weiß: es sind Felsengestein, wahrscheinlich vulkanisch, das müßte man nachsehen und feststellen, wozu soll ich mich fürchten ... ich sehe, was ich sehe: die üblichen Formen der Erosion ... ich finde es nicht fantastisch, sondern erklärlich...

Max Frisch, 1957

1

Daß sie strikt Erfahrungswissenschaft sei und nur mit dem sich befasse, was Gegenstand von empirischer Erfahrung, sprich: Nachprüfbarkeit, sein könne, das gehört zum Credo der Neuen Wissenschaft seit Galilei und Descartes. Erfahrung war nicht nur der Kampfruf, mit dem man die alte metaphysische Wissenschaft zum rückständigen Hindernis degradierte; Erfahrung ist auch das Markenzeichen, mit dem die Neue Wissenschaft von der Natur bis heute ihren Geltungsbereich grenzüberschreitend ausdehnt auf alle anderen Bereiche menschlichen Lebens.

2

Merkwürdig genug: Ausgerechnet Galilei, welcher die mathematisch-konstruktive Abstraktion, die Überwindung sinnlicher Gewißheiten also, feierte als den triumphalen Beginn der Neuen Wissenschaften, wollte deren Geltung dadurch beweisen, daß er zum Blick durchs Fernrohr aufforderte. Weiterhin fällt auf, gegen die weitgehend hausgemachte Geschichtsschreibung der Naturwissenschaften, daß die Sterntafeln und Berechnungen des Koperinikus, die auf dem heliozentrischen System beruhten, weder einfacher noch präziser waren als die des Ptolemäus und seiner Nachfolger, die das geozentrische System zugrunde legten, welches immerhin dem Augenschein folgend entwickelt worden war. Schlagend-einfach also läßt sich der historische Paradigmenwechsel vom Augenschein zur mathematisch-geometrischen Konstruktion nicht plausibel machen.

Daß dieser Übergang zur gewissermaßen vorleistungsfreien »Erfahrung« als einer zum bloßen Hinsehen, wie die Welt »wirklich« ist, überhaupt hat verstanden werden können - im nachhinein, nicht von Kopernikus, Kepler, kaum von Galilei selbst - hängt am ersten »Gegenstand« der Neuen Wissenschaft und ihrer Betrachtungen, an der Bewegung der Planeten. Als abgeschlossenes System erwecken die Planetenbahnen in ihrer Beobachtung und Beobachtbarkeit tatsächlich den Anschein, als könne man sie sehen, wie sie sind - ohne Zutun des Subjekts. Aber Galilei produzierte bereits den Gegenstand, der dann Stoff der »Erfahrung« wird, so daß von Anfang an in seinen Experimenten Abbilden und Konstruieren in trüber Weise ineinanderfließen. Was »Erfahrung« stiftet, ist nicht Natur, wie sie an sich selbst ist, sondern wie sie im Prozeß der Erfahrung konstituiert wird. Die materielle Welt erscheint so als Welt physikalischer Objekte. Und im Endeffekt wird die Welt der alltäglichen sinnlichen, der »daseienden« Erfahrungen disqualifiziert. Nicht sie, nicht der Raum des Alltagslebens, sondern der unendlich leere Raum des Firmaments gilt als der Raum der Wahrheit, und Zeit nur als leere Dauer gilt als ihr maßgebender Grund.

Wird die Geschichte der Neuen Wissenschaft von heute aus geschrieben, kann es kaum verwundern, daß Keplers drei *Gesetze* Erwähnung finden, aber kaum die praktische *Bedeutung,* die er ihnen beimaß; er hat sie verstanden als Mittel nicht der Konstruktion, sondern der *Imagination.* Deren Gegenstand ist die Welt als organisch ganze, nicht als Mechanismus. Dessen Einheit ist Gegenstand der mathematisch-geometrischen Konstruktion; sie stimmt zusammen, wie Kant formuliert hat, mit den Gesetzen eben der mathematisch-konstruktiven Erfahrung. Kants Erfahrungsgesetze sind aber selbst niemals Gegenstand der Erfahrung; können es nicht sein, sowenig wie Newtons grundlegender Satz der Trägheit oder der physikalischen Gleichheit von Bewegung und Ruhe eines Körpers. Giordano Bruno nennt solche Sätze, die bereits das Kopernikanische System konstituieren, »mathematische Phantasien«.

Nüchtern bleibt uns festzustellen, daß in der Entwicklung der Neuen Wissenschaft von Galilei über Descartes zu Newton sich diese Art der Phantasie durchgesetzt und Geschichte gemacht hat.

3

Durchgesetzt wurde die mathematisch-konstruktive Phantasie zur Produktion bestimmter Erfahrungen unter dem Deckmantel der aristotelischen Nachahmungsformel, nach welcher die Menschen in ihrer Praxis wie die Natur selbst verfahren. Damit diese Formel zunächst beibehalten werden konnte, mußte das Bild von Natur verändert werden: Darin besteht der harte Kern der kopernikanischen Wende. Natur wird zum Mechanismus heruntererklärt. Im Aufrechterhalten des anachronistischen Motivs der Nachahmung ist Angst vor dem Chaos (Joachim Schumacher) wirksam, die mit dem Zerfall des mittelalterlich-geschlossenen Weltbilds, des tatsächlich Abbildbaren, erneut frei wurde. Diese Angst wird bekämpft um den Preis der Tautologie: Lückenlos ist der Konstitutionszusammenhang der Erfahrung, die in der konstruktiv konstruierten Wirklichkeit sich selbst - und nur sich selbst - nachahmt. Um diesen Zusammenhang zu sichern, muß man der erscheinenden Natur ihr sinnliches Scheinen, ihre gegenständlichen, gar metaphysischen (nämlich *more geometrico* nicht erfaßbaren) Mucken austreiben. Ich denke, eine Geschichte der Wissenschaft ließe sich schreiben, die von diesem Motiv her aufgefaßt würde. Stichworte dazu finden sich auch bei Marx & Engels:

> »Die ‚neue Baconsche' Wissenschaft ist Erfahrungswissenschaft und besteht darin, eine rationelle Methode auf das sinnlich Gegebene anzuwenden. Induktion, Analyse, Vergleichung, Beobachtung, Experimentieren sind die Hauptbedingungen einer rationellen Methode. Unter den der Materie eingeborenen Eigenschaften ist die Bewegung die erste und vorzüglichste, *nicht nur* die mathematische und mechanische Bewegung, *sondern mehr noch* als Trieb, Lebensgeist, Spannkraft, als Qual . . . der Materie. . .
> In Bacon, als seinem ersten Schöpfer, birgt der Materialismus noch auf eine naive Weise die Keime einer allseitigen Entwicklung in sich. Die Materie lacht in poetisch-sinnlichem Glanze des ganzen Menschen an . . .
> In seiner Fortentwicklung wird der Materialismus einseitig. Hobbes ist der Systematiker des Baconschen Materialismus. Die Sinnlichkeit verliert ihre Blume und wird zur abstrakten Sinnlichkeit des Geometers. Die physische Bewegung wird der mechanischen und mathematischen geopfert; die Geometrie wird als Hauptwissenschaft proklamiert. Der Materialismus wird menschenfeindlich.«[1]

Menschenfeindlich ist dieser »Materialismus« gerade in seiner zweckrationalen Praktikabilität, Konstruktivität, in welcher »Macht« und »Freiheit« zusammenfallen; Freiheit schrumpft zur Einsicht in die Notwendigkeit des Ablaufs kausaler Mechanismen, in die Notwendigkeit kausaler Determinationsketten. Der Verstand in seiner Konsequenz wird rücksichtslos gegen das Sinnenwesen, außen wie innen – und doch wäre er nicht ohne diese innere und äußere, sinnlich wirksame Natur.

4

Menschenfeindlich ist diese Aufklärung, das »Natur ist nichts als mechanische Bewegung«, auch darin, daß sie den Naturzusammenhang seiner Geschichte beraubt, daß in diesem durchaus detektivischen »Nichts als« die Vorstellung einer praktisch-sinnlichen Wechselwirkung im Verhältnis Mensch – Natur kassiert wird. Die Natur, wie sie als Gegenstand der Wissenschaft erscheint, wie sie in der Sachlogik, in den Sachzwängen der technisch realisierten Naturwissenschaften erscheint – diese »Natur« wird zum Maß, an welchem die Menschen sich messen sollen, auch ihre Verhältnisse: eine Welt einlinearer Determinationen, ein immer schon fix und fertiger Zusammenhang. Verbaut wird die eigentlich materialistische Konsequenz:

> »Wenn der Mensch aus der Sinnenwelt und der Erfahrung der Sinnenwelt alle Kenntnis, Empfindung etc. sich bildet, so kommt es also darauf an, die empirische Welt so einzurichten, daß er das wahrhaft Menschliche in ihr erfährt, sich angewöhnt, daß er sich als Mensch erfährt... Wenn der Mensch von den Umständen gebildet wird, so muß man die Umstände menschlich bilden.«[2]

Auf diese Weise könnte das eigentlich Neue des neuzeitlichen Naturverhältnisses, Naturumgangs, realisiert werden. Nicht aber in der perspektivlosen Versicherung, daß die prägenden Verhältnisse »an sich« doch immer schon gesellschaftlich praktisch vermittelt sind und daß Einsicht in deren Notwendigkeit darum auch selbstverständlich Einsicht in das von den Menschen Gemachte darstellt.

Das Gemachte wird so immer nur als vergangene Praxis, als tote Arbeit, bereits realisierte Wirklichkeit aufgefaßt. Darin wird unterschlagen die Perspektive *möglicher* Realisiation.

Anders könnte man nur verfahren, wenn man sich von der Tatsache, daß unsere Naturverhältnisse auch gesellschaftlich vermittelt sind, anregen ließe, sie gerade darum als veränderbare, nämlich als offene und unabgeschlossene zu sehen.

5

Die Natur als Veränderbare erfassen, sollte heißen, ihre Bewegung und Bewegungsmöglichkeiten nicht als nur mechanisch-mathematische, sondern als offen-mögliche fassen. Darin könnte die utopische, antizipierende Weise der Welterfahrung die nur geometrische ablösen. Ohne die neuzeitliche, kopernikanische Wende wäre das nicht möglich. Denn diese lehrte in ihrer sich entfaltenden Praxis die Natur überhaupt als Veränderbare zu begreifen: Die Bürger der Neuzeit bebauen die Welt nicht nur, sie bauen sie um. Andererseits gerät im Verlauf der Konsolidierung des neuzeitlichen Projekts Naturbeherrschung Natur selbst, als der Herd möglicher Veränderung, verändernder Möglichkeiten, aus dem Blick. Sie wurde zum Bauplatz im Sinn eines gleichgültigen Raum-Zeit-Kontinuums und der Stoff bloß passives Material, zuletzt zu bloßen Bewegungen und Energiezuständen verflüchtigt. So daß zuletzt auch deutlich wird, warum die Möglichkeiten utopischer Antizipation im Naturumgang bislang so wenig bedacht, vielmehr verdrängt und denunziert wurden. Es fehlt gewissermaßen die Aussicht auf den Fundus einer »objektiven Phantasie«; der Bogen Materie – Utopie ist unterbrochen.

II

Ein Gott ist der Mensch, wenn er träumt, ein Bettler, wenn er nachdenkt.

F. Hölderlin

Man muß noch Chaos in sich haben, um einen tanzenden Stern zu gebären.

F. Nietzsche

Alles Wissen aber war bisher wesentlich auf Vergangenes bezogen, indem nur dieses betrachtbar ist. Das Neue blieb so außer seinem Begriff, die Gegenwart, in der das Werden des Neuen seine Front hat, blieb eine Verlegenheit.

E. Bloch

1

Die Dinge sehen, wie sie sind: Keine Erfahrung wäre uns möglich, ohne Fähigkeit und Kraft, etwas vorzustellen, das sinnlich nicht gegeben ist; ohne Vorstellungskraft über das hinaus, was nur der Fall ist und demgemäß sich abbilden ließe. Das scheint trivial; doch hat bislang gerade die Selbstverständlichkeit die nähere Forschung dieser sehr merk-würdigen Voraussetzung unserer Erfahrung verhindert. Und dahinein spielt auch das Mißtrauen gegen die einbildende Fähigkeit, die alle unsere Erfahrungen begleiten muß; die alle unsere Erfahrungen auch verwirren kann. Insofern sie über das unmittelbar Gegebene hinaustreibt, insofern in ihr die Möglichkeit, sich vom Gegebenen zu distanzieren und diese Distanz mit Vorstellungen zu füllen, ihren praktischen Grund hat, insofern scheint der Einbildungskraft gegenüber immer Vor-Sicht geboten. Als »produktiv« galt diese Einbildungskraft immer dann, wenn es gelang, ihr freies Spiel auf wiederholbare Ergebnisse zu vereidigen; andernfalls wurde sie ausgegrenzt als wilde oder wirre »Phantasie«.

2

Dem Alltagsverstand kommt zupaß, wenn Dichter ausgerechnet das Hohelied freier Einbildungskraft, gar des Traums singen. Der genialischen Ausnahmegestalt wird man zustimmen und zur Alltages-Ordnung zurückkehren.

Not tut, von den Träumen sich zu verabschieden. Mit klaren Augen die Welt sehen, so wie sie ist. Widerständig, feindselig, gefährlich: man muß sich vor-sehen. Es wird einem nichts geschenkt, darauf muß man sich einrichten. Man nimmt vorweg, was wäre, wenn... Man macht einen Plan.

Auch daran ist Einbildungskraft, Vorstellungskraft beteiligt. Der Wunsch, der zum Plänemachen trieb, wie er sich das Seine ausmalte, wird einer strengen Kontrolle und Zensur unterworfen. Nicht auf die Vielzahl der Möglichkeiten geht sein »Was-wäre-wenn«: Der Plan hält eine fest, sucht alle anderen auszuschließen.

Dies Plänemachen hat eine wesentliche Voraussetzung, auch das eine grundlegende, Raum schaffende Vor-Stellung. Soll der Plan aufgehen, dann muß nicht nur der Ansatz des Kalküls stimmen. Es darf sich auch danach nichts mehr unvorhergesehen ändern. Alles muß so bleiben, wie es war. Die Welt muß konsistent sein, homogen, ohne Sprünge wie nur ein blütenweißes Blatt auf dem Reißbrett. Das ist in einer fremden, feindseligen Welt ein dringendes Erfordernis. Als realitätsbewältigend, also als realitätstüchtig muß darum die Vorstellung ausgezeichnet werden, die im verwirrenden Fluß der Ereignisse das Immergleiche erkennen und festhalten lehrt.

So wird hier, in durchaus praktischer Absicht, zwar nicht selbstverständlich, jedoch zweckrational kaum zu bezweifeln, das Noch-nicht-Wirkliche, das erwartete Ereignis vergangener Erfahrung unterworfen, den Abstraktionen, die dieser entnommen sind. Die Vorstellung scheint nun notwendig dem Nach-Denken entsprungen zu sein; es erscheint als das Wesentliche, sofern es die Zukunft des Plans zu garantieren scheint. Das freie Spiel der Einbildungskraft wird der Ordnung unterworfen, die den herrschenden Verhältnissen abgelesen wurde.

3

Dieser in der Welt der immergleichen Fälle sich einrichtenden Nach-Denklichkeit, dem Prinzip Identität und der in ihm wirksamen Ökonomie des Mangels will das freie Spiel der Einbildungskraft sich entziehen. Nicht an sich ist es wirr, es erscheint so, wird es von der identischen Welt her wahrgenommen, also: für unwahr gehalten. Der Tagtraum freilich bliebe leer ohne jene Vorstellungen, die den Stoff des Nach-Denkens bilden. Diesem gilt das Unerwartete und Unverhoffte vor allem als Störung im kalkulierten Fluß der Ereignisse. Alles Neue soll nachdenkend immer schon bestimmt sein: Ergebnis einer Hoch-Rechnung bekannter Fakten und Verhältnisse. Der Wunsch dagegen, der im Traum das Seine bildend treiben möchte, möchte den in der Hochrechnung festgeschriebenen Gesetzen gerade entrinnen; er möchte seine Sache in die eigene Hand nehmen, statt sie den fremden Verhältnissen unterwerfen. Selbstherrlich setzt der Tagtraum sich selbst, seinen subjektiven Vorgriff an die Stelle jener Determinanten, auf welche die nachdenkliche Vorstellung immer wieder zurückführen möchte. Darin ist seine Schöpfung göttlich, nicht nur listiges Ausnutzen gegebener, im Kalkül stillgestellter Verhältnisse.

4

Anders als der kalkulierende Verstand, die geometrisch modellbildende Vorstellung wahrhaben wollen: Der gestillte Hunger alleine gibt zwar kaum zureichend Auskunft darüber, was tatsächlich gefehlt hat und was zur Überwindung des gefühlten Mangels trieb; was also in dieser Überwindung möglich gewesen wäre.

In Bildern, die vorschweben, figuriert das Subjekt nicht ausschließlich als Reaktives, und es figuriert die äußere Wirklichkeit nicht allein als negativtreibende, sondern auch als Inbegriff der guten Möglichkeiten. Diese weitere, beweglichere Vorstellungskraft begnügt sich nicht mit dem dürren Schluß vom schließlichen Produkt, vom kalkulierten Ergebnis auf den Produzenten nach dem Schema: Er wird schon gewollt haben, was er schließlich produziert hat. Und sie begnügt sich auch nicht mit der vagen Übereinstimmung von kalkulierbarer Struktur und »Natur«, die hier vielmehr als selbst produktiver, mitproduktiver Hort der Möglichkeiten gesucht wird. Gesucht ist nicht der Hunger, der in Wahrheit schlechte Koch, gesucht ist nicht die allbekannte Ökonomie des Mangels und ihre realitätsprinzipiellen Gesetze, gesucht sind die Möglichkeiten ihrer Überwindung.

Merkwürdig, daß der Hunger (als äußerer Mangel) den Wünschen vorgezogen wird: nicht nur bei der Suche nach dem rechten Koch, auch wenn es um akzeptable Vaterschaft der Gedanken geht. Zwar ist der Widerstreit zwischen Nachdenken und Voraussicht uralt, auch ihr komplementäres Verhältnis. Daß sich vorauslaufende Phantasien, Träume, Wünsche leicht verrennen können, hat man immer gefürchtet. Doch ist es etwas anderes, ob solche Verfehlungen als einmalige, als insgesamt auch eher zufällige gewertet werden können oder ob jede Verfehlung der Wirklichkeit als drohender Hinweis darauf erfahren wird, daß sich menschliches Vorstellen und Einbilden in überhaupt keinem heilsgeschichtlich oder kosmologisch gesicherten Zusammenhang mit der Weltnatur befindet. Wenn also, wie seit Beginn der Neuzeit, nach dem Zerfall des sichernden Kosmos traditioneller Welterfahrung, das Verfehlen der Wirklichkeit als Normalfall gelten muß, dann muß immer mehr das kalkulierende Planen die Verantwortung für die Übereinstimmung von Plan und Wirklichkeit, von sichernder Erfahrung und Wirklichkeit selbst übernehmen.

Das methodische Vorgehen wird zur via regia voraussagbarer Ergebnisse, zum einzig gewissen Grund der Erfahrung. Die nun zur *produktiven* avancierende Vorstellungskraft liefert die Überzeugung, daß die Natur keine Sprünge macht und daß man auf ihr raumzeitliches Kontinuum als einem ihrer Erfahrbarkeit durchaus mit Gründen rechnen könne.

Der einzige »Grund«, der sich inhaltlich angeben läßt, ist aber das in seinen Projektionen unter existentiellem Erfolgszwang stehende Subjekt, das diese Not (die ihm »unmittelbar« gewiß ist) zugleich vergessen muß. Genau das schafft die Idiosynkrasie der gefährlich gewordenen, der freien Einbildungskraft gegenüber. Die Auszeichnung der geometrischen Projektionen als Maß der Rationalität ist zugleich die Ausgrenzung der Phantasie als »wilder« Produktivkraft. Der Zusammenhang von Genie und Wahnsinn wird nun zum Problem des Subjekts, zum klinischen zuletzt (nachdem er zuvor Zeichen war für eine subjektiv gedachte Weltnatur).

Im Rahmen des neuzeitlichen Projekts also wird es der Vorsicht aufgetragen, das problematisch gewordene Verhältnis von »produktiver« und freier Einbildungskraft zu klären. Es bleibt bei der Ökonomie des Mangels, ja deren Triebkraft und immanentes Gewaltpotential wird jetzt erst recht freigesetzt. Im Interesse der Reproduktion ihres Lebens mußten die Menschen immer so tun, als sei »Natur« auf ihre Bedürfnisse und Absichten hin angelegt. Aber diese Vorstellung darf jetzt als sichernde Projektion nicht mehr deutlich werden. Und vor allem muß ihre subjektive Herkunft verschwiegen werden. Alle Erinnerung daran muß ebenso getilgt werden wie die an »Natur« als einer offenen Wirklichkeit für sich.

Vom Realitätsprinzip bedrängt, dem Zwang zur Wiederholbarkeit, des ordnenden Nacheinander, der Widerspruchsfreiheit unterworfen, produktorientiert und zu Erfolg verpflichtet: so lastet die Vorsicht der phantasierend streifenden Voraussicht ihr Nebeneinander, ihre chaotische Vielfältigkeit und Unberechenbarkeit an; führt belastend ins Feld, daß sie dem prozeßorientierten Spiel näher stehe als das vorsichtige Nachdenken. Eine unliebsame Erinnerung.

III

Natura naturans läßt sich auf die Füße stellen, der physikalische Nihilismus durchaus nicht.

E. Bloch

1

Ungleichzeitig steht zu Gang und Stand der modernen Naturwissenschaften, wer gegen ihre Tendenz der Entqualifizierung, der Endsubstantialisierung ihres Gegenstands »Natur« dessen sinnlich-qualitative Aspekte reklamieren möchte. Und gleichzeitig: Ernst Bloch entfaltete diesen Begriff gegen einen eindimensionalen bloßer Rückständigkeit. Differenzierungen brachte er an in einem Begriff von Fortschritt, zu dessen Maß Naturwissenschaften und technische Entwicklung wurden; zu dessen Modell man den Zeitpfeil machte, das unaufhaltsame Voranschreiten, und zu dessen Triebkraft wiederum die technisch-industrielle Entwicklung erklärt wurde. Was dem nicht standhielt, was nicht mitkam, in seinen Entwicklungen und Möglichkeiten abgeschnitten, was unterbrochen wurde und liegenblieb: Praxisweisen und Umgangsformen, Lebensweisen und Erfahrungsformen, Wunschbilder und Hoffnungen – sie werden als rückständig denunziert allein durch den Verweis darauf, wie herrlich weit man es nun doch gebracht habe und daß man nun »doch endlich nicht mehr« dies und das nicht leisten könne. Man hat es schließlich geschafft, und die Toten lasse man ruhen.

Das Etikett der Rückständigkeit ist der Deckel auf dem gewaltsam, vorschnell geschlossenen Sarg angeblich vor-rationaler Erfahrungsweisen, Praxisweisen. Wohlfeil das Bedauern, daß es eben Verluste im Fortschreiten gebe wie anderswo Späne fallen, wenn nur recht gehobelt wird. Zum Lauf der Welt wird verklärt, was doch nichts ist als der Lauf der Sachen, und wir ihnen hinterher. Nur wo die Entwicklung, die Bewegung zum Normalfall und Naturgesetz erklärt wird, ist Rückstand eine ausschließlich negative Erfahrung. Nur dann ist es um scheinbar jeden Preis gerechtfertigt, ja erforderlich, den Rückstand aufzuholen.

Rückständigkeit: In dem Feld der Erfahrung, in dem ein solcher Begriff allein zu regieren vermag, sind die Menschen nichts als abhängige Variable. Der Raum dieses Geschehens ist menschenleer und so qualitätslos, geschichtslos wie nur der unendliche Himmel der Neuen Wissenschaft. Es ist der Raum von mechanischem Geschehen, mechanischer Bewegung; er wurde zum Raum historisch-gesellschaftlicher Erfahrung überhaupt stilisiert.

Daran vor allem läßt sich der Siegeszug der Neuen Wissenschaft und des neuzeitlichen Projekts Naturbeherrschung ermessen, wie es Raum und Zeit der Erfahrung überhaupt zu diktieren vermag.

Demgegenüber ist auf der Vielschichtigkeit von Raum und Zeit menschlicher Geschichte zu bestehen. Denn zunächst ist auch die Naturwissenschaft und Technik, ist deren Geschichte eine Gestalt der menschlichen. Sodann ist an das Unbehagen in der industriellen Kultur zu erinnern; es entspringt dem Widerspruch, daß einerseits der Status quo und seine Leistungen zum Rechtsgrund für die Verachtung des Vergangenen erhoben wird, daß andererseits aber der aktuelle Stand des Projekts Naturbeherrschung immer weniger hergibt zu solcher Legitimationsarbeit. Im Begriff der Ungleichzeitigkeit fungiert das Vergangen-Überholte nicht als abgeschlossen, sondern es wird an seine Unabgeschlossenheit erinnert; es geht im Augenblick aktueller Gefahr um verhinderte Zukunft im Vergangenen, an welcher sich die aktuelle Sehnsucht, der Einspruch gegen die leer gewordene Natur und mechanisierte Geschichte, nicht alleine kontemplativ stärken möchte, sondern woraus alleine sie die Materie ihrer Hoffnung zu beziehen vermag. So gesehen wären die Ungleichzeitigkeit qualitativer Naturbilder, die Vorstellung des an ihnen orientierten Naturumgangs Erinnerungen an die immer noch mögliche Zukunft, an unsere Zukunft.

2

Das Geschlossene, der sinnliche Glanz ganzheitlicher Naturvorstellungen, die organische Anschaulichkeit und Gegenständlichkeit früherer Naturbilder, Naturbegriffe leuchtet ein, zumindest einigen von uns. Andere mögen diese Bilder auf den Feierabend vertagen, in Naturschutzgebiete verweisen; sie mögen viel Energie und Rhetorik darauf verwenden, sie als Trug zu entlarven, und sich zu halten versuchen an ihr cooles »nichts als« oder »wieder ein Fall von«. Sehen sie sich nicht vor, wird auch ihre merkwürdige Lust an detektivischer Entlarvung unterbrochen werden von unwillkürlichen Erinnerungen, Tagträumen, von leuchtenden Bildern, fabelhaften Zusammenhängen. Als Ungleichzeitige begriffen und nicht als rückständig verscheucht, vermögen sie konkret Auskunft zu geben über die Verluste im fortschreitenden Entlarven; über verdeckte, überlagerte Motive des Naturdetektivs und seiner Aufklärungsarbeit. Wollte nicht auch er klarer sehen? Sollte nicht auch ihm das verworrene Phänomen in einleuchtender Ordnung deutlich werden? So löste er die konkreten historisch-gesellschaftlichen Erscheinungen auf, zunächst in die biologische, dann in die chemische, zuletzt in die physikalische »Basis«. Damit freilich ist untergegangen, was erklärt werden sollte, was bedeutend genug erschien, um nach Erklärungen zu verlangen. Die bebaute, die Menschenwelt zeigt sich entvölkert und zuletzt als nichts als ein Spezialfall bewegter Materie.

Der methodisch herunteranalysierten Natur ist das Leuchten eigentlich vergangen. Vielleicht liegt darin ein Moment der Hoffnung, daß man in der Betrachtung dieser Natur, ihrer unanschaulich gewordenen Bewegungsverhältnisse *die* Ruhe (Ataraxia) nicht mehr finden kann, die einen Kepler noch begeistert hat angesichts der mathematisierten Sphärenwirklichkeit.

Gelingt den Subjekten diese Ruhe nicht mehr, dann liegt die Negativität, das Leiden nicht mehr alleine auf der Objektseite, es leidet das Subjekt, das auf das Seine nicht mehr kommt. Die subjektiven Intentionsgehalte – ungleichzeitig gegen die Verrichtungen und Exerzitien moderner Labore und Rechenzentren, ungleichzeitig auch gegen die Praxis automatisierter Produktionsstätten – haben durchaus konkrete Erfahrungen für sich, die freilich aus dem mathematisch (more geometrico) verfaßten Bereich wissenschaftlicher Erfahrung ausgegrenzt sind. Sie haben auch konkreten Stoff für sich. Eben in jenen Naturbildern und anderen Umgangsformen mit Natur, wie sie nicht nur Literatur und Kunst, sondern gerade auch die »Zwischenwelten« der Wissenschaftsgeschichte (Aristotelische Linke, Renaissance, Mystik, Goethes Naturphilosophie, Romantik) sowie auch das Alltagsbewußtsein enthalten. Hier finden sich die Wunschbilder einer »qualitativ-organisch gestuften Welt« (Bloch).

Hier werden Ganzheit und Lebendigkeit erinnert und gesucht. Was da zu finden ist, auch praktiziert wird, mag verworren sein, auch sentimental oder restaurativ. Von sich aus ist dieses Potential ungleichzeitiger Widersprüche kaum zum produktiven Umschlag fähig. Unverzichtbar sind solche Erfahrungen gleichwohl, denn all diese Bewegungen, Ansätze und Erinnerungen sind gerade nicht derart systematisch geschlossen und eindimensional wie das herrschende, das mechanisiert-sachliche Projekt Naturbeherrschung, welches das ökonomische Projekt des Kapitals durchdrungen hat und welches von diesem durchdrungen wurde – eine gigantische Maschinerie zur Organisierung der fortwährenden Ökonomie des Mangels, dem das neuzeitliche Projekt Naturbeherrschung seine Entstehung verdankt. Im Schein des Reichtums kapitalistischer Warenproduktion herrscht der abstrakte Kalkül, hier wird ausgeschieden per Ceteris-paribus-Dekret, hier wird konstruiert im leeren Raum, in leerer gleichgeltender Zeit: Man handelt in einer menschenleer konstituierten Wirklichkeit zweiter Natur.

Dieser Praxis widerstreiten die subjektiven Erfahrungen, die Gestalten der Sehnsucht, die ungleichzeitig erlebten Widersprüche, sie wollen aufhalten, bremsen, umlenken. Der darin entfaltete Bild-Begriff, Bildebegriff einer qualitativen Natur, läßt sich beerben, läßt sich, wie durchaus notwendig, vom Kopf auf die Füße stellen, vom Himmelsblau auf die Erde zurückholen: praktische Möglichkeiten, die der leere Naturbegriff der Wissenschaften kaum noch hergibt.

Ein Leitbild solch ungleichzeitigen Naturumgangs ist das Märchen, sind (im Wortsinn von »Märe«) Nachrichten aus der Zeit, in welcher das Wünschen noch geholfen hat, weil die Natur noch geholfen hat, genauer: weil man sich auf die hilfreichen Kräfte der Natur verstanden hat. Das sind Spuren des wissenschaftlich uneingelösten, aber durchaus nicht irrationalen Mythos einer aus sich schöpferischen Natur des kosmischen »Welttiers«, mit sinnlich scheinenden, so schönen wie nahrhaften Vermittlungen. Hier wäre eine nicht nur vorstellungshaft, sondern auch materiell unvergangene Vergangenheit zu beerben. Die Phantasie greift zurück, gerade weil sie vorausgreift.

Anmerkungen

1 *Karl Marx; Friedrich Engels,* Die heilige Familie, MEW Bd. 2. S. 134 ff.
2 A. a. O., S. 138.

G. Huret: »Anamorphose-Studien«.

Renate Genth

Patriarchale Naturbeherrschung, Weiblichkeit und phallokratische Naturzerstörung

»Die Ratio, welche die Mimesis verdrängt, ist nicht bloß deren Gegenteil. Sie ist selber Mimesis: die ans Tote. Der subjektive Geist, der die Beseelung der Natur auflöst, bewältigt die entseelte nur, indem er ihre Starrheit imitiert... Nachahmung tritt in den Dienst der Herrschaft...« (Adorno/Horkheimer, in »Dialektik der Aufklärung«, Amsterdam 1947, S. 73–74)

Es gibt kein menschliches Denken ohne Wahnkonstruktionen. Das Denken selber ist und bleibt ein Vorgang der Wahnbildung. Das sogenannt rationale ebenso wie das sogenannt irrationale. Die Bewertung hängt davon ab, welche Gebote von der gerade herrschenden Denkweise ausgehen. Das Denken ist vielleicht die spezifisch menschliche Beteiligung an der bewegten geistigen Substanz der Natur. Was immer das sein mag, auch das stets ein Produkt intellektueller Wahnbildung. Denkend jedenfalls ist der Mensch ein Naturwesen. Denken ist die spezifisch menschliche Beteiligung an der Natur.

Das was die intellektuellen Wahnbildungen unterscheidet, ist ihre Nähe zu den Dualismen des Lebens und zum Umfang der Lebensprozesse. Denken ist immer Mimesis dessen, was man zu erkennen sucht. Widmet man sich den unbelebten toten Dingen, transformiert sich das Denken entsprechend. Zumal man das Lebendige vorher totschlagen muß, will man seiner Methode treu bleiben. Das hat seine Konsequenzen. Denn über Denkweisen organisieren Menschen auch aktiv das soziale Leben. Die Mimesis ans Tote heißt den Totschlag zur Methode sozialer Strukturierung zu machen. Wie Marx in einigen Bemerkungen erklärt, ist das Verbrechen ganz entschieden am Fortschritt beteiligt.

Gehe ich von dieser Grundidee aus, die durchaus meiner Wahnbildung geschuldet sein kann, so muß ich zu der Einsicht kommen, daß die heutige Verfestigung der Gedanken in Dingen und zerstörerischen Methoden den Lebensprozessen so fern geraten ist, wie noch selten oder nie in den Lebensgeschichten der Menschen, daß die spezifische Naturbeteiligung der Menschen, das Denken, in eine unbekannt wahnbesessene Irre gelaufen ist. Intelligenz und Denken kehren sich in ihr Gegenteil, wenn sie nicht mehr die

Gewißheit kennen, daß sie gleichzeitig immer Wahn sind, und wenn sie sich nur noch in selbstgeschaffenen Dingen vergewissern, im eigenen neurotischen Zirkel verharren. Aus Intelligenz wird Dummheit, in der sozialen Sprache ausgedrückt.

Schau ich mir die Wege der Erkenntnis an, auf denen die Elemente verrückt und die Welt verstellt wurde, von Dingen also, die feste Produkte eines spezifisch männlich-menschlichen Denkens sind, drängt sich mir der Schluß auf, daß die heutige Epoche, bei allen faszinierenden Ideen und Möglichkeiten - und feiere sie sich noch so selbstgefällig als die intelligenteste der menschlichen Geschichte - die allerdümmste der menschlichen Zeiträume ist. Dümmer als es der menschliche Geist erlaubt.

Die Folgen der hemmungslosen Dummheit, Tumbheit, Stumpfheit sind mit allen Sinnen wahrzunehmen. Aber diese Fähigkeiten, den Wahncharakter der Gedanken zu überprüfen, sind ja qua Denkweise und Methode heute außer Kraft gesetzt. Die Sinne sind abgestumpft und tun bisweilen gut daran. Nur nicht im Sinne der Selbstbewahrung.

Die geistige Fähigkeit, den eigenen Wahngebilden zu mißtrauen und das eigene Denken beständig mit den Sinnen an den Erfahrungen in den Lebensprozessen zu überprüfen, ist im wesentlichen durch die Mathematisierung und das Experiment außer Kraft gesetzt. Und damit ist nicht die unmittelbar soziale Praxis in dem engen Sinn der menschlich selbstgesetzten Sozietätsgrenzen gemeint, sondern die Erkenntnisweise der Menschen über ihre Stellung und Wirksamkeit in den umfassenden Lebensprozessen, in denen sie sich mehr und mehr als die mißglückten Naturwesen offenbaren, die in ihrem Mangel an Würde und Gerechtigkeit der Teilnahme an den Lebensprozessen nicht würdig sind. Und so kehren sich Gedanken und Taten folgerichtig gegen sie, denn die natürliche Kausalität ist keine lineare; sie ist und bleibt eine kreisförmige, wie viele vorindustrielle Völker genau wußten, ein Bumerang; die staunende Verzweiflung darüber enthüllt die Ratlosigkeit in der Irre, im Irrsinn.

Die unermüdlich aufgezeichnete Geschichte ist bekannt als eine rühmliche Aneinanderreihung männlicher Gedanken und Taten zur wahnbesessenen Selbstverwirklichung einiger Mitglieder dieses Geschlechts. Und von Anfang an zeigt sich darin die Nähe zum Toten, die Mimesis daran, wie es Adorno/Horkheimer ausdrücken, und der Drang zur Herrschaft. Der mimetische Nachvollzug des Toten wird in den Dienst der Selbstverherrlichung gestellt. Unter diesem Drang haben Männergesellschaften auch eine solche Fülle von Produkten hervorgebracht, in allen möglichen Disziplinen, deren albernste Groteske die Selbstfeierungen der Männlichkeit sind.

Ein hartnäckiger Mythos der Männergesellschaft äußert sich im Rationalitätsprinzip. Ein Denken, Welt zu strukturieren, das sich per se nicht mehr als eine Fähigkeit des menschlichen *Natur*wesens versteht, vergleichbar der

Flugfähigkeit der Vögel, sondern als übernatürlich, als gereinigt von der Dinglichkeit und Vergänglichkeit der Naturprozesse, also abstrakt, und daher als fähig, Naturprozesse zu beherrschen. Wohlgemerkt nicht als Gedankenform wird die Rationalität verstanden, die gleichwertig ist unter unzähligen anderen, sondern als eine Denkweise, die zur Herrschaft berufen ist. Man muß sich des Wahncharakters und Selbstbetrugs dieses interessengeleiteten Denkens gewahr werden. Eine Denkweise ,die den Rest der Welt als beherrschte aus der Erkenntnis ausschließt, ihn seiner Eigenart berauben muß, um ihn dieser Denkform anzumessen und anzupassen.

Das männliche Prinzip der Herrschaft durch Rationalität ist von Anfang an eine groteske Form des Größenwahns, von Todesangst angetrieben, nach dem Motto des historischen Aufsteigers: Wenn ich nicht alles bin und der Größte, dann bin ich nichts. Deshalb muß ich herrschen. Und nichts darf anders sein, als ich es nach meinen Vorstellungsprinzipien denke. D. h., nicht die rationale Denkweise, etwa in ihrer mathematischen Gestalt, ist der gefährliche Wahn, zu dem sie sich entwickelt, gefährlicher etwa als eine bildliche Denkweise, sondern ihr interessengeleitetes Herrschaftsinteresse macht sie zum Wahnsinn. Ein Schicksal jeder Denkweise, die andere ausschließen will und sich zur einzig gültigen erklärt.

Jedes Homogenitätsprinzip im Denken zum Zwecke der Herrschaft muß zum Wahnsinn, zu Dummheit sowie zu einer erbarmungslosen Logik degenerieren, vor allem wenn durch Gewaltmaßnahmen der Selbstbetrug aufrechterhalten wird.

Die erbarmungslose Logik der modernen Denkweise ist die Herrschaft des Rationalitätsprinzips über Natur und Naturprozesse und alles, was interessengeleitet männlicherseits dazu gerechnet wird: Frauen, Kinder, Tiere, Pflanzen und fremde Völker.

Sozial dramatisch beginnt es mit dem Muttermord und mit der Zerstörung des Tabus, daß die Mutter als Lebensquelle und Ursprung unantastbar sei. Auch das vielleicht ein Mythos, aber ein lebensfreundlicher. Denn mit ihr werden nunmehr alle Naturwesen preisgegeben. Und dabei spielt es keine Rolle, ob die Gleichung Frau = Natur, Mann = Nicht- oder Unnatur gleich Geist stimmt oder nicht stimmt. Selbstverständlich ist sie ein Wahngebilde. Aber die Gleichung wird dennoch grundlegend.

»Das Kapitalverbrechen ist von nun an nicht mehr das Verbrechen gegen die Natur, sondern das Verbrechen gegen die Gesellschaft.«[1] Und das ist die männlich bestimmte mit ihren eigentümlichen Wahnkonstrukten. Fortan braucht jemand ganze Menschengruppen nur als Natur, als Tiere, z. B. als Schweine zu bezeichnen, und schon sind sie zum Abschuß freigegeben, werden zur Schlachtbank getrieben oder zeigen auch nur die Feindesrichtung an. Kriegen und Massenvernichtungen geht stets die Naturalisierung des Gegners voraus, auf daß hemmungslos und schuldfrei getötet werden kann. Die alte Achtung wird verachtet. Aber wirklich schuldfrei? Liegt in der vollzogenen Verkehrung der lebendigen Rechtsordnung, zu töten nur im Sinne der Selbstbewahrung und der Selbsterhaltung, nicht eine Lösung des Rätsels männlich-menschlicher Gewalttätigkeit? Und ebenso weiblicher, wenn sie der gleichen Logik folgt. Gewalttätigkeit, die verwahrloste Menschlichkeit ist, Menschlichkeit also, die von ihrer Wahrheit gelöst ist. Folgt die Logik der systematischen Naturbeherrschung, Naturausbeutung und Naturvernichtung nicht der Logik des Gangsters im Krimi? Je mehr Verbrechen er begangen hat, desto mehr müssen notwendig folgen, um die Aufklärung des ersten zu verhindern, die Einsicht in die Schuld.

Die Grundform der männlichen Gesellschaften ist die Phallokratie. Die Gestalt des Patriarchats ist eine besondere und hat sich voll vor allem im Mittelmeerraum ausgebildet. (Es ist hier natürlich nur von Europa die Rede.) Je mehr man nach Westen und Norden schaut, desto stärker sieht man die kulturellen Erscheinungen der Phallokratie gegenüber dem Patriarchat vorwiegen. Und eine der fälschlichen Vorstellungen, die viele Frauen heute hegen, ist m. E. ihre Überzeugung, sie hätten es noch mit der patriarchalen Gesellschaft zu tun, von der sie sich befreien müßten. Übrig ist von ihr nur noch der Verwesungsgeruch. Und die Institution des Staates, aber auch die ist längst dabei, sich zu einem modernen phallokratischen Regelsystem zu transformieren.

In der Phallokratie verirrte sich die Bedeutung der Männer als Hüter und Revierverteidiger in eine Angriffsfunktion und damit in die Suche bis zur Sucht, Macht über Leben zu gewinnen. Die Macht, die an der Frau beobachtet wurde, im Leben-Geben. Das war den Männern von Natur versagt. Aber das Gegenteil wurde ihnen geläufig. In den germanischen Wertvorstellungen einer phallokratischen Gemeinschaft wurde von einem hehren germanischen Krieger und Helden ein Komplex von Eigenschaften erwartet, der sich im wesentlichen darauf bezog, andere Männer töten zu können, und zwar im offenen Zweikampf. Auch Frauen, wenn sie als Kriegerinnen in den Kampf zogen. Menschen also, die die wertgeschätzten Merkmale des Kriegers trugen.

Wurde den Frauen eine mystische Macht über Leben und Tod zugesprochen, so versuchten sich die Krieger diese Macht im Totschlag anzueignen. Kämpfen und töten zu können und als Gefolgsmann in geschworener Treue dem Tötungsbefehl zu gehorchen, galten als höchste Tugenden und bedeutende Qualifikationen für Heldentum sowie Flucht aus der Vergänglichkeit. Der Himmel, das Leben nach dem Tode, wurde als Kriegerverein vorgestellt, die erhöhte Kaserne, in der die Soldaten unter sich waren.

Die zugrunde liegende Lebensangst und Schuldgewißheit treiben den Mechanismus voran, die Bereitschaft, lieber massenweise zu töten, als wegzulaufen oder sich auf den Befehlshaber zu stürzen. Das Zerstreuen und Zersetzen von Maßstäben des Lebens liegen diesem phallokratischen Muster des leistungswütigen tüchtigen Kriegers zugrunde, so daß die sinnliche Welt, wenn weitere Hemmungsbarrieren erst niedergerissen sind, vergiftet und beseitigt werden kann. Der Krieg und die männerbündlerischen Heere werden und bleiben die großen Selbsterzeuger von Männergesellschaften, mit den Tugenden des Gehorsams, der Lebensvernichtung, der Rücksichtslosigkeit gegenüber Empfindungen und sinnlichen Wahrnehmungen, der Aufwertung zerstörerischer Aggressivität und Selbstdurchsetzung, der Ablehnung von Flucht vor Gefahren, der Ablehnung von individualistischen Eigenarten, der Ablehnung des Träumerischen, der Aufwertung der Wachsamkeit, und mit ihren spezifischen Formen der Vergesellschaftung und nicht zuletzt mit ihren Wahnideen von Feinden und Eroberung.

Über den Krieg kam es zur Entwicklung des Eigentums, zuerst des Stammeseigentums, dann des Privateigentums, vor allem mit Hilfe des Raubs, was im Wortstamm ja erinnert wird (privare - rauben).

Vermutlich war es diese Hauptrolle der Männer im Rauben und Bilden von Eigentum, im Beutemachen, die ihnen den Weg zur kolonialistischen Bemächtigung gebahnt hat. Denn die räuberisch kolonialistische Bemächtigung ist die hinlänglich bekannte Methode, womit sie ihren Fortschritt erzwangen.

In der Phallokratie lebt die Weiblichkeit als verachtete, oder modern ausgedrückt, als defizitäre. Frauen können sich entscheiden, nach männlichen Normen zu leben, als Tüchtige, als solche, die ebenso hart gegen ihre Empfindungen angehen, gegen Fluchtneigungen, gegen Eigenarten, gegen ihr eigenes Träumerisches. Die tüchtigen Frauen eben werden wertgeschätzt, die, wie richtig gesagt wird im Sinne phallokratischer Vorstellungen, ihren Mann stehen. Den Beweis anzutreten bedarf es allerdings deutlicher Bemühungen, denn der Ruch der Weiblichkeit haftet Frauen allemal an.

In Patriarchaten ist die Lage der Frauen anders. Das Patriarchat ist mehr als die Phallokratie. Es ist der usurpatorische Griff nach der Erstgeburt. Der Patriarch ist eine Mischung aus phallokratischem Mann und Aneignung der Mutterbedeutung. Deshalb war das Patriarchat eine besondere Form der Männerherrschaft, die unmittelbar an das Matriarchat gebunden blieb. Es war die männliche Mimesis der großen Mutter. Der Patriarch übernahm ihre Verhaltensinsignien. Und das war für Frauen auch oft verlockend und erleichternd. Aber es war natürlich die Mutter, wie sie aus der männlichen Subjektivität gewählt wurde. Machtausübung und Fürsorge für ein Eigentum, das grundsätzlich im Dunstkreis der eigenen Person bleibt, weil aus der eigenen Körperlichkeit geschaffen, oder männlich verstanden: der eigenen Körperlichkeit angeeignet. Frauen und Kinder wurden zu Leibeigenen der Patriarchen. Die Leibeigenschaft ist das matriarchal mimetische Moment der patriarchalen Gemeinschaft. Sie kreiert Zugehörigkeit als Eigentum des Patriarchen. Und er schützt das, was seinem Gewaltbereich inkorporiert ist, gegen äußere Übergriffe. Im Patriarchat wurde der beweglichen Habe des Mannes Zuordnung und Verteidigung zuteil. Denn das, was er sich angeeignet hatte, war sein Teil der Welt. Im Schlußsatz eines Hollywood-Films der fünfziger Jahre heißt es, als der Held die eroberte Frau umarmt: Er hält die Welt in Armen.

Fürsorge und Schutz sind verlockende Beigaben des Patriarchats auch für Frauen. Aber sie fordern einen hohen Preis. In ihrem Selbstverständnis überfrachtet, übernehmen Männer den kriegerischen Gewaltteil nach innen und nach außen und delegieren die mütterliche Fürsorglichkeit an die leibeigenen Frauen. Diese üben im Sinne der patriarchalen Strukturen väterliche Mütterlichkeit aus, sollen die stellvertretenden Väter-Mütter sein. Die Ausübung der Macht bleibt den Männern vorbehalten. Die Männer übertragen qua Gewalt ihre Verwirrung auf die Frauen, die wiederum ihre Ratlosigkeit an die Kinder weitergeben. Die Mutter, die als verachtete in prima persona Machtbefugnis über die Kinder ausübt, wird daher vor allem in der bürgerlichen Familie auch zum Haßobjekt. Als aktives Objekt der Männergesellschaft sammeln Mütter dergestalt Ansprüche und negative Gefühle in ihrer Person und sollen erwartungsgemäß doch ständig positive Gefühle übertragen. Es muß zur Auszehrung der Mütterlichkeit kommen.

Und die historischen Aufsteiger müssen sich ständig rechtfertigen für ihren Griff nach der Macht. Eine Fülle von Ideen, riesige Disziplinen entstehen, Wahnsysteme, um ständig die männliche Überlegenheit zu beweisen. Der eigene Mythos, aus dem sich männliche Herrschaft in den letzten Jahrhunderten herleitet, wird die Vernunftbegabung des Mannes, sein Kopf. Damit identifiziert er sich öffentlich. Sein eigentliches Organ, auf das er sich bezieht, bleibt tunlichst im Dunkeln. Er stellt den Kopf dar in moderner Zeit, und sein restlicher Leib gehört mit zum Leibgedinge. Idealiter beherrscht er ihn wie die ihn umgebende Leibnatur. So muß er seinen Körper ebenso geißeln und martern wie die restliche Leibnatur, weil sie seine Vernunftherrschaft bedrohen. Das ist der vergnügliche Aspekt des fatalen Wahns, daß für das Vernunftdenken nicht nur Frauen und restliche Leibeswelt zum ständigen Herrschaftsproblem werden, sondern seine eigene eigensüchtige Leiblichkeit. Vor allem sein seltsames Geschlechtsorgan, auf das er so viel hält und das stets besonders eigensinnige Natur bleibt und in seiner Willkür etwas Magisches an sich hat, das seinem Vernunftwillen nun überhaupt nicht gehorchen mag. Der kurze Weg vom Kopf zum Schwanz wird zum unendlichen Weg des Fortschritts in der Naturbeherrschung, auf dem er nie da ankommt, wo er hinwill. Und vor diesem Wahn stehen Männer, die nicht unbedingt von ihm erfaßt sind, vermutlich ebenso ratlos wie Frauen, die nicht in diesem Sinne wahngläubig sind.

Die verschiedenen strukturellen Momente von Phallokratie und Patriarchat sind auch in industriellen Gesellschaften noch vorhanden. Im Patriarchat geht die Hauptgenealogie von Vater zu Sohn, in der Phallokratie von der Mutter zum Sohn. Der Vater spielt in der Phallokratie keine bestimmende Rolle. Der Mann ist vor allem der leistungstüchtige Krieger. Väterlichkeit ist dabei nicht gefragt. Es scheint mir gewiß: Das Patriarchat ist entschwunden. Und im Familienleben sind Patriarchen mißverstandene Überbleibsel einer schon archaisch gewordenen Gemeinschaftsform. Und selbst in der Staatsform verliert sich die patriarchale Prägung.

> Der Wandel der Mythen zeigt sich nirgendwo so anschaulich wie in Hollywood-Filmen. In den fünfziger Jahren spielt etwa Elizabeth Taylor das psychopathische Kind-Weibchen, launisch und unberechenbar, das Montgomery Clift mit viel mütterlicher Geduld betreut (»Unterm Regenbaum«). Oder der mütterliche Mann, der sein Kindchen Marnie zu einer reifen, ihm ergebenen Erwachsenen heranzieht (»Marnie«). Sie nehmen auf sich, was nur eine Mutter mit ihrem Kind ertragen würde. In welcher Wirklichkeit gab es diese Mütter-Männer? Auf der Leinwand jedenfalls gehen sie verloren. Ende der sechziger Jahre beherrscht der Prototyp Charles Bronson (»Ein Mann sieht rot«) die Kinowände, der verwahrloste phallokratische Einzelgänger, der sich nach Stimmung und eigenem Rechtsgefühl durch Stadt und Gegend schießt. Und jetzt? Es tauchen zuweilen die alten Schelme auf, diese Möglichkeit heiterer und unzerstörerischer Männlichkeit, die an ihrer eigenen magischen Leiblichkeit vielleicht Vergnügen finden. Zunächst aber erleben sie das alte Männlichkeitsbild ironisch als scheiternde Anstrengung (Woody Allan in »Mach's noch einmal, Sam«). Oder es kommen Männer, die sich mit den Frauen auf neue Weise vertauschen wollen, eine neue Form der Mimesis einüben (»Tootsy«). Eine Umwälzung? Der Ausgang dieser Prozesse ist noch nicht entschieden.

Eines scheint mir wichtig: Die Ecksteine jeder gesellschaftlichen oder gemeinschaftlichen Struktur sind das Verhältnis der Geschlechter zueinander.

Und die Gesellschaft ist so emanzipiert, wie die Männer, wenn sie auf die sich befreienden Frauen reagieren. Aber wie sieht das heute aus? Und was erleben wir gerade? Eine Phallokratie?

Das Patriarchat ist vergangen. Es existiert nur noch in Strukturmomenten. Das immerhin freundliche Element für Frauen in den patriarchalen Gemeinschaften, Schutz und Verteidigung, ist ebenso verschwunden. Wenn ein Schiff unterging, hieß es im Patriarchat: Frauen und Kinder in die Boote. Auch die alte Phallokratie mit ihren Verwandtschaftsbeziehungen kannte eine Schutzfunktion gegenüber Frauen und Kindern, eben den schwächeren Elementen, gemessen am Maßstab der Brachialgewalt, die, so merkwürdig es klingt, für das Hirnwesen Mensch über Jahrtausende entscheidend war. Erst in unseren Tagen wird mit dieser Wertvorstellung aufgeräumt wie im übrigen mit fast allen archaischen und zivilisatorischen Werten.

Was von der alten Phallokratie übernommen ist, bezieht sich auf das alte Kriegerideal in seinen negativen Aspekten. Mut und Tapferkeit sind dahingegangen.

Aber eine Gesellschaft, die von männlichen Wertvorstellungen und von Männern beherrscht und bestimmt wird, haben wie dennoch. Welcher Art ist sie? Auf jeden Fall scheint sie mir ohnegleichen in den Erfahrungen der Menschheit und daher auch derart verwirrend. Deshalb auch die verbreitete Ratlosigkeit. Ich setze willkürlich das Anfangsdatum der neuen Phallokratie mit jener grotesk bestürzenden Frage: Wollt ihr den totalen Krieg? Die Antworten mit wenigen hysterisch geschrienen Bejahungen und vielfach geflüsterten Verneinungen waren überflüssig. Denn der totale Krieg war zu jener Zeit längst ausgebrochen und richtete sich zunächst gegen alles, was real oder nur vorgestellt in die Schablone der homogenen Gesellschaft nicht paßte. Und all den Menschen, die hemmungslos gemordet wurden, widerfuhr vorab die Naturalisierung. Sie waren unterhalb des Kopfes Naturleib, ob sich das, was den Kopf ausmachen sollte, Vernunft oder Übermensch oder dergleichen nannte, ist gleichgültig für den immer gleichen Vorgang seit Jahrhunderten, der aber in diesem Jahrhundert eine ungeahnte Systematik erreicht hat.

Das neue Motto hieß dementsprechend: Rette sich, wer kann. Bei den Vergewaltigungen der Frauen durch die Alliierten 1945 versteckten sich die Männer. Ließen ihre Frauen den eigenen Wahn ausbaden. Nicht daß dieser Vorgang so neu wäre. Aber gestandene Patriarchen und auch Phallokraten der alten Gesellschaften hätten doch idealiter mit altem Mannesmut entweder ihren Besitz verteidigt oder zumindest ihre phallokratische Schutzfunktion als Revierverteidiger übernommen. Das waren weder Patriarchen noch Phallokraten, dämmerte es den Frauen. So bar ihrer vorgestellten Krieger- oder gar Patriarchenwürde waren das deutlich nur noch Maschinenbediener.

Die Aufklärung, das Vernunftprinzip, sie haben nach gültigem Einverständnis zum Bildersturm geführt, also zur Zerstörung der Bilder, mit denen sich die Menschen die Welt erklärt haben und den intellektuellen Austausch mit der Natur geregelt haben. An die Stelle der Bilder haben sich Begriffe gesetzt: Die Natur wurde zur Sache, zum Objekt der Analyse, und das Geld als Vollender dieser neuen intellektuellen Grundlagen der modernen Gesellschaft war in der neuen Trinität der heilige Geist, der allem seinen ihm eigenen Odem einhauchte. Das ist hinlänglich bekannt. Alles wurde quantifiziert und berechenbar gemacht, seiner Qualitäten, also seiner besonderen Eigenart beraubt. Nur der Mythos des Männlichen blieb noch und wurde dadurch gestützt, daß Männer an die kräftige Erschaffung ihres eigenen Ersatzes in Gestalt der Maschine gingen. Zunächst in der Kraft- und Energiemaschine, die nach männlichem Selbstverständnis - in zahlreichen Techniktheorien niedergelegt - die eigene männliche Kraft potenzieren sollte. De facto hat sie sie ersetzt und lächerlich gemacht. Heute ist die Hirntätigkeit dran. Anfang des Jahrhunderts jubelt ein Ingenieur:

> »Zu Babel wurde ein Turm gebaut, den man nicht fertigzubringen vermochte. Die Menschheit träumt seither von dem Übermenschlichen des babylonischen Turmes. Aber die Techniker von heute verwirklichten diesen Turm und bauten Wolkenkratzer, gegen die die höchsten Türme der Erde zwerghaft aussehen... Trotzdem wird in dem Kulturgrade von heute die Ingenieurkunst als der große Zerstörer der Schönheit verketzert, obzwar wir jeden Komfort, jede Behaglichkeit und Lebenserleichterungen den Fortschritten der Technik verdanken. Aber die alten Tanten aus den entlegenen Provinzen erklären, daß sie nicht gern mit der Eisenbahn fahren, die Ausnützung der Wasserkräfte ihrer Gegend nährt ihren natürlichen Haß gegen alles, was mit Fortschritt und Technik zusammenhängt... Es ist die geistige Bildung, für die nationale Erziehung und für die Erhöhung der Tatkraft im Wettbewerb der Völker sehr wichtig, daß die Allgemeinheit in den Werken und Fortschritten der Technik nicht ein Hemmnis der Kultur, sondern vielmehr einen ganz gewaltigen Kulturträger erblickt... Was sehr wichtig ist, weil die Lebensfreude eine ungeheure Kraftquelle ist, und weil ein Volk, das zu viel rückwärtsschauende, retardierende alte Weiber hat, kein Volk der Zukunft sein kann. Was getan werden muß, sei freudig getan; denn Freiheit heißt dem Zwang willig und gern gehorchen. Aber was auf technischem Gebiet geschieht, ist Zwang, den uns der Geist der Entwicklung auferlegt und dem wir besser mit der ganzen Stoßkraft der Freude folgen als mit Widerwillen. Somit ist es ein gutes Werk, den Hunderttausenden und den Millionen die Augen, den Verstand und das Herz zu öffnen für das, was da geschieht, und aus diesen Millionen von Herzensquellen diese freudige Stoßkraft zu sammeln zu dem, was uns Fortschritt bedeutet und was uns in der friedlichen Weltschlacht zu Siegern machen kann. Denn nicht ausschließlich, aber doch zum guten Teil liegt dieser Sieg bei der Technik.«[2]

Die Weltschlacht kam, und der Sieg lag in der Tat bei der Technik. Das Zitat ist so herrlich, weil alles darin steht: Gegner sind die alten Tanten, die Weiber, die rückwärtsschauen. Die jungen Frauen werden ja noch für ihren Anteil an der Weltschlacht gebraucht. Auch der Zwangsaufruf zum Optimismus ist da. Und der Geist der Entwicklung, des Fortschritts ist nur der andere Ausdruck für den unheiligen Geist des Geldes, diese alles entseelende Macht. Und der gesamte Ton ist phallokratisch kriegerisch. Die patriarchale Grenzziehung um den Besitz fehlt völlig: das Fürsorgemoment, das das Patriarchat stets auch konservativ gestimmt hat, also zu einem Hemmnis auf dem Marsch in die Weltschlacht des Fortschritts gemacht hat. Die Stoßkraft, die hier so wichtig ist, ist zweifellos die Kraft des Phallus, der Phallokratie.

Die Technik ist phallokratisch und hat zur Abschaffung des Patriarchats geführt, indem sie alle Beziehungen, die sich in irgendeiner Weise, und sei es auch nur in eigensinnigem Zugehörigkeitsbewußtsein, der Ausbreitung der Technik in den Weg gestellt haben, zerstört hat. Nicht zufällig sind in den strikt patriarchalen Gesellschaften Industrialisierung und Technisierung mit Verzögerungen und Verspätungen durchgeführt. Die Technik ist phallokratisch. Und ihr Ergebnis ist die Maschine. Ihre Organisationsform die Maschinisierung.

Nun ist die Maschine in allem größer, besser, schneller und stärker als ihr Erzeuger. Sie erheischt auch seine Bewunderung und zwingt ihn, ihr zu dienen. Der eroberungswütige Phallokrat wird zum Maschinenbediener. Idealiter bleibt er der leistungswütige Krieger. Aber sogar den Krieg beherrschen heute die Maschinen. Der heutige Krieg braucht den Krieger nicht mehr, nur noch den Maschinenbediener.

Wie sieht der Prozeß von der Seite der Frauen aus, wenn er nicht aus der Opferlogik, sondern aus der Sichtweise ihrer Aktivität betrachtet wird. De facto sind die Männer als Söhne die Produke der Frauen. Sie haben Rache und Kriegertum an die Söhne delegiert und gleichzeitig dadurch an ihnen Rache genommen, heimlich und möglichst unwissend. Die Unbarmherzigkeit, mit der die patriarchale Gesellschaft ihnen begegnete, haben sie an die Männer, die Söhne weitergegeben. Die zärtlichen, weichen Empfindungen haben sie ihnen versagt. Nur die Aggression der Selbstdurchsetzung, die Emotion, die nur zu Entleerung und Entäußerung führt, haben sie ihnen gelassen. Mit all der Ambivalenz: Die Söhne waren ihr Anteil im imperialen Männersystem, aber auch ihre Möglichkeit der Rache. Die Söhne waren ihre heimlichen Aggressionsmaschinen, die ihnen Selbstdurchsetzung ersatzweise erkämpfen sollten, der Teil von ihnen, der sich durchsetzen mochte. Das war nichts als der heimliche Anteil und die heimliche Rache an der Männergesellschaft. Und diese phallokratischen Söhne, Maschinen der Frauen, an denen diese Lebenskraft gezwungenermaßen abarbeiteten, schufen sich in Mimesis ihre eigenen Maschinen, an denen sie sich mühten und hinter denen sie zurücktreten mußten.

Hier soll beileibe keine Schuldfrage zuungunsten der Frauen gelöst werden. Nicht die Frauen haben diese Technik letztendlich hervorgebracht. Sie selber haben in mimetischer Angleichung an den Patriarchen gehandelt, haben als Väter-Mütter den patriarchalen Auftrag erledigt, haben sich als aktive Objekte eines Handlungskreises verhalten, in dem sie leibeigene Gefangene waren. Aber sie haben ihre Maschinen hervorgebracht, die wiederum eigene geschaffen haben. Die neuen Maschinen haben die Merkmale der berechenbaren Vernunft angenommen, des modernen männlichen Denkens und wurden selber zum imperialen System, das mimetische Anpassung fordert.

Die modernen Männer sind bei starker Neigung zur Phallokratie zu Maschinenbedienern geworden. Der Mythos des Mannes ist auf die Maschine übergegangen. Die Männer sind die aktiven Objekte der Maschinensysteme, wie die Frauen die aktiven Objekte der patriarchalen Familie waren. Doch auch sie sind heute Maschinenbedienerinnen. Die Maschine löscht alle Eigenarten und Unterschiede aus. Vor der Maschine sind alle gleich, wenn sie den

Maschinenkriterien entsprechen: Berechenbarkeit, Quantifizierung, Reproduzierbarkeit und Austauschbarkeit der Teile, Standardisierung, Regelhaftigkeit, Eindeutigkeit, Determiniertheit, Sachlichkeit. Männer wie Frauen können sie bedienen, wenn sie sich anpassen. Aber die Maschine ist idealiter ein geschlossenes System, das von außen gesteuert wird und in ständiger Perfektionsbewegung ist. Und in dieser Bewegung tendiert sie immer mehr zum Ausschluß von Störfaktoren. Und Menschen sind bisweilen eigensinnige Naturwesen, sosehr sie sich Mühe geben, der Maschinisierung zu genügen. Folgerichtig tendiert die Perfektionsbewegung der Maschinerie zum Ausschluß von Menschen. Und die Frauen, stets im Ruch ihrer kaum noch vorhandenen archaischen Weiblichkeit, sitzen als erste draußen und sollen gefälligst fortfahren in der Produktion der Maschinenbediener, selbst wenn sie gern sich an der Produktion der imperialen Maschinen beteiligten.

Aber die Frauen passen sich auf ihre Weise an. Ein Beispiel ist das Geschäft mit den Leihmüttern. In Diskussionen beteuern Frauen, mit wieviel mehr Liebe Kinder aufgezogen werden, die auf Bestellung von Leihmüttern hergestellt wurden. Schließlich entsprechen sie im Preis etwa einem Luxusauto, auf das man auch etwa neun Monate warten muß, wenn man es bestellt hat. Kinder, deren Herstellung und Kauf bereits Tausende von Mark gekostet haben, werden sorgfältig bewahrt. Auf seinen Mercedes tritt und schlägt der Besitzer auch nicht nach Laune und Überforderung los, um seine Wut abzulassen. Was jedoch naturgegeben nachwächst, wirft man nachlässig weg.

Die Technik als Maschine hat alte Orientierungsbilder der Natur zerstört und im Fortgang auch die sozialen Bilder der Geschlechter. Sie hat sich als alleiniges Orientierungsbild der Moderne an die Spitze gesetzt. Dabei ist die maschinelle Methode relativ simpel. Komplizierte vielfältige Bilder wurden einer schlichten eindeutigen Realisierung zugeführt. Der Phallus drückte sich in verschiedenen Schieß- und Stoßgeräten aus. Automaten sind versimpelte Naturbilder. Und die Leihmütter sind Gebärmaschinen, de facto, nicht mehr metaphorisch. Die maschinelle Lösung verhält sich zu ihren nachgeahmten Vorbildern wie der Kitsch zur Kunst.

Das Maschinelle ist identisch mit den Kriterien des herrschenden Bewußtseins, denn der gesellschaftliche Zusammenhang tendiert immer mehr dazu, ein maschinisiertes Regelsystem zu werden, in dem alle alten Zugehörigkeiten verlorengehen, patriarchaler oder matriarchaler Art, und die Vereinzelten mobile Maschinenteilchen werden, die sich den Bewegungen des Regelsystems anzupassen haben oder ausgeschieden werden. Das einzige, was noch aus alten Männergesellschaften übriggeblieben ist: die phallokratische Aggression der Selbstdurchsetzung und der Eroberung. Sie ist ein Konstituens der Maschine und stört sie nur, wenn sie unkontrolliert sich gegen die Maschine richtet. Andernfalls ist sie ohne weiteres integrierbar. Die Sozialisation heute richtet sich auf Selbstdurchsetzung. Sie wird zur bestimmenden

Form der Verhaltensweisen, ganz phallokratisch maschinell. So rumort heimlich der totale Krieg der Selbstdurchsetzer jeder gegen jeden und auch jede gegen jeden im Regelsystem, gezügelt nur durch die erzwungenen maschinellen Kriterien der Berechenbarkeit.

Das Weibliche, was kann das noch sein?

Da sind selbst die Frauen ratlos, trotz vieler Definitionsversuche. Moderne Frauen können höchst angriffslustig werden, wenn man es wagt, das Wort so mir nichts dir nichts zu gebrauchen, vor allem wenn es in der Universität geschieht, wo das Weibliche stets unter dem Verdacht verbotener Anwesenheit stand. Ich solle es definieren, wurde ich einst, vor nicht langer Zeit aufgefordert während eines unvorsichtig naiven Vortrags meinerseits in einem modernen Universitätsgebäude. Meiner Weigerung habe ich trotzig beigestellt, und rechthaberisch, womöglich ließe es sich nicht definieren, weil den Worten die Luft, vielleicht das Leben ausginge, so im Würgegriff. Die Frauen, zumeist jünger als ich, waren es äußerst unzufrieden. Angestrengt zog ich ab und dachte modern, Frust, Marter, Pein. Was mir dämmerte, war, daß auch Worte ihren Raum und ihre Zeit haben und geschlossene Denksysteme, die auch stets Wahnsysteme sind, vieles nicht leben lassen können. Da gibt es Unvereinbarkeiten.

»Die Träume des eigenen Körpers (erscheinen) den Menschen wie eine ferne fremde Welt.«[3] Der Traum, »liebevoll-mütterlicher Schutzgeist«[4] ist in dem maschinellen Wahn eine Persona non grata.

Die Erfahrung des Weiblichen und des Lebendigen gehört den imaginären Welten des Träumerischen an, das heute allenfalls als Alptraumphantasien in Fernsehfilmen verwandt wird. Und sichtbar und erfahrbar kann es nur werden, wenn es ins Leben tritt, wenn es gelebt wird.

Aber sind Männlichkeits- und Weiblichkeitsbestimmungen nicht bereits vergangene Probleme? Die neuen Generationen sehen das womöglich alles viel lockerer, weil längst gelockert, aufgelöst? Es ist die Rede vom dritten, androgynen Geschlecht, in dem die zwanghaft kreierten Dualismen sich versöhnen und zu einer Einheit kommen, in der alles möglich wird. In der Tat hat die Maschine dem Überlegenheitswahn vieler Männer vergangener Generationen einen Schlag versetzt. Heute erscheint er als pubertäres Imponiergehabe, das einem defizitären Selbstbild entsprungen sein muß. Defizite, die mit Gewalt und Tricks den Frauen aufgezwungen wurden.

Die Energiemaschine hat die brachialgewaltige Männlichkeit lächerlich gemacht, die moderne Maschine das intellektuelle Überlegenheitsgehabe.

Moritz von Schwind: Die Bildhauerei.

Denn die neue Maschine, an die wir alle gesetzt werden sollen, ist immer schneller, intelligenter, kleiner und integrativer geworden. Der Computer, ein winziges Maschinchen, faßt steuernd die Kraftmaschinen zusammen.

Beide Geschlechter finden sich als Gedemütigte wieder. Die Naturbeherrschung hat die genuine menschliche Naturfähigkeit erreicht: das Denken. Und da wird sie auch die entscheidenden Folgen zeitigen.

Naturbeherrschung, welch ein wahnsinniger Irrtum. Wie die Griechen vor Troja sind wir heute in Städten und Smoggebieten vom Westwind abhängig, damit wir nicht in industriellen Giftwolken ersticken. Welch eine reduzierte Naturabhängigkeit. Täglich werden wir einmal mehr abgestumpft durch Nachrichten über Verheerungen, Verwüstungen, Vergiftungen. Keine andere Tierart hätte das geschafft wie das dem Wahn verschriebene Wesen, seit es, getrieben vom unheiligen Geist Geld, alle Schranken, Hemmungen und Skrupel hinweggewähnt hat.

Nach dem Motto: Denken wir, daß wir die größten sind und alles machen, über alles nach Gutdünken verfügen dürfen, weil alles für uns gemacht ist. Die Krone der Schöpfung. Nach den versoffenen Karnevalstagen ist sie jetzt in die Gosse gerollt. Da liegt sie, blechern, unansehnlich und wird mit den Füßen beiseite gestoßen. Oder doch nicht? Da gibt es noch genügend, die sie sich aufs neue vergolden lassen und auf den Kopf setzen wollen.

Die Maschinenwelt hat sich wie alle männerstaatlichen Erscheinungen verselbständigt. Die Maschine funktioniert und mit ihr die Männer und Frauen, die ihr verfallen sind, weil sie den Wahn nicht wahrhaben wollen, solange die Erde nicht auf jedem Quadratmeter eine Giftmülldeponie geworden ist, die man zu giftigem Staub zerbomben und ins Universum schicken kann. Da gibt es die Wahnsinnigen, die mit diesen Bildern spielen, und sie verfügen über die Waffen und das Gift, getrieben von ihrem unheiligen Geist. Aber auf seltsame Weise dem Leben hingegeben, denke ich, keine historische Bewegung hat am Ende erzielt, was sie beabsichtigte. Denn in der Trümmerlandschaft von Natur und Kultur entsteht Neues, wie immer, wenn ein Zeitalter in Agonie liegt. Sozusagen die übernächste Gesellschaft.

Auch wenn das Bild der Maschine prägend geworden ist, bietet es Grundlage für die Entwicklung neuer Orientierungen gerade im Bereich der maschinellen Handhabungen. Physiker wie Capra erkennen, daß sich der unendliche Fortschritt in atomarer Explosion vollenden kann und suchen nach einem neuen Paradigma, das mit dem alten zu versöhnen sei:

> »Die moderne Physik verwandelte das Bild vom Universum als einer Maschine in die Vision eines unteilbaren dynamischen Ganzen, dessen Teile grundsätzlich in Wechselbeziehung zueinander stehen und nur als Muster eines kosmischen Prozesses verstanden werden können ... Es herrscht Bewegung, doch gibt es letzten Endes keine sich bewegenden Objekte; es gibt Aktivität, jedoch keine Handelnden; es gibt keine Tänzer, sondern nur den Tanz.«[5]

Bösartig betrachtet, haben wir da den sinnlosen Tanz der aktiven Objekte, die zwanghaft miteinander verdrahtet und verkabelt sind, und wir haben die Erklärung der Verantwortungslosigkeit, denn wo es keine handelnden Subjekte gibt, kann es auch keine Schuldigen geben.

Haben die Physiker den unendlichen Umweg gemacht, um wieder da anzukommen, wo ihre Vorfahren in ihrem Denken gelebt haben beim Pantheismus? Nur wurden darin die Erscheinungsformen nicht nur als miteinander verwoben betrachtet, sondern auch als göttlich, antastbar für den menschlichen Übergriff nur unter bestimmten Bedingungen.

> »Doch so, wie sich der Durchschnitt zweier Linien, auf der einen Seite eines Punktes, nach dem Durchgang durch das Unendliche, plötzlich wieder auf der anderen Seite einfindet, oder das Bild des Hohlspiegels, nachdem es sich in das Unendliche entfernt hat, plötzlich wieder dicht vor uns tritt: so findet sich auch, wenn die Erkenntnis gleichsam durch ein Unendliches gegangen ist, die Grazie wieder ein...«
> »Mithin... müssen wir wieder von dem Baum der Erkenntnis essen, um in den Stand der Unschuld zurückzufallen?«
> »Allerdings..., das ist das letzte Kapitel von der Geschichte der Welt. –«[6]

Vielleicht wird es auch das letzte Kapitel von der sich selbst verwirklichenden Männlichkeit. Denn es wird höchste Zeit, daß die Menschen ein zweites Mal von diesem Baum essen, ehe alle Bäume, die sonderlichen Gestalten dieses Urbaums der Erkenntnis, abgestorben sind, weil Menschen ihnen das Lebensrecht geraubt haben; ehe die Natur ihre vielfältigen Gestalten so lange zurückzieht, bis auch die Menschen verschwunden sind und ein neuer Anfang nur ohne sie möglich wird.

Die Maschinisierung tendiert zu ihrer Totalisierung. (Nicht umsonst wird heute in der Jugendsprache alles total.) Aber je mehr sie sich selbst verwirklicht, desto restriktiver wird ihr Umkreis, desto mehr Menschen werden herausgestoßen. Souveränität könnte hier heißen, Abschied vom Mythos der Maschine in ihren Bewußtseins-, Denk- und Verhaltensformen zu nehmen. Maschinen zu nutzen nur als Instrumente und Hilfsmittel, wie es einige alternative Ingenieure versuchen. Merkwürdigerweise bietet sich der Computer dazu an.

Aber Souveränität heißt auch, sich auf die eigenen imaginären Welten einzulassen. Und es entstehen Männer, die dazu fähig sind. Solche, die sich gegen das pubertäre Spiel der Rekorde wenden oder gegen die älteste Berufsform des Mannes, das Söldnertum, wenn sie sich vor Kanonen und Harpunen ins Wasser werfen, um Wale zu retten, oder wenn sie sich mit ihrer Vernunft der gesammelten analytischen Kraft der Aufklärung, der Atombombe in den Weg stellen oder aus Mitgefühl gegen eigene Machtinteressen Tiere aus Folteranstalten befreien. Es sind vielleicht Männer, die es unauffällig immer gab, deren bewahrende Tat jetzt Auffallen findet.

Und Frauen? Es gibt schon viele, die ihren eigenen souveränen Weg mühsam suchen. Und es ist notgedrungen zunächst ein individueller einsamer. Aber es gibt auch Frauen, die da hintraben, wo Männer Positionen freimachen. Auch Frauen, die ihren Bauch als Produktionsgerät zur Verfügung stellen für ein Honorar - die ebenso hemmungslos mit dem Leben umgehen lernen und die die gleichen Möglichkeiten zur wahnbesessenen Barbarei beweisen. Daß die Frauen die gleichen Möglichkeiten in sich tragen, zu denken und zu handeln wie Männer, diese durch Naturwissenschaft und Maschine vermittelte Einsicht verwahrlost wiederum, wenn Frauen die gleichen Irrtümer begehen, die zum schlechten Ende Entsetzen hervorrufen. Die gleichen Möglichkeiten müssen nicht die gleiche Wirklichkeit hervorrufen, die sich in der industriell produzierten Realität erschöpft oder vor Erschöpfung zu Boden sinkt. Denn Frauen können wissen, erfahren es aus den Werken und Wirkungen der männlichen Denkweisen und Wissenschaften, wer die Sterne vom Himmel holt, dem fallen sie als Steine auf den Kopf.

Anmerkungen

1 *Elisabeth Lenk,* Die unbewußte Gesellschaft. München 1983, S. 102.
2 *Jos. Aug. Lux,* Ingenieurästhetik. München 1910, S. 1–3.
3 *Lenk,* a. a. O., S. 151.
4 *Lenk,* a. a. O., S. 109.
5 *Fridjof Capra,* Wendezeit. Bern/München, Wien 1982, S. 97
6 *H. v. Kleist,* Sämtliche Werke, Bd. 2. Leipzig 1883, S. 380.

III WEIBLICHKEIT ALS DIMENSION POLITISCHER KULTUR

Carol Hagemann-White

Zum Verhältnis von Geschlechtsunterschieden und Politik

1. Als die neue Frauenbewegung in der Bundesrepublik Deutschland Mitte der siebziger Jahre eigene theoretische Beiträge hervorzubringen begann, war die »weibliche Sozialisation« ein Schlüsselthema. Den entsprechenden Absatz ihres Buches 1973 überschrieben *Brandt, Kootz, Steppke:* »Bestimmung der psychischen Dispositionen und Verhaltensmöglichkeiten durch die geschlechtsspezifische Sozialisation.«[1] In einflußreichen Beiträgen[2] sowie in der grauen Literatur der Zeit wurde viel von Geschlechtsrollenkonditionierung, Drill zur Weiblichkeit von der Wiege an u. ä. m. gesprochen. Den politischen Impetus dieser Beweisführung formulierte z. B. Renate Stefan 1975: »Die sogenannte weibliche Schwäche, Unfähigkeit, Unterlegenheit ist nicht biologisch oder ‚natürlich', sondern hat gesellschaftliche Ursachen. D. h., es ist möglich, unsere Unterlegenheit und damit unsere Unterdrückung zu beseitigen!«[3]

Doch das anfängliche Ziel – »Wir nehmen uns das Recht, nicht länger weiblich zu sein, sondern menschlich« (so der Schlußsatz von Alice Schwarzer: »Der kleine Unterschied«)[4] – verlor sich oft in der Beschäftigung mit der vielschichtigen Beschreibung des Andersseins von Frauen. Nicht zufällig, denn die Beschreibung diente immer neu zur Legitimierung der Autonomie von Frauengruppen, Frauenprojekten, Frauenbewegung selbst; und dieser Legitimationsdruck kam nicht nur von außen. Viel Energie floß in die Legitimierung von Autonomie – anders als in anderen sozialen Bewegungen. Bald gehörte zu jeder Arbeit über Frauen ein Vorspann über die frühe Erziehung des Mädchens, woraus sich das teilweise angepaßte Verhalten der Betroffenen im untersuchten Bereich erklären würde. Eine Bewegung, die prinzipiell für alle Frauen sprechen wollte, bewältigte so den Widerspruch, daß die Masse der Frauen sich dem Aufstand noch nicht angeschlossen hatte – bewältigte aber auch den eigenen Zwiespalt gegenüber den möglichen Konsequenzen eigener Radikalität.

Die Problematik dieser Art Legitimierung und Bewältigung wurde aber auch bald sichtbar. Erklärt die Sozialisation zureichend die freiwillig erscheinende Unterordnung der anderen Frau, macht sie meine eigene Auflehnung erst recht unbegreiflich; und umgekehrt: Werden Frauen vornehmlich durch massive Gewalt davon zurückgehalten, aus der Rolle zu fallen, so ist rätselhaft, wieso beispielsweise mißhandelte Frauen aus dem Schutzraum eines Frauenhauses zum Mißhandler zurückkehren. In diesem Dilemma schimmert die völlige Unzulänglichkeit eigenschaftspsychologischer Erklärung auf, um den Anteil der Frauen am System der eigenen Unterdrückung zu begreifen.

2. Den gängigen Theorien über geschlechtsspezifische Sozialisation liegt die Annahme zugrunde, daß formende Einflüsse in der Erziehung der Individuen geschlechtstypisch unterschiedliche Persönlichkeitsstrukturen und davon bestimmte Verhaltensweisen erzeugen. Ob nun Wirkungsmechanismen nach dem Modell der Psychoanalyse, der Lerntheorie oder der kognitiven Sozialisation stärker gewichtet werden, gemeinsam ist diesen Theorien ein Grundmodell der Beweisführung: Einflüsse, die - nach unserer derzeitigen Kenntnis der Sozialisationsprozesse allgemein - beim einzelnen persönlichkeitsformend wirken, sind zugleich auch für geschlechtstypische Unterschiede verantwortlich.

Nun zeigt aber der Stand einer inzwischen umfangreichen Forschung über Geschlechtsunterschiede und geschlechtsspezifische Erziehung, methodenkritisch gesichtet und im wissenschaftsgeschichtlichen Kontext überprüft, daß das immer schon vorausgesetzte Resultat geschlechtsspezifischer Erziehung so nicht beobachtbar ist.[5] Die nach den gängigen Theorien mitbewirkten Geschlechtsunterschiede in der Kindheit sind nicht belegt. Persönlichkeitsstruktur, Verhaltensdispositionen und prüfbare Leistungen oder Leistungsfähigkeiten unterscheiden sich kaum nach Geschlecht - jedenfalls nicht so, daß bedeutende Einwirkungen von Erziehungsmustern für die Erklärung gesucht werden müssen. Und ganz sicherlich sind das Ausmaß und die Ausprägung derjenigen Unterschiede in Durchschnittswerten, die in einzelnen Forschungsberichten mitgeteilt werden, viel zu gering, um die unterschiedlichen sozialen Lagen der Geschlechter verständlich zu machen, um auch nur als vermittelnde Ursache für die geschlechtsspezifischen Lebenswege zu gelten.

Andererseits lehrt uns der Alltag, daß das Verhalten der Geschlechter durchaus nicht ununterscheidbar ist, das Geschlecht also kein belangloses Datum ist. Eine umfangreiche und wachsende Literatur aus der neueren Frauenbewegung und der Frauenforschung belegt zumindest beschreibend die These, daß das Geschlecht vielmehr in allen Lebensbereichen eine hervorragende, wenn nicht sogar maßgebliche Bedeutung für die zugrunde liegende Struktur von Situationen und Interaktionen hat. Gesellschaftlich wirksame Unterschiede in den Sozialcharakteren der Geschlechter existieren mit Sicherheit; sie werden theoretisch wie empirisch nur im Rahmen einer Analyse symbolischer Systeme und ihrer kulturellen Reproduktion zu erfassen sein. Das heißt, daß die Unterscheidung Frau/Mann in jeder Gesellschaft kulturell geprägt und in der sozialen Interaktion vermittelt wird; sie ist eine symbolische Polarität von weitreichender Bedeutung innerhalb der Kultur.

3. Die kulturell uns vertraute Geschlechterpolarität beruht auf Konstruktionen, die evolutionär und anthropologisch eher unwahrscheinlich sind. Das heißt übrigens auch: weder Patriarchat noch Matriarchat kann als Naturzustand der Menschheit oder als Urform der Gesellung postuliert werden. Körperlich gesehen ist der Dimorphismus beim Menschen so gering, das Vorhandensein von Zwischenstufen aller Art (auch genital) so reichlich, daß die Zweiteilung eher einem Kontinuum aufgesetzt werden muß, als daß sie Natur wäre. Die Entdifferenzierung und Entkoppelung zwischen Triebimpuls und Triebziel gehen bei den Menschen wesentlich weiter als bei unseren »nächsten Verwandten«, den Schimpansen, die ihrerseits nur wenige Unterschiede im Verhalten nach Geschlecht kennen. Der Hormonhaushalt der Geschlechter ist bei den Menschen sehr ähnlich, die sexuellen Gelüste sind polymorph pervers und nicht periodisch. Pflege»instinkt« und Sexualtrieb sind entkoppelt; es gibt einerseits eine generalisierte Appellwirkung der Kindchen-Gestalt (wofür beide Geschlechter ansprechbar sind), andererseits eine umfassende Erotisierung. Es scheint äußerst unwahrscheinlich, daß die ersten Menschen, im heutigen ausschließlichen Sinne, heterosexuell gewesen wären, und angesichts der ständigen Bereitschaft hätte ein einseitiges Primat einer Art von Sexualität kaum evolutionäre Vorteile gehabt. Theorien über die Entstehung des Patriarchats müssen sich die Frage stellen, wie aus weitgehend entdifferenzierten geselligen Wesen »Frauen« und »Männer«, wie das Tabusystem der Heterosexualität[6] entstanden sein könnte.

Alle uns bekannten Kulturen (die doch alle Späterscheinungen am Ende einer sehr langen Menschheitsgeschichte sind) sind patriarchalisch, d. h., sie gebrauchen das Prinzip der Geschlechterzuordnung zugleich für die Konstruktion/Erhaltung von männlich dominierten Statushierarchien. Ich nenne sie »patriarchalisch«, weil sie den Begriff des »Vaters« (oder eines Äquivalenten, z. B. Bruder der Mutter) konstruieren und ihn der »Mutter« entgegenstellen und überordnen. Die Polarisierung der Geschlechtszuordnung ist darauf angelegt, das Männliche als das Übergreifende, Höherwertige und Allgemeingültige (d. h. die Öffentlichkeit und das Gemeinwohl vertretend) zu definieren. Kampfmittel sind den »Männern« vorbehalten, Kleinkindversorgung Aufgabe der »Frauen«. So mag als gemeinsames Merkmal patriarchalischer Gesellschaften gelten, daß in ihnen das Töten höherwertig als die Pflege des Lebens ist. Es ist nicht ausgemacht, ob diese Wertrangordnung Ursache oder Folge der geschlechtlichen Zuständigkeiten ist. Doch sie bedeutet, daß die symbolische und materielle Ungleichheit der Geschlechter mit anderen Formen und Inhalten der sozialen Ungleichheit verschränkt und verwoben ist.

4. Die soziale Konstruktion der Zweigeschlechtlichkeit gehört in doppeltem Sinne - als bestehendes gesellschaftliches Gebilde und als Prozeß der erneuten Hervorbringung von Frau-Sein und Mann-Sein - zum Fundament des Alltags. An unserem tatsächlichen Umgang damit läßt sich zeigen, daß die Geschlechtszugehörigkeit niemals »Faktum brutum« ist, sondern eine soziale Tatsache, die dargestellt werden muß.[7] Erst die gelingende Darstellung konstituiert die Geschlechtszugehörigkeit. Soziale Tatsachen dieser Art existieren nur, wenn sie in konkreten Interaktionen mitgeteilt und anerkannt werden. Unsere Alltagsannahmen über das Kriterium der Geschlechtszugehörigkeit täuschen uns dabei - denn in Wirklichkeit werden die Genitalien nur selten überprüft, bevor die Zuordnung zu dem einen oder dem anderen Geschlecht im sozialen Umgang, ja sogar in der Erotik vorgenommen wird. Geschlechtszugehörigkeit ist primär symbolisch. Damit ist aber unsere subjektive Identität, die Tatsache, überhaupt Frau oder Mann zu sein, mit der Darstellung, der Darstellbarkeit von Weiblichkeit und Männlichkeit verkettet.

Die Bemühungen der älteren und neueren Frauenbewegungen, konkrete Inhalte dieser Darstellung loszulösen von der Tatsache des Geschlechts und zur Disposition zu stellen, stoßen an ihre Grenze in der Notwendigkeit, unsere Identifizierung als Frauen verstärken und bestätigen zu müssen, um soziale Bewegung sein zu können. Denn diese Identifizierung, daß wir Frauen seien, läßt sich nicht ohne symbolische Inhalte vollziehen, sie hat keinen gesellschaftlich neutralen, bloß biologischen Boden.

Zwar bildet unsere Körperlichkeit einen Kern unseres Selbstgefühls, doch die kulturelle Bedeutung von bestimmten Elementen des Körpers prägt unser Körpererleben wesentlich. Vorgänge wie das Gebären, die nur in größeren Zeitabständen überhaupt und nur in einer bestimmten Lebensphase, möglicherweise nie erfahren werden, greifen zeitlich, sozial und symbolisch auf den gesamten Lebenslauf über, werden auch kontrafaktisch als virtuell vorhanden unterstellt, während andere reale Unterschiede in der Körperlichkeit (wie Kraft, Gewicht, Größe) unbeachtet bleiben oder als symbolische Beweise für den Geschlechtsunterschied verwendet werden.

5. Die Konkretisierung dieses Ansatzes wird es erlauben, Schwerpunkte und Fragestellung für die empirische und historische Untersuchung zu setzen. Es lassen sich Themenbereiche ausmachen, die im Prozeß der kulturellen Reproduktion der Zweigeschlechtlichkeit von tragender Bedeutung sind - damit auch Ansätze zur Veränderung erkennen, die über einen bloßen Formwandel patriarchaler Ungleichheit hinausgehen. Als ein strukturierendes Grundprinzip symbolischer Ausdrucke der Geschlechtsunterschiedlichkeit, sowohl in Bereichen wie Sexualität und Aggression wie auch in Bereichen der Wirtschaft und des öffentlichen Lebens ist das Verhältnis zur Macht zu benennen.

Die Verschränkung von gesellschaftlichen Rangordnungen anderer Art mit Geschlechtszugehörigkeit in den kulturellen Grundlagen der Zweigeschlechtlichkeit bedeutet, daß die symbolische Darstellbarkeit der Geschlechtszugehörigkeit unter anderem eine bestimmte Beziehung zur Macht beinhaltet. Theoreme, wonach Machtgier, überlegene Körperkraft und Aggressionsüberschuß den Männern angeboren seien, greifen nicht nur wegen der bekannten Ausnahme zu kurz. Allerdings trifft auch die Gegenthese, das Verhalten von Machtinhabern sei vom System her bestimmt und geschlechtsneutral, nicht zu. Macht und Geschlecht sind sehr wohl spezifisch miteinander verbunden.

Die Politik und das offene Streben nach Macht in größeren wie in kleineren sozialen Gebilden ist gekennzeichnet durch die Vorherrschaft von Männern. Diese Dominanz reicht bei größeren Gebilden bis zur Ausschließlichkeit. Aber wir beobachten komplementär dazu den »Verzicht« von Frauen auf Partizipation in den Bereichen, die die unteren Stufen der Leiter zur machtbezogenen Karriere darstellen. Wir sehen sogar, wie Frauen ihre Stimme für politische Parteien und Programme geben, die die Einschränkung und Entmachtung von Frauen betreiben. Frauen stimmen in großer Zahl einer expliziten Politik männlicher Dominanz und weiblicher Unterordnung mindestens zeitweise zu. Begreiflich wird dieses »unpolitische« Verhalten von Frauen, ihr kollektiver Verzicht auf selbstbewußte Interessendurchsetzung, erst auf dem Hintergrund der kulturellen Reproduktion der Zweigeschlechtlichkeit: In die Konstruktion und Darstellung einer eigenen Identität als Frau fließt ein anderes Verhältnis zur Macht und damit zur Politik ein als bei der Konstruktion männlicher Identität.

6. Die politische Kultur von Männern und diejenige von Frauen unterscheiden sich tiefgreifend. Mit politischer Kultur meine ich sowohl das Verständnis dessen, was Politik ist und sein darf, wie auch das eigene Selbstverständnis und die wechselseitige Bestätigungsbereitschaft im Hinblick auf bewußte gesellschaftliche Macht. Dabei handelt es sich einerseits durchaus um zwei komplementäre Teile einer gemeinsamen Kultur: Wenn Frau-Sein ein inniges Verhältnis zur Ohnmacht beinhaltet (das ist ja der Kern der »Mütterlichkeit«), so ist dieses Verhältnis nur denkbar und darstellbar in seinem Bezug zum Mann-Sein. Mit dem Begriff einer »spezifischen politischen Kultur von Frauen« meine ich ein von Frauen kollektiv gelebtes und gegenseitig bestätigtes Regelsystem, das die Komplementarität von Frau und Mann in Verhaltenserwartungen und Gefühle übersetzt; und zwar ein Regelsystem in bezug auf individuelle Persönlichkeit ebenso wie auf gemeinschaftliches oder hierarchisches Bewirken über die unmittelbare Beziehung hinaus. Die Frage nach der politischen Kultur von Frauen ist deshalb von großer Bedeutung, weil jede mögliche Umgestaltung gesellschaftlicher Ungleichheiten mindestens durch Politik vermittelt ist. Solange Frauen zwar in kleinen Gruppen

»gemeinsam stark« sind, jedoch von einer Beteiligung an gesellschaftlicher Politik ausgeschlossen sind/sich ausschließen, können Strategien, Zielsetzungen oder gemeinsame Fraueninteressen kaum zur Durchsetzung gelangen.

Die Erforschung dieser Erscheinungen kann auf die Annahme verzichten, daß Frauen als einzelne und von innen heraus – als Persönlichkeiten, die gar nicht anders können – anders (ob schlechter oder besser) sind als Männer. Diese Annahme wird sich, wie ich meine, im Rückblick als ein Übergangsstadium im sich verändernden Selbstbewußtsein der Frauen über ihre eigene politische Kultur erweisen. Denn das Regelsystem, das die Beziehung zwischen weiblicher Identität und Macht definiert, ist nicht statisch. Im Gegenteil: Ich wage die These, daß es sich in einem säkularen Prozeß der Selbstbewußtwerdung befindet.

Frauen waren in der bürgerlichen Gesellschaft niemals schlichte Objekte der Herrschaft und der Geschichte. Es ist ja eine Besonderheit dieser »sozialen Kategorie«, daß jede einzelne Frau in einem sozialen Netz lebte und große Nähe zu den Angehörigen der sie unterdrückenden sozialen Gruppe aufwies. Diese Nähe schloß immer die Möglichkeit der Komplizität, der Einflußnahme und der Mittäterschaft ebenso wie besondere Formen des Widerstandes und der Verweigerung ein. Für die Individualisierung dieser Strategien und »Listen der Ohnmacht«[8] ebenso wie für die fortgesetzte und unhinterfragbare Unterdrückung der Frauen in ihrer Gesamtheit war es wesentlich, daß die politische Kultur von Frauen ihrer selbst nicht bewußt werde. Das bedeutet, daß Frauen vielfach sich »objektiv« politisch verhielten, ohne das subjektive Bewußtsein zu haben, daß dies Politik sei. Die symbolische Konstruktion der Weiblichkeit erleichtert diese Doppelbödigkeit des Verhaltens, des Bewußtseins und der Sprache. So konnte z. B. eine Frau Macht über andere Frauen anstreben und ausüben, indem sie sich selbst als die Trägerin höherer moralischer Prinzipien verstand, die von dem, was sie selbst besitzt – dem Privileg sittlicher Kultur –, an ihre weniger bemittelten Schwestern schenkt.

Als beispielhafte Bruchstelle in dieser Entwicklung läßt sich das Selbstverständnis der »gemäßigten« Frauen der ersten deutschen Frauenbewegung interpretieren. Organisiert und bis zu einer gewissen Grenze bewußt politisch aktiv, etwa in dem Gebrauch der damals üblichen Mittel bürgerlicher Politik (von Versammlungen über Broschüren, Lobbyarbeit im Reichstag bis zur Inanspruchnahme der Protektion der Kaiserin), für die Aufwertung der Frauenbildung, für die Öffnung des Oberlehrerberufs für Frauen und den Zugang von Frauen zur Universität, so war diese Frauenbewegung mehrheitlich überzeugt, kein politisches Amt bekleiden zu wollen; selbst die Stimmrechtsbewegung war ambivalent gegenüber der Partizipation von Frauen und Politik. Das Konzept der »organisierten Mütterlichkeit« bezeichnet eine höchst ambivalente Bruchstelle. Einerseits beruft sich die Frauenbewegung auf die Zuordnung der Frau zur Familie und zur Privatheit, andererseits soll dieses besondere Wesen gesellschaftlich organisiert sein und bewußt gesellschaftlich wirken, an der Umgestaltung sozialer Verhältnisse teilhaben. Das Interesse an der Macht, das für den Anspruch auf Gestaltung gesellschaftlicher Zustände unentbehrlich ist, wurde noch vollends verleugnet und mit dem Selbstbild von Hingabe, Selbstlosigkeit und Dasein für andere bemäntelt. Das war ein Grund, warum dieser Teil der Frauenbewegung sich noch relativ sorglos und unpolitisch mit denjenigen Kräften verbünden konnte, die gerade an die Macht kamen – ohne das Bewußtsein zu haben, deren Parteigänger zu sein.

7. Dies hat sich in der neuen Frauenbewegung seit Beginn der siebziger Jahre geändert, wobei die Frauenbewegung selbst als symptomatisch für eine sich länger anbahnende und weitergreifende Veränderung zu sehen ist. Das Schlagwort: »Das Persönliche ist politisch«, erlaubte ein Bewußtsein des politischen Charakters allen Verhaltens zur Macht – und erzwang auch dieses Bewußtsein, wo Frauen ihn lieber verdrängt hätten. Die Funktion der kulturellen Konstruktion von Weiblichkeit zur Verdeckung und Verleugnung sowohl erlittener wie auch gewünschter Macht war durchbrochen. Wie auch immer Bezeichnungen wie »neue Weiblichkeit« und »neue Mütterlichkeit« für neue Tendenzen in der Frauenbewegung zutreffen mögen: Diese Tendenzen, sich aus Kampf- und Konkurrenzfeldern zurückzuziehen, können nicht mehr hinter das Bewußtsein des politischen Charakters der politischen Kultur von Frauen zurück. Sie können daher weder in eine einfältige Kontinuität gesetzt noch als Wiederkehr ähnlicher Ideologien der ersten Frauenbewegung gesehen werden. Der Streit darum, ob nicht – hier und heute, sozial bedingt, oder durch alle Zeiten aufgrund der Biologie – Frauen anders empfinden, anders denken und anders handeln als Männer, ist nicht mehr verkoppelt mit der Vorstellung, daß dieses Anderssein unpolitisch wäre. Im Gegenteil, symbolische Repräsentanten der herkömmlichen Weiblichkeit – weiße, wallende Kleider, Kinderspielsachen, Küsse und Zärtlichkeiten – werden als Mittel politischen Handelns benutzt, als Hilfsmittel von Demonstrationen, Störaktionen und Blockaden.

Gesellschaftlich ist, so die These, ein qualitativer Durchbruch zu einem Selbstbewußtsein der politischen Kultur von Frauen geschehen. Die Entfaltung dieses Selbstbewußtseins, seine Folgen für das Denken und Handeln von Frauen in unterschiedlichen Lebenslagen ist noch offen. Gewännen Frauen ein unbefangeneres Verhältnis zur Macht im Rahmen einer neuen, noch immer kulturell polarisierten Weiblichkeit, so könnte dies sogar eine neue Versöhnung mit Ungleichheit und Gewalt beinhalten, sofern diese nur andere eher als uns selbst treffen. Entscheidend wird sein, ob neue weibliche Wege der Politik auch andere Inhalte und andere Ziele als die der männlich geprägten, vorherrschenden Kultur tragen. Aus der Rückbesinnung auf Weiblichkeit allein können diese nicht entstehen: Gefordert ist vielmehr, nicht nur die männliche Rationalität, sondern ebenso unsere weiblichen Selbstverständlichkeiten, unsere Gefühle ebenso wie unsere Stereotypen kritisch zu reflektieren.

Anmerkungen

1 *Gisela Brandt, Johanna Kootz, Gisela Steppke,* Zur Frauenfrage im Kapitalismus, Frankfurt 1973, S. 196.

2 Vgl. unter anderen *Alice Schwarzer,* Der »kleine Unterschied« und seine großen Folgen, Frankfurt 1975; Ursula Scheu, Wir werden nicht als Mädchen geboren - wir werden dazu gemacht, Frankfurt 1977.

3 *Renate Stefan,* Hausfrauen und Mütter, die vergessenen Sklavinnen, Berlin 1973, S. 130.

4 *Schwarzer,* a. a. O., S. 237.

5 *Carol Hagemann-White,* Sozialisation: weiblich - männlich? Opladen 1984.

6 Salvatore Cucchiari verwendet »Inzesttabu« als den umfassenden Begriff für institutionalisierte kulturelle Einschränkungen der Sexualität; in diesem Kontext ordnet er, in Anknüpfung an einen Hinweis von Gayle Rubin, die ausschließliche Heterosexualität als ein Inzesttabu ein; s. *Cucchiari,* The gender revolution and the transition from bisexual horde to patrilocal band, the origins of gender hierarchy, in: *Sherry Ortner, Harriet Whitehead* (Hrsg.), Sexual Meanings, The cultural construction of gender and sexuality, Cambridge 1981, S. 39.

7 *Carol Hagemann-White,* Geschlecht und Charakter, erscheint 1985 in: Kölner Zeitschrift für Soziologie und Sozialpsychologie, Sonderheft Soziologie der Frau; siehe auch *Suzanne Kessler, Wendy McKenna,* Gender, An ethnomethodological approach, New York 1978.

8 *Claudia Honegger, Bettina Heintz,* Listen der Ohnmacht, Zur Sozialgeschichte weiblicher Widerstandsformen, Frankfurt 1981.

Alfred Krovoza

Weiblichkeit als »fait social«: Nicht mehr und nicht weniger?

Zunächst möchte ich zwei Feststellungen aufgreifen[1], die ich sehr plausibel finde. Zum einen die, daß alle uns bekannten Kulturen patriarchalisch seien. Ich werte das als Kritik der in weiten Kreisen der feministischen Bewegung als bewiesen betrachteten Annahme eines geschichtlichen und/oder (?) vorgeschichtlichen Matriarchats, welches zu unterscheiden ist von matrilinearen und/oder matrilokalen Gesellschaften, die in der Deszendenz- respektive Abstammungsregelung und der Residenz- respektive Familienwohnortwahlregelung einseitig (»unilinear«) die mütterliche Linie beachten. (Unsere Gesellschaft ist bekanntlich, was die Deszendenzregel angeht, bilateral, d. h., sie berücksichtigt beide Linien; was die Residenzregel angeht, so verschwimmt diese unter unseren sozialen Bedingungen fast völlig; man könnte allerdings von einer Tendenz zur Patrilokalität sprechen. Dieser Hinweis hat allerdings eher illustrativen Wert, da die Aussagekraft dieser Kriterien für unsere Verhältnisse gering ist.) Selbst in den wenigen uns bekannten (Stammes-)Gesellschaften, in denen beide Kriterien auf der mütterlichen Linie kumulieren, die also matrilinear und matrilokal sind, kommt es allenfalls zu einer relativen Besserstellung der Frauen, niemals aber zu einem politisch-sozialen Zustand, den man als Matriarchat bezeichnen könnte. Das Problem einmal beiseitegelassen, ob sich von der Matriarchatsannahme aus überhaupt sinnvolle (ich meine *hier:* einzelwissenschaftlich beantwortbare) Fragen formulieren lassen, sprechen alle prähistorischen und ethnologischen Befunde – die historischen ja ohnehin – dagegen, daß einmal ein politisch-sozialer Zustand existiert hätte oder gar noch existierte, der den Namen Matriarchat verdiente. (Natürlich sind das Befunde *unserer* Wissenschaften!) Als Beleg für diese Behauptung mag an dieser Stelle der Hinweis auf die sehr verläßliche und gut organisierte Literaturübersicht des Züricher Ethnologen *Lorenz G. Löffler* genügen.[2] Ich verweile aus zwei Gründen bei diesem Punkt. Primo: Mir leuchtet es einfach nicht ein, warum – zumindest weite – Teile der feministischen Bewegung ihre Betriebsenergie aus der Existenz eines vorgeschichtlichen oder fremdkulturellen »goldenen Zeitalters« glauben beziehen zu müssen. Secundo, und das ist für meine weitere Argumentation von einiger

Wichtigkeit: Die Geschlechtertrennung, genauer: die Arbeits- und Funktionsteilung nach dem Geschlecht *und* die sozio-kulturelle Bewertung so entstehender Arbeitsfelder und Funktionsbereiche[3] stehen in einem engen Zusammenhang mit Kulturgründung, -entwicklung und Gattungsgeschichte, und zwar so, muß ich hinzufügen, um dieser Feststellung eine gewisse Trivialität zu nehmen, daß die Geschlechtertrennung nicht als etwas ausschließlich kulturell Produziertes betrachtet werden oder: als abhängige Variable der Kulturentwicklung gelten kann, sondern gleichzeitig auch als Kulturbegründendes in Betracht kommt. Vielleicht sollte ich an dieser Stelle darauf hinweisen, daß ja auch *Marx* die Arbeitsteilung nach dem Geschlecht für den Prototypus von Arbeitsteilung hält[4] und darüber hinaus die familiale Reproduktion der Menschen, die, wie wir aus dem ethnologischen Studium der Verwandtschaftsbeziehungen wissen, untrennbar mit einer je sehr spezifischen Regelung des Geschlechterverhältnisses verbunden ist, gleichrangig (!) neben die »Produktion des materiellen Lebens selbst« als »erste geschichtliche Tat« und die dazugehörige »Erzeugung neuer Bedürfnisse« durch »die Aktion der Befriedigung« stellt, und zwar in ihrer Bedeutung für die Begründung der geschichtlichen Entwicklung.[5] Natürlich weiß ich, daß der Begriff der Kultur, wie ich ihn oben verwende, nicht ohne weiteres substituierbar ist durch den Marxschen Begriff der Geschichte. Ich möchte die Bedeutung, die *Marx* der Geschlechtertrennung für den Eintritt der Menschen in Geschichte einräumt, zunächst auch nur als Indiz werten.

Aber ich bewege mich eigentlich schon auf dem Felde der zweiten Feststellung, die ich aufgreifen wollte, wie sie sich an verschiedenen Stellen des Beitrags von Carol Hagemann-White in diesem Buche findet und wo von den »kulturellen Grundlagen« oder der »kulturellen Reproduktion« der »Zweigeschlechtlichkeit« die Rede ist. Ohne Zweifel ist die Geschlechtertrennung und die damit verbundene sozio-kulturelle Bewertung auf der Skala männlich/weiblich sowie die offenbar kulturell invariante Schlechterstellung der Frau aufs engste mit Kultur überhaupt verbunden. Einigkeit schafft diese Feststellung aber nur im Hinblick auf die Abgrenzung von vor- oder nichtkulturellen, überschlägig: biologischen Begründungen der Geschlechtertrennung und ihrer Bewertung. Geschlechtertrennung und Geschlechtszugehörigkeit einschließlich ihrer sozialen Konsequenzen sind in der Tat niemals »factum brutum«, ohne allerdings deswegen schon nichts als »soziale Tatsache« zu sein: »Soziale Tatsachen dieser Art existieren nur, wenn sie in konkreten Interaktionen mitgeteilt und anerkannt werden.« Hier beginnt mein Dissens: Läßt sich die Geschlechtertrennung wirklich restlos in Geschichte auflösen? Ich meine, die Geschlechtszugehörigkeit muß erst zur sozialen Tatsache gemacht werden, d. h., es muß allererst ein Zustand hergestellt werden, in dem dann die Geschlechtszugehörigkeit ausschließlich kulturell reproduziert werden kann. Erst wenn die Geschlechterrelation als solche sich kulturell durchgesetzt hat und kulturell kodifiziert worden ist, kann die Geschlechtszugehörigkeit von da an als etwas Relatives angesehen werden in dem doppelten Sinne der Bemessung des einen am jeweils anderen Geschlecht *und* ihrer sozialen Vermittlung. Diese kulturelle Kodifizierung nun scheint gleichzeitig mit . . ., auf der Grundlage von . . . oder als Folge der Verdrängung von Weiblichkeit zu erfolgen.

Ich möchte nun ebenfalls vom sexuellen Dimorphismus der Menschen, d. h. der eben auch körperlich ausgeprägten Zweigeschlechtlichkeit, ausgehen, aber nicht, um ihn als entbehrlich oder unerheblich für die soziale Konstruktion der Geschlechtertrennung zu bewerten, sondern um diese als kulturkonstitutive Verarbeitung einer Naturtatsache darzustellen.[6] Ich beziehe mich dabei auf Überlegungen, die *Georges Devereux* zur (kulturell zwangsläufigen) psychologischen Bearbeitung des sexuellen Dimorphismus anstellt.[7] Die Beobachtung, daß Menschen anderen Geschlechts den Menschen eigenen Geschlechts in vielerlei Hinsicht so sehr ähneln, in einer Hinsicht aber, der Sexualität, so verschieden sein sollen, hat die Menschheit bisher nicht als »irreduzibles Faktum« akzeptiert, sondern als »Angstquelle« von höchster Bedeutung erfahren. Sie hat diese Beobachtung als Mittel der sexuellen Selbstdefinition benutzt und auf seiner Grundlage männliche respektive weibliche Selbstmodelle entwickelt. In der Abwehr des sexuellen Dimorphismus als Angstquelle unterläuft den Menschen ein folgenschweres Quidproquo: Sie können nicht zwischen geschlechtsgebundenen Charakteristika, die *Devereux* »primär und authentisch inhärent« nennt, und solchen, die »komplementäre und einander zugeordnete Reaktionen auf die irreduzible Existenz des anderen Geschlechts darstellen«, unterscheiden. Weil sie das eine, so interpretiere ich, nicht als Naturtatsache akzeptieren können, überfluten sie vom anderen her den ganzen Komplex mit einem kulturell definierten Zwangsverhältnis. In der Folge entwickeln die Menschen etliche Strategien der Abwehr und Verleugnung der Existenz zweier Geschlechter. Eine besonders aufschlußreiche besteht darin, den Begriff Mensch als den umfassenderen oder allgemeineren gegenüber Mann oder Frau hinzustellen. Wobei dann, füge ich hinzu, die allen Kulturen vertraute Gleichsetzung von »männlich« und »menschlich« das Ihre tut. Tatsächlich, so *Devereux,* könne man nicht menschlich sein, *ehe* man männlich oder weiblich sei. Es sei unmöglich, menschlich zu sein, ohne gleichzeitig auch geschlechtlich zu sein: männlich oder weiblich. Ja, Männlichkeit und Weiblichkeit seien signifikante Reaktionen auf die Existenz des je anderen Geschlechts, sie würden auf diese Weise gleichsam erst geschaffen. Die Zweigeschlechtlichkeit, respektive Geschlechtertrennung, gehört zum problematischen (»angsterregenden«) Material oder Rohstoff, wofür Kultur eine Antwort und einen Verarbeitungsmodus darstellt.

Auf einem Symposion der Vereinigung der englischen Sozialanthropologen 1963, das der Kritik der strukturalen (sprich: *Lévi-Strauss'* schen) Analyse von Mythos und Totemismus gewidmet war, unternahm *Robin Fox* eine späte Ehrenrettung von *Freuds* »Totem und Tabu« für die professionelle Ethnologie, die ja gerade dieser Schrift *Freuds* immer sehr skeptisch gegenübergestanden hatte.[8] Er bestätigt, daß *Freuds* Inzesterklärung, wenn auch mit einigen Korrekturen, gerade auch entgegen dem Familialismusvorwurf der Ethnologie, für die »frühen« unilinearen Verwandtschaftssysteme zutrifft und schließt sich seiner Überzeugung an, »daß solche Systeme menschliche Erfindungen sind, die einen zeitlichen Ursprung haben, und daß sie auf tiefe Gefühle in bezug auf Mütter, Schwestern, Sexualität und Macht antworten«[9]. *Fox* beeilt sich natürlich hinzuzufügen, daß er Verwandtschaftssysteme (und die damit immer verbundene kulturelle Regelung der Geschlechtertrennung) nicht monokausal aus unbewußten Motivationen erklären wolle, aber, fügt er vorsichtig hinzu, die Art, wie Menschen Verwandtschaft empfänden, sei nicht notwendig eine Folge der Art von Verwandtschaftssystem, das sie haben. Sehr richtig: Denn diese Regeln sind – in bestimmter Hinsicht universale – kulturelle »Antworten« auf u. a. angsterregende, jedenfalls zu bearbeitende Sachverhalte. Sicher, dies ist nicht die Sprache der Logik von Konstitutionsprozessen (hier: von Kultur), deswegen will ich es auch nur wieder als Indiz werten. Ich erinnere aber noch einmal daran, welche hervorragende, Geschichte initiierende Bedeutung *Marx* der Geschlechtertrennung einräumt. Aber *Fox* zeigt durchaus ein konstitutionslogisches Verständnis des Problems, wenn er einleitend bemerkt, daß *Freud* und *Lévi-Strauss* grundsätzlich an derselben Frage interessiert seien, nämlich: »Wie kam *Homo* dazu, *sapiens* zu werden? Was setzt den Menschen von der Natur ab und läßt ihn zugleich einen Teil der Natur bleiben?«[10] Die ansonsten so unterschiedlichen Wissenschaften der Psychoanalyse und des Strukturalismus sind sich im Punkte der kulturkonstitutiven Bedeutung des Inzestverbots einig. Für *Freud* allerdings ist das Inzestverbot ein strenges Tabu, das kulturverhindernde Triebwünsche abwehrt, während es für *Lévi-Strauss* ein »Verfahren« ist, »mit dem die Natur sich selbst überwindet«[11] und das eher den Charakter eines Gebots hat, weil es den positiven Wert des Austauschs (von Frauen) in der Exogamieregel akzentuiert. Möglicherweise aber verkennen beide, was mit dem Inzestverbot eigentlich geregelt wird, während sie seinen Status richtig einschätzen. Der Modus der kulturellen, oder schärfer: kulturkonstitutiven, Verarbeitung der Geschlechtertrennung, so meine These, ist die Hierarchisierung der Geschlechter und die Verdrängung/Verleugnung von Weiblichkeit.

In diesem Zusammenhang scheint mir *Freuds* zweimal wiederholte Variation eines Ausspruchs Napoleons, daß nämlich die Anatomie das Schicksal sei[12], seine konterrevolutionäre, wenn nicht sexistische Konnotation zu verlieren: Eben weil die Geschlechterdifferenz kulturell überformt, d. h. in den kulturellen Bewertungskodex einbezogen und nicht als irreduzible Naturtatsache beiseite gelassen wurde, ist frühe Lebensgeschichte (»Schicksal«) als je nachgeholte Enkulturation psychosexuelle Entwicklung im Zeichen der Geschlechtertrennung.

Erst die gelingende Darstellung (des »fait social« der Geschlechtszugehörigkeit) konstituiere, so *Carol Hagemann-White,* auch die Geschlechtszugehörigkeit. Das ist eine Soziologisierung und insofern auch Verharmlosung der Geschlechterproblematik. Ich bin der Auffassung, daß es sich zumindest bei den Implikationen der Geschlechtszuschreibung und endlich: -zugehörigkeit, nämlich Geschlechtertrennung oder Zweigeschlechtlichkeit und Hierarchisierung der Geschlechter, um Weder-Noch-Konstruktionen handelt. Es sind weder natürliche Sachverhalte, noch solche, die sich restlos in Kultur und Geschichte auflösen ließen. Die Problematik liegt auf der Grenze von Natur/Kultur. Sie gehören zu der aus eben diesem Grunde vielleicht fragwürdigen Konstitutionsgeschichte der Menschen als Menschen und haben einen mindestens ebensolchen Rang wie *Plessners* »Lachen und Weinen«, die der kulturellen Varianz entzogene Basis des interkulturellen Vergleichs. Bei *Peter Winch* wird dasselbe Problem in gleichsam transzendentallogischer Sprache formuliert: Es geht ihm um die Frage nach der Bedingung der Möglichkeit des Verständnisses fremder Kulturen, speziell sogenannter primitiver Gesellschaften.[13] Er findet die Bedingung dieser Möglichkeit in, wie er es nennt, »limiting notions«. Es sind dies: Geburt, Tod und Sexualität. »Ihre Bedeutung liegt darin, daß sie unabdingbar in das Leben aller bekannten menschlichen Gesellschaften verwoben sind, und zwar in einer Weise, die uns einen Anhaltspunkt dafür gibt, in welcher Richtung wir zu suchen haben, wenn wir über den Sinn eines fremden Institutionensystems im Zweifel sind.«[14] Vielleicht sollte ich noch einmal betonen, wenn ich es denn schon nicht völlig befriedigend begründen kann, daß ich nicht nur die Geschlechtertrennung, was durchaus akzeptiert ist[15], sondern auch ihre Hierarchisierung den Weder-Noch-Konstruktionen, respektive »limiting notions« zurechne, was der affirmativen Auffassung der Komplementarität der Geschlechter eine kritische Dimension hinzufügt. Wenn schon die Geschlechtertrennung einer »angstabwehrenden« kulturellen Durcharbeitung zugeführt wird, ist die Erhaltung eines Gleichgewichts in einer binären Konstruktion sicherlich ganz unwahrscheinlich. Die Frage ist außerdem, ob sie dann ihren Zweck, jedenfalls bei der einen Hälfte der Menschheit, erfüllen würde. Oder haben die uns bekannten Gesellschaften (vgl. die eingangs kurz diskutierte Matriarchatsannahme) eine falsche Hierarchisierung vorgenommen? Oder wäre es denkbar, die Geschlechtertrennung aus der kulturellen Kodifizierung auszuschließen, indem man sie vielleicht als irreduzible Tatsache akzeptiert? Jedenfalls ist die Geschlechtertrennung weder ganz »physei«, wie nur, aber dafür um so zahlreichere, Ideologen behaupten, noch ganz »thesei«, wie mit weit geringerer schädlicher Wirkung, dafür aber mit beträchtlichem Aufklärungspotential z. B. feministische Soziologie es behauptet. Der Preis im zweiten Falle scheint mir immerhin eine gewisse Problemverkürzung zu sein.

»Die gesellschaftliche Produktion von Unbewußtheit« ist, *Mario Erdheim* zufolge[16], nicht nur ein Herrschaft nachträglich sichernder und stabilisierender, sondern ein herrschaftskonstitutiver Prozeß. Das gesellschaftlich Unbewußte sei wie ein Behälter, der all das aufnehmen müsse, was die Gesellschaft gegen ihren Willen verändern könnte.[17] Die Einrichtung hierarchischer Verhältnisse sei überall begleitet von und begründet in der gesellschaftlichen Produktion von Unbewußtheit. Dabei kann, ganz analog zur *Marx*schen Einschätzung der Bedeutung der Geschlechtertrennung für die Arbeitsteilung, die Hierarchisierung der Geschlechter als Prototypus von Herrschaft betrachtet werden:

> »Die gesellschaftliche Produktion von Unbewußtheit im Verhältnis zwischen Männern und Frauen kann geradezu als Modell für die Funktion des Unbewußten im Dienste der Herrschaft betrachtet werden. Mit der zunehmenden Klassenspaltung wurden die Mechanismen schwerer durchschaubar, und sie erfaßten schließlich die herrschende Klasse selbst. Bei den Selk'nam wußten immerhin alle initiierten Männer, daß es keine Geister gab, später, als das System der Herrschaft umfassender wurde, mußten die Männer bzw. die Mehrheit von ihnen ebenfalls daran glauben.«[18]

Dies eben meint meine in der Sprache der Konstitutionslogik formulierte These, daß die Verdrängung von Weiblichkeit der Modus der angstabwehrenden kulturellen Durcharbeitung der Geschlechtertrennung sei. Diese Verdrängung könnte man gattungsgeschichtlich als »Urverdrängung« bezeichnen, jener hypothetische Vorgang, den *Freud* ontogenetisch als Bedingung der Möglichkeit weiterer Verdrängungsleistungen annehmen mußte, ein dunkler, an archaischste Erfahrungen anknüpfender Begriff, der gleichwohl ein zentraler Bestandteil von *Freuds* Theorie ist.[19] *Erdheim* aber, um das anzufügen, hält eine listige Hoffnung bereit: Das, was die Gesellschaft in Gefahr bringen könnte, könne nicht im eigentlichen Sinne zerstört, sondern nur unbewußt gemacht, d. h. verdrängt werden, wobei allerdings die frühen Ängste, wie Wachhunde, diese Inhalte davon abhielten, als solche wieder ins Bewußtsein zu treten.[20] Nun, wer diese Ängste zu ertragen lernte, fände vielleicht einen Ausweg ins Freie.

Weiblichkeit wird so in doppelter Hinsicht zum Problem. Zum einen unterliegt sie als antagonistisches Prinzip einer Art gattungsgeschichtlicher Urverdrängung, die mit der Konstitution von Kultur/Gesellschaft und der Trennung der Kultur von Natur zusammenfällt. Die uns bekannten Kulturen – sicher nicht die phantasierten und projizierten! – gestalten das Geschlechterverhältnis, wenn auch mit einer erstaunlichen Variationsbreite, als Macht-Ohnmacht-Gefälle aus. Im Kraftfeld dieses Sachverhalts - Universalität vs. kulturelle Besonderheit - scheint es angezeigt, das Geschlechterverhältnis auf der Grenze von Kultur und Natur anzusiedeln: Weder - Noch. Zum anderen ist das andere Geschlecht unter funktionalen und komplementären Gesichtspunkten fest in ein »patriarchalisches« Herrschafts- und Gesellschaftssystem integriert. Generation und reproduktive Tätigkeit sind mit typischer - »weiblichkeitsverdrängender« - sozialer Unterbewertung in die gesamtgesellschaftlichen Reproduktionsordnungen einbezogen.

Begreift man Geschlechtszugehörigkeit ausschließlich als soziale Tatsache, fait social, erscheint das Problem von Weiblichkeit nur in der zweiten Dimension. Sie müßte auf die Dimension von Konstitution, die erste, bezogen werden, wenn man sie unverkürzt verstehen wollte, so daß die Geschlechtertrennung als contrat social - Mythen kann man als solche begreifen -, zu dem bekanntlich im Gegensatz zum banalen bürgerlichen Rechtsgeschäft das Einverständnis der Betroffenen nicht unbedingt erforderlich ist, durchsichtig würde.

Anmerkungen

1 Dieser Artikel bezieht sich auf den Beitrag von *Carol Hagemann-White,* Zum Verhältnis von Geschlechtsunterschieden und Politik, in diesem Buche und ist als eine Antwort zu den Thesen der Autorin gedacht.

2 *Löffler, Lorenz G.,* Die Stellung der Frau als ethnologisches Problem, in: *R. Eckert* (Hrsg.), Geschlechtsrolle und Arbeitsteilung. Mann und Frau in soziologischer Sicht, München 1979, S. 15–59.

3 Dabei scheint die Teilung und gesellschaftliche Zurechnung das, wie der interkulturelle Vergleich zeigt, Variabelste zu sein, während die soziokulturelle Bewertung offenbar immer das männlich Zugerechnete höherstellt. Extremes Beispiel: Weder die soziale Eliminierung der Vaterrolle noch die Eliminierung der Mutterrolle und die Reduktion der generativen Rolle der Frau auf eine Inkubator-Funktion tangieren offenbar die sozio-kulturelle Bewertung (vgl. *R. Fox,* S. 229 ff., Verweis s. Anm. 8).

4 *Marx, Karl,* Die deutsche Ideologie, MEW 3, S. 22.

5 Ebd. S. 28 f.

6 ». . . der sexuelle Dimorphismus (ist) bei den Menschen – wenn auch nicht bei allen Rassen in gleichem Ausmaße – stärker betont . . . als bei den meisten anderen Säugetieren. Überdies ist der hohe Grad des menschlichen sexuellen Dimorphismus weitgehend auf die sichtbare Weiblichkeit der Frau zurückzuführen: Sie ist sexuell stets empfänglich, und ihre Brüste entwickeln sich nicht erst, wenn sie schwanger ist. Der Mann ist nicht viel sichtbarer männlich als der Hengst; die Frau ist sichtbarer weiblich als die Stute . . .« (*Devereux,* S. 210, Ver-

weis s. Anm. 7.) Abschließend meint Devereux, daß »sowohl der physische als auch der psychische sexuelle Dimorphismus der menschlichen Rasse *besonders* hoch entwickelt« sei (ebd. S. 214). Eine Auffassung, der Carol Hagemann-White, wie ich nicht nur ihrem obigen Beitrag, sondern auch ihrer Expertise »Sozialisation: Weiblich-männlich?« (Opladen 1984) entnehme, sicher entgegentreten würde, obwohl es hier, was den Begriff »sexueller Dimorphismus« angeht, umfangslogische Unstimmigkeiten zu geben scheint.

7 *Devereux, Georges,* Angst und Methode in den Verhaltenswissenschaften (1967), München o. J.

8 *Fox, Robin,* Ein neuer Blick auf »Totem und Tabu«, in: *E. Leach* (Hrsg.), Mythos und Totemismus. Beiträge zur Kritik der strukturalen Analyse (1967), Frankfurt 1973, S. 217–238.

9 Ebd. S. 235.

10 Ebd. S. 217.

11 *Lévy-Strauss, Claude,* Die elementaren Strukturen der Verwandtschaft (1949), Frankfurt 1981, S. 74.

12 *Freud, Sigmund,* Über die allgemeinste Erniedrigung des Liebeslebens (1912), Studienausgabe Bd. V, S. 209, und Der Untergang des Ödipuskomplexes (1924), ebd. S. 249.

13 *Winch, Peter,* Was heißt »eine primitive Gesellschaft verstehen«? (1964), in: *H. G. Kippenberg* und *B. Luchesi* (Hrsg.), Magie. Die sozialwissenschaftliche Kontroverse über das Verstehen fremden Denkens, Frankfurt 1978.

14 Ebd. S. 113.

15 »Der Sinn, in dem ich auch von der Sexualität als einer ‚Limitationsvorstellung' gesprochen habe, hängt wiederum mit der Vorstellung des menschlichen Lebens zusammen. Das Leben eines Mannes ist ein Mannesleben; das Leben einer Frau ein Frauenleben: Männlichkeit und Weiblichkeit sind nicht nur *Bestandteile* des Lebens, sondern dessen *Modi.* In Analogie zu Wittgensteins Bemerkung über den Tod könnte man sagen, daß meine Männlichkeit nicht eine Erfahrung in der Welt ist, sondern meine Art, die Welt zu erfahren. Nun bedingen sich die Begriffe der Männlichkeit und der Weiblichkeit offenbar wechselseitig. Ein Mann ist ein Mann in bezug auf Frauen; und eine Frau ist eine Frau in bezug auf Männer. Dshalb ist die Form, welche die Beziehung eines Mannes zu Frauen annehmen kann, von grundlegender Wichtigkeit für die Bedeutung, die er seinem eigenen Leben zu geben vermag. Die vulgäre Gleichsetzung von Moral und Sexualmoral *ist* vulgär; aber es ist die Vulgarisierung einer wichtigen Wahrheit.« (ebd. S. 117)

16 *Erdheim, Mario,* Die gesellschaftliche Produktion von Unbewußtheit. Eine Einführung in den ethnopsychoanalytischen Prozeß, Frankfurt 1982.

17 Ebd. S. 221.

18 Ebd. S. 228.

19 *J. Laplanche, J.-B. Pontalis:* Das Vokabular der Psychoanalyse (1967), Frankfurt 1972, S. 578 f.

20 *Erdheim, Mario,* a. a. O., S. 221.

IV TECHNOLOGISCHE RATIONALITÄT IN WEIBLICHEN LEBENSENTWÜRFEN

Anna A. Bergmann

Von der »unbefleckten Empfängnis« zur »Rationalisierung des Geschlechtslebens«

Gedanken zur Debatte um den Geburtenrückgang vor dem Ersten Weltkrieg

Wenige Monate vor Kriegsbeginn, im Februar 1914, machte ein Abgeordneter der Zentrumspartei im Preußischen Landtag zum Thema Geburtenrückgang folgende Bemerkung:

> »Meine Herren, es wird einst auch der Tag kommen, wo unser deutsches Volk, unser Vaterland untergeht. Dann möchte ich aber wünschen, daß die Geschichte einst schreibt, daß das der ehrenvollste Tag des deutschen und des preußischen Volkes gewesen ist. Dann mögen lieber unter den Schlägen übermächtiger Feinde seine Waffen zersplittern und unser Volk auf diese Weise vernichtet werden. Das ist besser, als wenn die Geschichte schreiben würde: Das deutsche Volk ging langsam an einem krebsartigen Geschwür zugrunde; (. . .) das deutsche Volk hat sich damit den Stempel der Selbstverschuldung und Selbstbefleckung aufgedrückt.«[1]

Mag in diesen Sätzen eine Portion Zynismus liegen, so kennzeichnen sie doch den Kern der damaligen Diskussion über den Geburtenrückgang in Deutschland. Die sinkende eheliche Geburtenziffer – in allen aufsteigenden Industrienationen als ein neues Phänomen registriert – wurde zum Synonym für »gesellschaftlichen Zerfall«, »Rassentod«, »Entartung« und oft mit dem Untergang des Römischen Reiches in Beziehung gesetzt.[2] Die lebhafte Diskussion um diese neuartige Erscheinung entspann sich seit etwa 1910 zwischen Politikern, Ärzten, Vertretern und Vertreterinnen der Arbeiterbewegung und kulminierte 1913 in der »Gebärstreikdebatte«.[3] Eine große Aufmerksamkeit galt vor allem dem veränderten Gebärverhalten der städtischen Arbeiterfrauen. Hatten sie bisher eine traditionell hohe Geburtenziffer, so war nun eine tendenzielle Annäherung an das damals so bezeichnete »Zwei-bis-Drei-Kinder-System« der Beamten und höheren Schichten zu beobachten.[4] Die Tatsache, daß die Ehe der Ort des Geburtenrückgangs war[5], wurde von der männlichen Öffentlichkeit wie ein Sakrileg aufgenommen und bot den Anlaß dafür, daß sich quer durch die politische und wissenschaftliche Szenerie ein breites Männerbündnis gegen den Geburtenrückgang konstituierte.

Hier soll es nicht darum gehen, ob die sinkende Geburtenrate strukturelle Veränderungen im Deutschen Reich bewirkte. Zu einer Zeit, in der von einem »aussterbenden Volk« nicht die Rede sein konnte, stellt sich die Frage, warum die männliche Öffentlichkeit auf diese Entwicklung so massiv reagierte und den Geburtenrückgang zu einer gesellschaftszersetzenden, aggressiven Erscheinung erklärte, die offenbar mehr gefürchtet wurde als ein blutiger Männerkrieg.

Dem Aufsatz liegt die These zugrunde, daß der Geburtenrückgang sich in mehreren Dimensionen als Geschlechterkampf offenbarte: Neue Verhütungspraktiken und die Abtreibung als Mittel der Geburtenkontrolle von Frauen provozierten eine Konfrontation mit einer gesellschaftlich institutionalisierten Männermacht, die sich in Abtreibungsprozessen, in neuen geburtenpolitischen Konzepten ebenso manifestierte wie in Konflikten zwischen Männern und Frauen, als es um die Durchsetzung neuer Verhütungspraktiken ging und parallel dazu um die Veränderung des Sexualverhaltens.

Um diese Ebenen aufzuzeigen, behandelt der Artikel die Debatte um den Geburtenrückgang unter drei Aspekten:

- In der wissenschaftlichen und politischen Reflexion um die Ursachen dieses Phänomens konzentrierte sich der Blick primär auf Frauen. Vor allem Mediziner betonten die Bedeutung weiblicher Sexualität und der Frauenemanzipation für den Geburtenrückgang. Sie führten das veränderte Gebärverhalten auf eine Trennung zwischen Sexualität und Fortpflanzung zurück und sprachen von einem Intellektualisierungsprozeß.[6]

  In der Tat hatten Frauen damals begonnen, ihre Interessen in den ehelichen Beziehungen so durchzusetzen, daß ein Widerspruch zu der bürgerlichen Doppelmoral zutage gefördert wurde, indem die Aufspaltung von Frauen in »Mutter« und »Hure« nach dem Prinzip »Fortpflanzung ohne Lust und Lust ohne Fortpflanzung« für Männer spürbar gebrochen wurde. Es fragt sich daher, ob die wissenschaftlichen Beobachtungen einen drohenden Zusammenbruch männlicher Projektionen auf den Charakter, die Sexualität und den Körper von Frauen ankündigten und deswegen Wissenschaftler und Politiker mit dieser Vehemenz auf den Plan riefen.
- Auch die Tatsache, daß der Geburtenrückgang auf bewußtes Handeln von Frauen zurückging und keineswegs als Resultat eines »naturwüchsigen« Prozesses zu beschreiben ist, ließ einen Bruch zu dem Konzept »Frau als passive Natur« deutlich werden. Frauen, die sich nicht schicksalhaft dem Gebärzwang auslieferten, waren in den Raum der Illegalität verwiesen. So wurde der Geburtenrückgang als massenhafte Verweigerung gegenüber dem ideologischen Diktat, Kinder animalisch qua »Muttertrieb« zu gebären, als Provokation empfunden. In dieser scheinbar unpolitischen und mit biologistischen Kategorien behafteten Dimension des weiblichen Gebärver-

haltens wurde Widerstand so transparent, daß er schließlich als »Gebärstreik« verhandelt wurde. Vor diesem Hintergrund werden die Abtreibung und die Anwendung von Verhütungsmitteln in diesem Aufsatz als Artikulation eigener Interessen und als Widerstandsverhalten gegen gesellschaftliche und justitielle Norm verstanden.

- Als Gegenreaktion auf die »willkürliche Geburtenbeschränkung« formierten sich staatliche und medizinische Interessen. Der Geburtenrückgang, oft als ein Phänomen der »Willkür« charakterisiert, wurde von Wissenschaftlern und Politikern als Herausforderung aufgenommen und zum Impuls für die Ausarbeitung neuer sozial- und geburtenpolitischer Konzepte, in denen eine Steuerung des Gebärverhaltens anvisiert wurde. Im Spektrum dieser Überlegungen stand einerseits das staatliche Interesse an maximaler Geburtensteigerung, andererseits die Vorstellung von einer »rationalen Menschenökonomie«, die auch Geburtenbeschränkungen vorsah. Eugeniker und Rassenhygieniker erblickten in einem selektiven Geburtenrückgang grundsätzlich eine Chance für einen nationalen Kulturaufstieg und proklamierten die »Rationalisierung der Fortpflanzung und des Geschlechtslebens«.[7] Waren Etikette wie beispielsweise das »Dreikinder-Minimalsystem«, »Präventiv-Technik« oder der »rationale Sexual-Typus« auch einer Rationalisierung des Geschlechterkonflikts geschuldet? Denn auch hier waren Frauen als Subjekte ausgeschlossen und zum Objekt einer »modernen« Körper- und Gebärpolitik gemacht.

1. Gebärzwang versus Gebärverbot: Die geburtenpolitische Diskussion

Zwei in der Bekämpfung des Geburtenrückgangs sich durchsetzende Konzepte sind zentral, weil sie damals schon partiell Praxis wurden und letztlich richtungweisend bis in die Gegenwart sind.

Die staatliche Politik bestimmende Position zielte darauf ab, die Geburtenziffer durch massivere Strafverfolgungen der »kriminellen Abtreibung« und Gesetzesverschärfungen gegenüber dem Handel und der Herstellung von Verhütungsmitteln zu erhöhen.[8] Der Geburtenrückgang wurde als Gefahr für den deutschen Nationalstaat und seine Gesellschaftsordnung gesehen. Für diese Fraktion stand das Potential deutscher Arbeits- und Wehrkraft auf dem Spiel, und von ihr wurde ein ausschließlich pronatalistischer Kurs vertreten.[9] Beispielhaft für die Forderung nach »maximaler Menschenproduktion« war die von einem Medizinalrat erhobene »Gebärsoll-Rechnung«, nach der jede Frau mindestens »3,31 Kinder pro Ehe«[10] zu gebären hatte.

Nicht weit von dieser Argumentation entfernt, wenn auch mit anderer politischer Zielsetzung, lag die Sozialdemokratie mit ihrer an Arbeiterfrauen gerichteten Forderung nach hohen Geburtenzahlen, weil sie durch die sinkende Geburtenziffer in der Arbeiterschaft die Zahl der »Soldaten für die Revolution«[11] gefährdet sah. Eine restriktive Geburtenpolitik lehnte die SPD grundsätzlich ab und legte den Akzent auf sozialpolitische Forderungen.

Auch aus regierungsoffizieller Sicht wurde eine umfassende Sozialpolitik in Erwägung gezogen. Hierzu gehörten: Mutterschutz, Senkung der Säuglingssterblichkeit, Eindämmung der Geschlechtskrankheiten, steuerliche Begünstigungen für Familienväter, Einschränkung der Frauenfabrikarbeit, begünstigter Wohnungsbau für »kinderreiche« Familien, die Junggesellensteuer und das moralische Mittel der gesellschaftlichen Ehrung der Mutterschaft.[12] Außer den bereits vor dem Geburtenrückgang aktuell gewesenen gesundheitspolitischen Initiativen, wie die Senkung der Säuglingsterblichkeit und die Eindämmung der Geschlechtskrankheiten, verblieb dieser Maßnahmekanon auf der Ebene der Diskussion.

Demgegenüber stand eine Position, exklusiv von Ärzten vertreten, die im Kern pro- und antinatalistische Ziele miteinander verknüpfte: Die Quantität sollte auch – im damaligen Vokabular ausgedrückt – »qualitativ gutes Menschenmaterial« hergeben. Sie definierten ihren Stand zum »Pionier der Sozialhygiene«. Unter ihrer Direktive sollte »rationelle Zuchtwahl«[13] betrieben werden. Das Kriterium für »Qualität« bzw. für den »Lebenswert« eines Gesellschaftsmitgliedes orientierte sich an einem spezifischen Gesundheits- bzw. Krankheitsbegriff, der von der eugenischen und rassenhygienischen Bewegung seit Ende des 19. Jahrhunderts ausformuliert worden war. Begriffe wie »Entartung«, »Degeneration«, »höher«- und »minderwertiges Leben« gehörten zum sprachlichen Werkzeug dieser akademischen Bewegung. Ihre Protagonisten waren von dem Grundgedanken geleitet, einen Kulturaufstieg Deutschlands über die Erzielung einer biologischen »Qualität« durch staatliche Geburtenpolitik zu erreichen, und zwar mit Hilfe und durch die Medizin. Dahinter stand die Vorstellung der Medizin als nicht reine Naturwissenschaft: »Ärzte als Führer der Völker«[14] fühlten sich zur Gesellschaftspolitik geradezu berufen. Ausgehend von einem biologisch-deterministischen Gesellschaftsbild war seit der Jahrhundertwende immer mehr die Rede von dem »Volkskörper« oder dem »Zellenstaat«.

Ein zentrales Argument, das von Eugenikern für die Brisanz geburtenpolitischer Konsequenzen herangezogen wurde, war der »hohe« Kostenaufwand von staatlichen Geldern für die Unterhaltung und Pflege von sogenannten »Minderwertigen«. In statistischen Berechnungen anhand von Kosten-Nutzen-Analysen prognostizierten Wissenschaftler eine »Degeneration des Volkskörpers«, wenn nicht unmittelbar zur staatlichen Kontrolle gegenüber dem individuellen Gebärverhalten bestimmter Bevölkerungsgruppen übergegangen werde. Gegen Menschen, die in irgendeiner Weise zur Krankheit disponiert schienen, wurde ein Pogrom entworfen, indem sie zu »schweren Schädlingen der Gesellschaft«[15] erklärt wurden. Die statistische Häufigkeit von normativen Abweichungen, aus der Familiengeschichte rekonstruiert, wurde zum Gradmesser für die Forderung nach Schwangerschaftsverboten. Nach medizinisch-wissenschaftlichen Maßstäben wurden potentielle Trägerinnen von »minderwertigem Erbmaterial« auf Basis ihrer Familienchronik klassifiziert, die sich in einem diffusen Ensemble darstellen, aber in vier Gruppen zusammengefaßt werden können: *Soziale Abweichungen* wie Verbrechen, Kindsmord, Vagabundentum, Alkoholismus und Arbeitsscheu; *Sexuelle Devianzen,* worunter die uneheliche Mutterschaft, Prostitution, Hysterie, »moralischer Schwachsinn«, Onanie, Sittlichkeitsverbrechen, männliche und weibliche Homosexualität fielen; *Krankheiten* wie etwa Epilepsie, Diabetes, Blindheit und Taubheit, Syphilis; und schließlich die sogenannten *»Geistes«-Krankheiten,* wozu der damals weit ausgedehnte und strapazierte Begriff der »Psychopathie« gehörte, Schizophrenie, Neurasthenie, Imbezillität, manische Depression, Menstruations- und Schwangerschaftspsychosen.[16] Mit humanitären Absichtserklärungen forderten Mediziner einen antinatalistischen Maßnahmenkatalog, der von ärztlicher Geburtenkontrolle mit Hilfe von Verhütungsmitteln, Eheverboten über Zwangssterilisation und -abtreibung, Zwangsasylierung bis zur »Euthanasie« reichte.[17]

Der Begriff der »Minderwertigkeit« hatte seine wissenschaftliche Begründung zunächst vor allem aus der Psychiatrie erfahren[18], und antinatalistische Ziele waren seit der Jahrhundertwende zunehmend im Gespräch. Diese Anschauungen gewannen durch den Geburtenrückgang neue Brisanz, der auf die Verbreitung dieses Konzepts in der Medizin und auch auf die juristische Diskussion katalytischen Effekt hatte. Da von staatlichen Instanzen geburtenpolitische Maßnahmen durch die Aktualität des Geburtenrückgangs immer mehr in Erwägung gezogen wurden, waren grundsätzlich die Weichen für politische Implementationen solcher Konzepte gestellt. Die staatliche Legitimation für eine so betriebene Geburtenpolitik fehlte aber noch. So versuchten Ärzte ihren Einfluß in der Strafrechtsreform 1910 bis 1914 geltend zu machen und forderten grünes Licht für Sterilisation und Abtreibung mit medizinischer und eugenischer Indikation.[19] Obwohl diese Vorstellungen vor dem Ersten Weltkrieg in regierungsoffiziellen Kreisen auf wenig Resonanz stießen, standen Eugeniker und Rassenhygieniker von ihrem Selbstverständnis her in keinem Widerspruch zu staatlichen Interessen. Im Gegenteil, ihre gesamte Argumentation baute auf patriotischem und nationalem Gedankengut auf. Zum anderen postulierten sie, neben eugenischen Maßnahmen, ebenso vehement hohe Geburtenzahlen von »gesunden« Frauen und rückten mit dieser Forderung in die Nähe der regierungsoffiziellen Meinung. Auch sie verlangten ein Geburtenoptimum von mindestens drei bis sechs Kindern pro »Elternpaar«. Möglicherweise war auch diese Ansicht von radikalen Menschenzüchtungsprogrammen aus der Rassenhygiene inspiriert, die in die Diskussion um eine neue Geburtenpolitik in Form der Vorstellung eines »rationalen Fortpflanzungs-Typus« mit »besonderem Züchtungsinteresse«[20] einging, der als zukunftsorientierte positive Zeiterscheinung gewertet wurde.

2. *Geburtenrückgang – subversiver Frauenwiderstand*

Trotz des Interessenkonflikts zwischen Eugenikern und Vertretern der staatlichen Position herrschte in der Frage Konsens, daß der Geburtenrückgang – so wie er verlief – unter Kontrolle gebracht werden mußte.

Die »Abtreibungsseuche« und die »willkürliche Geburtenbeschränkung« wurden zu Schlagworten im Kampf von Staat und Ärzten gegen den Geburtenrückgang. Methoden der Empfängnisverhütung sollten tiefstes Geheimnis der Ärzteschaft bleiben. Seit 1910 wurden Gesetzesentwürfe gegen die sinkende Geburtenrate im Reichstag verhandelt.[21] In erster Linie enthielten sie verschärfte Restriktionen gegenüber der Abtreibung, dem Handel und der Herstellung von Verhütungsmitteln. Zum einen war die Abtreibung mit den seit 1872 im Reichsstrafgesetzbuch verankerten §§ 218–220 mit Zuchthausstrafe bis zu fünf Jahren belegt, wenn eine Frau eine Abtreibung bei sich provozierte oder auch nur den Versuch dazu unternahm. Wer Mittel zu diesem Zweck bereitstellte oder Hilfe leistete, war mit bis zu zehn Jahren Zuchthaus bedroht. Zum anderen war die Anwendung von Verhütungsmitteln durch den seit 1900 gültigen »Unzuchtparagraphen« (§ 184, Ziffer 3 RStGB) erheblich erschwert, weil der öffentliche Handel und die Reklame, nicht aber die industrielle Produktion mit bis zu einem Jahr Gefängnis unter Strafe standen.

Die Auswirkungen dieser gesetzlichen Maßnahmen waren verheerend. Unter der Voraussetzung, daß ein kollektives Wissen über natürliche Verhütungsmittel so gut wie ausgerottet war[22] und Frauen auf eine von Männern kreierte neue Verhütungstechnologie auf dem »Schwarzmarkt« zurückgreifen mußten, entstand eine industrielle Produktion von Verhütungsmitteln, die keiner gesetzlichen Kontrolle unterlag.[23] Bei steigender Nachfrage erschienen etwa seit 1900 immer mehr Präparate unter dem Etikett »konzeptionsverhütend«, die zwar Profitinteressen sättigten, aber nicht unbedingt wirksam waren. Flüssigkeiten, Stifte, Spritzen und Apparate für Scheidenspülungen wurden unter Namen wie »Lady's friend«, »Geisha«, »Frauenheil«, »Frauenglück« oder »Incognito-Dusche« verkauft. Abgesehen von dem Kondom produzierte die Industrie ausschließlich Verhütungsmittel für Frauen. Vertrieben wurden sie unter dem Ladentisch von Friseuren, Apothekern, Drogisten und von Hausierern. In Zeitungsinseraten waren sie unter der Rubrik »Für die Reinlichkeitserhaltung der Frau« als Menstruationsmittel gegen Periodenstörung und »Blutstockung« annonciert. Hauptsächlich hatten nur Mittel den gewünschten Effekt, die einen Abort auslösten. Am meisten im Gebrauch waren Injektionen mit Flüssigkeiten in die Gebärmutter mit Hilfe der Mutterspritze, Irrigatoren und Scheidenpulverbläser. Dazu wurden alle denkbaren Mittel gekauft oder aus der Küche beschafft: Essig, Soda und auch ätzende Gifte. Die Lösungen riefen Wehen und Blutungen in der Gebärmutter hervor und waren oft von Gewebszerstörungen, Entzündungen und Blutvergiftungen begleitet. Die Todesfälle infolge von Abtreibungen wurden statistisch nicht gesammelt[24]; erst in den zwanziger Jahren wurden sie auf jährlich bis zu 40 000 geschätzt. In der gerichtsmedizinischen Literatur sind sie jedoch ausführlich beschrieben. Daraus ein Beispiel:

> »(...) Anna W. wurde am 24. November 1908 tot in ihrer Küche aufgefunden. Sie war über einem Eimer zusammengestürzt, auf dem sie vorher offenbar gesessen hatte, und hielt noch eine Ballonspritze mit langem, spitz zulaufendem Ansatzrohr, mit der sie sich vorher jedenfalls eine Einspritzung gemacht hatte, in der Hand. Die Spritze war ihr zugesandt worden von der Angeschuldigten, die schon einmal wegen Verstoßes gegen den § 218 bestraft worden war, auch entsprechende Annoncen neuerdings erlassen hatte. Die Spritze war von einem Briefe der B. begleitet, der sich bei der Verstorbenen fand und wörtlich lautete: ‚Wertes Fräulein! Anbei übersende ich Ihnen die Mutterspritze. Sie nehmen auf 1 Liter gut warmes Wasser 1 Teelöffel Holzessig, dann füllen Sie die Spritze und führen sie in die Gebärmutter ein. Selbige führen Sie im Geschlechtsteil mehr nach links, aber das Rohr dürfen Sie *nicht* weiter als 1/2 cm im Muttermund einführen. Sollten Sie nicht zurechtkommen, dann kommen Sie, wenn Sie ausgehen, zu mir, daß ich es selbst Ihnen noch einmal erkläre. Bitte den Brief verbrennen.'«[25]

Strafverfolgungen, Moral und der Stempel des Verbrechens schufen eine Atmosphäre der Unsicherheit. So kam es auch, daß Frauen bei Verzögerungen der Menstruation, ohne daß tatsächlich eine Schwangerschaft vorlag, panisch Abtreibungsversuche unternahmen. Für das Jahr 1912 zählte ein Arzt 49 solcher Fälle, von denen 18 Frauen daran starben.[26]

»Wenn auch (...) ein sehr großer Teil der Frauen die Fruchtabtreibung mit eigener Hand an sich vornimmt« – schrieb 1914 ein Frauenarzt –, »so haben doch auch die gewerbsmäßigen Fruchtabtreiber alle Hände voll zu tun«[27]. Wandten sich Frauen an Hebammen oder Kurpfuscher, zahlten sie um die 100 Mark, bei Ärzten das Doppelte bis Vierfache. Bei einem durchschnittlichen Arbeiterlohn (monatlich 70 bis 100 Mark) war das eine fast unerschwingliche Summe.[28]

Wo Frauen eine Abtreibung nicht mit dem Leben bezahlten, gehörten Angst und Schmerzen zu ihrem Erfahrungsbereich, wollten sie sich dem

Abb. 1: Annonce für Irrigatoren aus der Illustrierten „Der wahre Jacob“ 1906

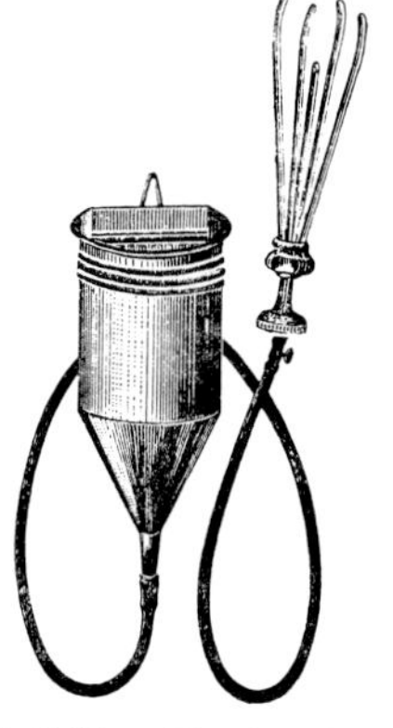

Abb. 2: Reklame-Blatt für Irrigator.

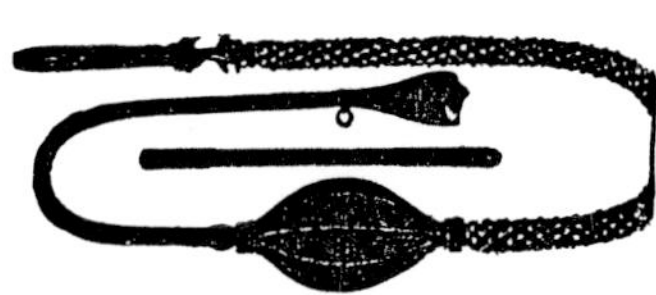

Versandhaus »Helvetia«

(Heiden/Schweiz)

Von Medizinern entwickelte und indizierte Pessare:

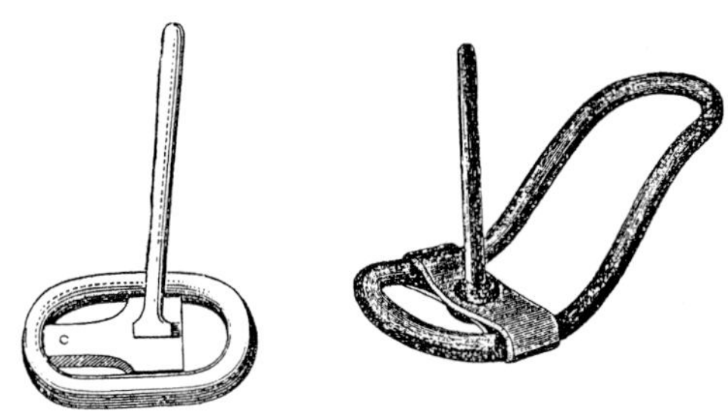

Abb. 3: Intrauterinpessare aus Holz mit Gummiband zur Therapie von Gebärmutterknick.

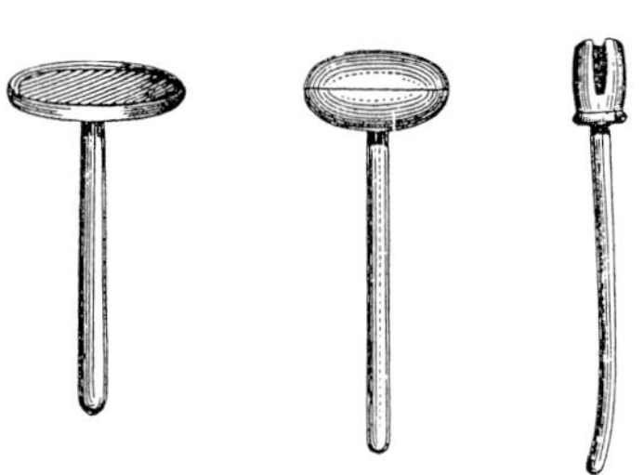

Abb. 4: Intrauterinstifte aus Horn, Hartgummi und Glas.

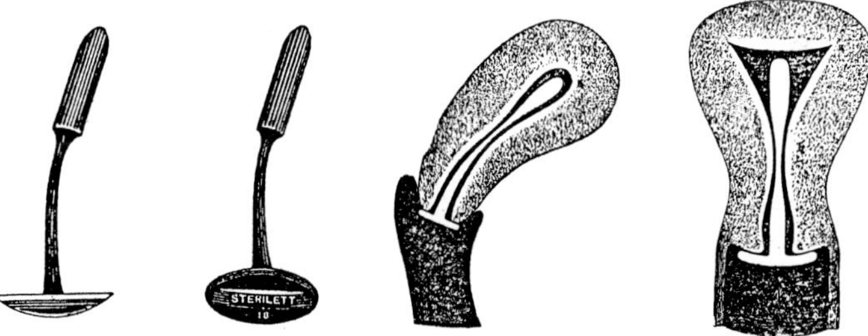

Abb. 5: »Sterilett« aus einer Reklame-Broschüre, 60 mm langer Aluminiumstift.

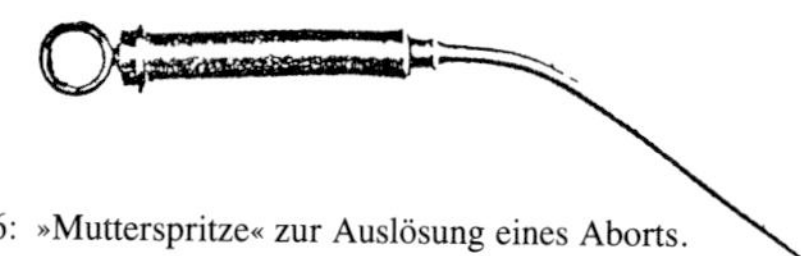

Abb. 6: »Mutterspritze« zur Auslösung eines Aborts.

Vgl. Bildnachweis und -erläuterungen am Ende dieses Artikels.

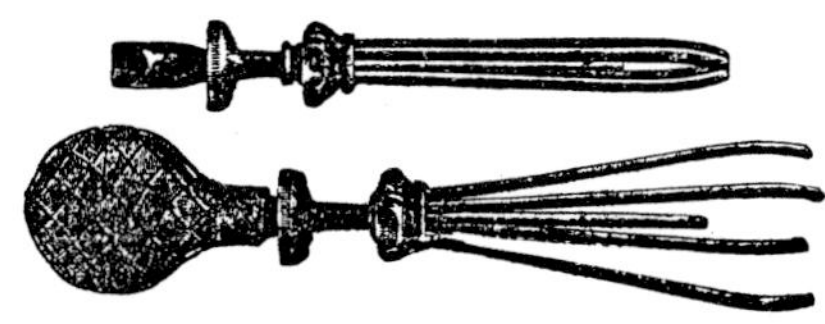

Abb. 7: Scheidenpulverbläser in einem Werbeblatt.

Schicksal zahlreicher Geburten nicht bedingungslos ausliefern. Sie sprangen von Schränken, Leitern, schleppten schwere Lasten und ließen sich sogar in den Bauch treten, um eine Schwangerschaft loszuwerden.

Mit der verschärften Bekämpfung des Geburtenrückgangs häuften sich polizeiliche Bespitzelungen, Nachbarn wurden dazu animiert, Verdächtiges zu melden, und Ärzte wurden dafür gewonnen, Informationen über ihnen bekanntgewordene Abtreibungen an höhere Instanzen weiterzugeben.[29] Auch nahmen die Verurteilungen nach den §§ 218–220 zu: von 411 im Jahre 1900 stiegen sie bis 1914 auf 1755.[30] Die jährlich geschätzte Dunkelziffer lag zwischen 10 bis 20 »krimineller Abtreibungen« auf 100 Geburten.[31]

Das »Verbrechen an Staat, Gesellschaft und Familie«, wie es so oft hieß, wurde in diesem Ausmaß wie keine andere Straftat als internationale Massenerscheinung wahrgenommen. Stand den Interessen von Frauen hier eine breite Front klerikaler, polizeilicher und medizinischer Männermacht entgegen, so war die Zeugungsverhütung für den Mann weder an Gesetz, Geld, Moral noch an körperverletzende Apparate gebunden. Das Gummipräservativ oder auch die Fischblase waren billig, wirkten komplikationsfrei, durften angeboten und verkauft werden, weil sie gesundheitspolitisch als Präventiv gegen die Weiterverbreitung von Geschlechtskrankheiten von Ärzten noch propagiert wurden.

Trotzdem ergaben empirische Untersuchungen, daß Kondome im Vergleich zu anderen Verhütungsmitteln in den ehelichen Beziehungen seltener angewendet wurden. Der Coitus interruptus in Kombination mit Scheidenspülungen wurde dagegen in den von Ärzten durchgeführten Befragungen[32] als häufigste Verhütungspraktik festgestellt.[33] Obwohl die medizinische Lehrmeinung Männern durch diese Verhütungsmethode Impotenz und »Degenerationserscheinungen« prophezeite, haben sich Frauen – wie zeitgenössische Interviews aufzeigen – ihren Männern gegenüber durchgesetzt. Ein Arzt, der 500 Frauen in Unterfranken befrage, kam zu dem Schluß, »daß die Frauen den Coitus reservatus für eine geringere Sünde halten als den Gebrauch künstlicher Mittel«.[34] Frauen waren nicht nur dominant in der Anwendung von Verhütungsmitteln, sie gaben auch zu Protokoll, daß sie sich ohne Verhütung ihren Männern sexuell verweigerten.[35]

Zu kurz gegriffen wäre allerdings die Schlußfolgerung, daß Männer kein Interesse an einer Verringerung der Kinderzahl gehabt hätten, denn schließlich hatten sie für den Lebensunterhalt der Familie in erster Linie aufzukommen. Exemplarisch für die männliche Perspektive, wie sie auch in den Interviews dokumentiert ist, scheint mir ein anonymer Brief eines Arbeiters, der im Februar 1914 im preußischen Kultusministerium einging:

> »Herr Minister! In den Zeitungen wird in letzter Zeit wieder so unendlich viel gejammert über den erfreulichen Geburtenrückgang. (. . .) Wer verständig ist,

> verhindert die Schwangerschaft, denn wer wird so dämlich sein und wird für Hebammen und Ärzte die hohen Gebühren bezahlen. Ein Bergmann kann sich wochenlang schinden, ehe er so viel hat, wie die Leute in einigen Stunden verdienen. Und dann das wunderbare Geschrei von den Kindern Nacht für Nacht. (...) Neben mir in der Fabrik steht ein Weber von 22 Jahren (...) Der hat sich das Gejammer vom Geburtenrückgang so zu Herzen genommen. Er hat einem Mädel ein Zwillingspaar und einem zweiten Mädel einen Jungen aufgesielt. Allen beiden hat er natürlich die Ehe versprochen. Er braucht für die 3 Kinder (...) zusammen nur 10,50 M Alimente pro Woche zahlen. (...) Ich verpflichte mich, jährlich mindestens 20 Kinder zu machen, wenn die Regierung die Kosten trägt. An Weibern zur Zucht fehlt es hier nicht. Alles hübsche Vollblutstuten.
> Den Verkauf von Citronensäure und Essigessenz werden Sie nicht verbieten können. Die beiden verhüten auch die Befruchtung.«[36]

Stand hier eindeutig die finanzielle Frage im Vordergrund, so stellte sich der Alltag von Frauen durch Schwangerschaft, Gebären, Stillen und das Aufziehen von Kindern komplizierter und anders dar. Männer konnten sich daher leichter indifferent in der Geburtenkontrolle verhalten und davon ausgehen, daß die Frau schon etwas unternehmen würde. Die Konsequenz war, daß sie ihr Interesse an besseren Reproduktionsbedingungen nicht unbedingt an ihrer Sexualität orientierten. Häufig wußten sie nicht einmal, daß ihre Ehefrauen abgetrieben hatten.

Auch um Konflikte mit dem Ehemann nicht zu riskieren, entwickelten Frauen heimliche Listen:

> »Demgegenüber lehrt (...) die Erfahrung des Arztes, daß Frauen verhältnismäßig sehr oft *ohne Wissen des Mannes* Prävention üben (...) und jahrelang vor ihm Komödie spielen, indem sie gemeinsam mit ihm das Ausbleiben einer Befruchtung beklagen.«[37]

Aus der Literatur und den zeitgenössischen Interviews geht hervor, daß der Übergang vom »Kaninchentypus« zum »rationalen Sexual-Typus«[38] – wie in der Konzeption der »rationalen Menschenökonomie« gekennzeichnet und auch aus heutiger Perspektive interpretiert – nicht reibungslos vonstatten ging, sondern daß die Praxis der Geburtenkontrolle neue Nuancen in der Sexualität setzte, die nicht ohne Konflikte zwischen Männern und Frauen verlief.

Ärzte zogen aus ihren Untersuchungen das Fazit: Der Geburtenrückgang war ein von Frauen herbeigeführtes Resultat. Sie beobachteten, daß Frauen sich sexuell verweigerten, den Coitus interruptus durchsetzten und in eigener Regie zur Selbsthilfe griffen. Diese Feststellung war ein Indiz für einen realen Frauenwiderstand, der sich auf mehreren gesellschaftlichen Ebenen abspielte: Er wurde hinter dem Rücken von Männern oder im offenen Geschlechterkampf durchgesetzt, verstieß gegen gesetzliche und moralische Normen und wurde privat nicht weniger als in der ärztlichen Praxis und den Gerichtshöfen ausgetragen.

Die heftigen Reaktionen auf den Geburtenrückgang in der männlichen Öffentlichkeit erfolgten, weil diese Entwicklung als Attacke gegen ein starr definiertes Männer- und Frauenbild verstanden wurde. Über politische Meinungsverschiedenheiten hinweg war man sich einig, daß die Anwendung von Verhütungsmitteln die »schlimmste Art der Korruption«[39] und »widernatürlich« sei und durch sie die Ehe vom Zerfall bedroht. In männlicher Phantasie verwandelte sich die »sittsame« Ehefrau in eine »Privat-Prostituierte«.[40]

3. Zum ideologischen Fundament der Reaktion auf den Geburtenrückgang: Das Konzept »Mutter« – »Hure«

Ein Blick zurück in die Geschichte verdeutlicht den Hintergrund, vor dem der Geburtenrückgang so bedrohlich wahrgenommen wurde. Das Konzept »Frau als passive Natur« war aus der Ideologie der bürgerlichen Gesellschaft historisch hervorgegangen und hatte im 19. Jahrhundert seine wissenschaftliche Begründung erfahren. Seit Ende des 18. Jahrhunderts begann sich zunehmend ein Entwurf über männliche und weibliche Disposition durchzusetzen. Das Lebenskonzept von Männern und Frauen wurde hier in zwei Welten aufgespalten, in denen die männliche in der Öffentlichkeit durch Rationalität, Wissenschaft, Ökonomie, Politik und Kultur repräsentiert war und die weibliche in der Privatheit durch Emotionalität, Subjektivität, Familie und Natur. *Karin Hausen* beschreibt diesen Prozeß als »Polarisierung der ‚Geschlechtscharaktere'«[41]. In diesem Konzept war mehr als eine spezifische Organisation gesellschaftlicher Arbeitsteilung enthalten, nach der Männer für die gesellschaftliche Produktion und Frauen für die private Reproduktion, ihrer Natur entsprechend, für verantwortlich erklärt wurden. In ihm war ebenso schwergewichtig die psychische Disposition von Männern und Frauen klar definiert. Eine der elementaren Typisierungen, die in einem komplementären Verhältnis zueinander stehen, waren für den Mann »Aktivität und Rationalität«, für die Frau »Passivität und Emotionalität«.[42]

Daß der »Geschlechtscharakter« im wissenschaftlichen Begründungszusammenhang (Medizin, Anthropologie, Psychiatrie)[43] eine biologisch-determinierte Akzentuierung erhielt, ist darüber hinaus ein entscheidendes Merkmal. Analog der rassenbiologischen Idee war auch dieser Konzeption ein spezifischer Gesundheits- bzw. Krankheitsbegriff immanent. Der Neurologe *Möbius* brachte beispielsweise diese Denkweise auf folgenden Nenner: »Je gesünder der Mensch ist, um so entschiedener ist er Mann oder Weib.«[44]

Das biologische Prädikat einer Frau war im wesentlichen die Kinderliebe bzw. ihr »Muttertrieb«, das des Mannes zeichnete sich nach *Möbius* durch

»Zählen«, »Messen«, »Erfinden«[45] aus. Wenn es umgekehrt die biologische Bestimmung der Frau war, weder Logik noch Ethik, kein »intelligibles Ich«[46] zu besitzen, so gehörten Grenzüberschreitungen, die sich außerhalb von diesen Zuordnungen bewegten, konsequenterweise in den Bereich der Pathologie. In diesem Zusammenhang scheint mir die sexuelle Dimension in der »Polarisierung der Geschlechtscharaktere« zentral.

Christine Woesler de Panafieu hat diesen Aspekt anhand der These präzisiert, daß die Ausformulierung dieses Konzepts »eine für Männer und Frauen unterschiedliche Umschichtung und Unterdrückung der Triebstruktur«[47] beinhaltete. Für die Normierung männlicher Sexualität bedeutete dies, daß sinnliches Erleben in Interaktion mit der Frau eine Abwertung zugunsten geistiger Potenz erfuhr, indem die Bedeutung des Koitus für den Mann auf eine physiologisch momentane Triebabfuhr in Form der Ejakulation reduziert wurde. Parallel dazu verschob sich männliche Libido auf quantitatives Denken, Experimentieren, Sezieren der Natur in ihre Einzelteile und Empirie. *Esther Fischer-Homberger* kennzeichnet diese Entwicklung als »Sexualisierung des männlichen Geistes«[48], die ihren stärksten Ausdruck in dem Aufstieg der Technik und der Naturwissenschaften des 19. Jahrhunderts fand. »Das Weib liebt mit ganzer Seele«, schrieb der Psychiater *Krafft-Ebing,* während beim Mann nach Erfüllung seines sexuellen Verlangens »seine Liebe temporär hinter anderen vitalen und socialen Interessen zurück(-tritt, A. B.)«.[49]

Charakteristisch in diesem Zusammenhang ist die Zerlegung der männlichen Sexualität in rein physiologische Abläufe mit dem Resultat, daß Emotionen verleugnet oder eliminiert wurden. Hierzu ein prägnantes Zitat von *Krafft-Ebing:*

> »Die Hirnrinde wirkt auf appercipirte oder reproducirte sinnliche Vorstellungen auf die Generationsorgane (Hyperämisierung, Samenbereitung, Erection, Ejaculation) (. . .) Das Centrum erectionis (. . .) ist eine zwischen Gehirn und Genitalapparat eingeschaltete Zwischenstation.«[50]

Männliche Sexualität wird hier als technisch-mechanischer Vorgang bar jeden menschlichen Gefühls vermittelt; sie kann so unter der Direktive des Kopfes instrumentell eingesetzt und unter Kontrolle gehalten werden.

Die Rationalisierung männlicher Sexualität oder, anders ausgedrückt, die »Emanzipation« des Geistes von der Sinnlichkeit – wobei männliche Libido für höhere, politische, wissenschaftliche und kulturelle Ziele eingesetzt wurde – brachte in der Trennung zwischen Körper und Geist eine hierarchische Abstufung mit sich: Der Kopf als Synonym des Geistes wurde zum »höchsten« Organ erklärt, das den Körper, die Natur dirigiert und beherrscht.[51] Rassenbiologen, Anthropologen und Psychiater versuchten, seine Qualität in Umfang und Gewicht nachzuweisen. Seine Maße wurden zum Symbol für gesellschaftlichen Rang und Wert bzw. für die Intelligenz eines Individuums.

Diese Entwicklung war von dem Ziel absoluter Naturbeherrschung getragen, wobei Natur nicht mehr als Ganzes betrachtet und respektiert, sondern operationalisiert, verobjektiviert und als tote, geistlose Materie gehandhabt wurde.[52]

Die »Sexualisierung des männlichen Geistes« hatte einen doppelten Effekt: Der Natur wird ihre Lebendigkeit und damit ihre Unberechenbarkeit genommen, sie ist jenseits von Leben und Tod, Krankheit, Gefühlen und Fruchtbarkeit und wird dadurch kontrollfähig. Der Mann wird zum Schöpfer, zum Architekten und Ingenieur der Natur, indem er sie durch Technik manipuliert und neu kreiert. Er – so sagt *Fischer-Homberger* – »schwängert seine Bezugsgruppe, wenn er potent ist, die ganze Welt«.[53] In der Sprache spiegelt sich allzu häufig wider, daß der männliche Schöpfergeist ein Pendant zur weiblichen Gebärfähigkeit in Form der männlichen Kopfgeburt hervorgebracht hatte. Der Rassenbiologe *Wilhelm Schallmayer* schrieb 1904, daß es unsinnig sei, die Geisteswissenschaften von den Naturwissenschaften abzugrenzen, da

> »alle Wissenschaften Töchter *einer* Mutter sind, und daß ihre weitere Fruchtbarkeit an die Bedingung immer neuer Mischung geknüpft ist«.[54]

Aus heutiger Perspektive bemerkt *Fischer-Homberger* ironisch: »Es ist, als ob dem Manne im 19. Jahrhundert der Samen buchstäblich in den Kopf gestiegen ist.«[55]

Auch wenn Sexualität als etwas Sekundäres und dem männlichen Geist untergeordnet galt, war dies nicht gleichbedeutend mit Unterdrückung von Sexualität schlechthin.

Die Herausbildung der bürgerlichen Doppelmoral war nichts anderes als das Resultat einer Aufspaltung der Liebe in Emotionalität und Sexualität, die sich projiziert in den zwei Frauentypen, der Mutter und der Hure, verkörpert wiederfindet: die glorifizierte, fruchtbare, »unbefleckte« Mutter, bar jeder Sinnlichkeit auf der einen Seite und die verachtete Hure als Inkarnation der Lust und Erotik auf der anderen Seite. Dem Konzept »Mutter – Hure« wurde durch die wissenschaftliche Begründung, Frauen seien entweder für das eine oder das andere physiologisch prädestiniert, ein neuer Impetus gegeben.

Soweit der Mutter Triebhaftigkeit zugesprochen wurde, war sie exklusiv an die Beziehung zum Kind geknüpft, wobei die sexuelle Begegnung mit dem Mann an den reinen »Fortpflanzungszweck« gebunden wurde. Umgekehrt stellte sich in diesem Konzept die Sexualität der Hure dar: Unter der Voraussetzung ihrer Sterilität wurde auf sie Erotik projiziert. Ihre Sexualität beinhaltete die reine Lust in Kombination mit zerstörerischer Aktivität. Der Philosoph *Otto Weininger* schrieb:

> »(...) die Dirne fühlt, schlürft, bis aufs äußerste den Genuß«. »Sie will vernichtet werden und vernichten, sie schadet und zerstört.«

Dagegen wird die Mutter »von allen Dingen, fortwährend und am ganzen Leibe, geschwängert«.

> »Wie die Mutter ein lebensfreundliches, so ist die Prostituierte ein lebensfeindliches Prinzip.«[56]

Diese Aufspaltung, die faktisch die Substanz der bürgerlichen Doppelmoral bildete, machte »Fortpflanzung ohne Lust und Lust ohne Fortpflanzung unterscheidbar«[57]. Entsprechend der Entwertung von Sexualität und Sinnlichkeit, war die Hure eine pathologische Erscheinung, während einzig und allein der »geistigen« Mutterschaft an dem Ort der Ehe und Familie gesellschaftliche Achtung zukam.

Diese Projektionen männlicher Sexualität auf die Frau waren begleitet von einer generellen Geringschätzung ihres Körpers und ihrer Potenz. Frauen als das »weibliche Geschlecht« repräsentierten den »niederen Trieb«. Schwangerschaft, Gebären und Menstruation galten als weibliche Impotenz, als biologisches Defizit und wurden darüber hinaus zur Krankheit erklärt. Pathologisiert und als solche für nicht vernunftfähig erachtet, wurden aber nicht nur Frauen, auch alle Gruppen, die Geschlechtlichkeit außerhalb dieses Konzepts repräsentierten: Homosexualität, die uneheliche Mutterschaft, Prostitution, Onanie, Nymphomanie, »moralischer Schwachsinn« bis hin zu den sogenannten »unzivilisierten Wilden«, die als »weibisch« oder auch als »Natur«-völker mit der »Herrenrasse« kontrastiert wurden.[58]

Woesler de Panafieu sagt dazu treffend:

> »In den Mystifikationen des Weiblichen werden mit den männlichen Ängsten vor der Stärke und Unberechenbarkeit der Frauen diese mit-eliminiert. (. . .) Als zeugende, menstruierende, gebärende, sinnliche ‚Natur' aber wird sie erniedrigt, da sie sich männlicher Kontrolle, seiner Rationalität und Logik entzieht.«[59]

Nicht zufällig wurde im 19. Jahrhundert damit begonnen, soziale, psychische und sexuelle Normabweichungen bei Männern und bei Frauen als »Geistes«- bzw. als Kopfkrankheiten zu klassifizieren. Der normative »Geschlechtscharakter« wurde dem als Kategoriensystem zugrunde gelegt. Staatliche und vor allem medizinische Übergriffe hatten damit ihre Legitimation, denn soweit eigene Sinnlichkeit an sich selbst unterdrückt wurde, wurde sie unter dem Einsatz einer spezifischen Rationalität zum Angriffsobjekt all derer, die in irgendeiner Weise ungebändigte Sexualität verkörperten.

4. Der Geburtenstreik als Bruch mit dem Prinzip »Fortpflanzung ohne Lust«

Solange das Prinzip männlicher Projektion »Lust ohne Fortpflanzung und Fortpflanzung ohne Lust« in klarer Abgrenzung eingehalten werden konnte, war Sinnlichkeit für Männer im Zaum gehalten. Durch die Männerbrille betrachtet, drohte mit dem ehelichen Geburtenrückgang die als so tödlich empfundene »Leidenschaft« aus dem Ghetto der Prostitution in Familie und

Gesellschaft mit zersetzender Wirkung einzudringen. Denn wie schon einige Jahrzehnte vor dem diskutierten Geburtenrückgang *Krafft-Ebing* im Tenor seiner Zeitgenossen die »geistig normale« Frau der bürgerlichen Gesellschaft definierte, war ihr »sinnliches Verlangen ein geringes. Wäre dem nicht so, so müßte die ganze Welt ein Bordell und Ehe und Familie undenkbar sein«.[60]

Wie sehr die Sinnlichkeit abspaltende männliche Rationalität mit dem Geburtenrückgang in eine Krise kam, belegen nicht nur wissenschaftliche Zeugnisse. Wie die »Gebärstreikdebatte«[61] der Sozialdemokratie dokumentiert, war auch die Arbeiterbewegung von der »bürgerlichen Doppelmoral« infiziert, wenngleich die SPD als einzige Partei programmatisch für die Frauenemanzipation eintrat. In der Diskussion standen gegen den Geburtenrückgang zwei sich widersprechende Argumente im Vordergrund: Sah die SPD einerseits das Potential für den Klassenkampf gefährdet, so verwies sie andererseits das Thema Geburtenkontrolle in das eheliche Schlafzimmer und in die ärztliche Praxis wegen seiner »unpolitischen« Dimension. Auch wenn der Verlauf der Gebärstreikdebatte davon gekennzeichnet war, daß die Tatsache des Geschlechterkampfes geleugnet wurde und die Auseinandersetzungen in ein Scheingefecht über die politische Tragweite einer aussterbenden Arbeiterklasse mündeten, kamen Probleme sexueller Umorientierungen, die ein Gebärstreik implizierte, dennoch zur Sprache.

Beispielsweise löste *Wilhelm Pieck* auf der Versammlung große Unruhe aus, als er gegen die Geburtenverweigerung mit dem Argument auftrat, daß *Moses* und *Bernstein* bei einem Gebärstreik konsequenterweise

> »für eine Beschränkung des Verkehrs eintreten (müßten; A. B.) (. . .), dann würde es sich empfehlen, einmal dafür zu wirken, daß fünf Monate lang jeder Verkehr unterbleibt«.[62]

Auch wenn mit dem Gebärstreik – wie hier von *Pieck* verstanden – nicht gleich immer ein Sexualstreik verbunden wurde, war wiederholt davon die Rede, daß die Anwendung von Verhütungsmitteln die Ästhetik des Mannes verletze und ihn »auf den Weg des außerehelichen Geschlechtsverkehrs führen« werde.[63] Abscheu und Ekel stellte auch *Karl Kautsky* in Gesprächen mit sozialdemokratischen Männern fest:

> »Zu meinem Erstaunen wiesen meine Parteigenossen jede derartige Geburtenregelung schroff zurück. Viele, unter ihnen vor allem Liebknecht, bekämpften sie als unsittlich und widerlich.«[64]

Selbst *Alfred Bernstein,* einer der radikalsten Vertreter des Gebärstreiks, sah in seiner Forderung eine sexuelle Problematik:

> »Es ist richtig, daß das Geklapper mit dem Irrigator, Kondom und Pessarhandhabung eine den Geschlechtsgenuß abschwächende, seelische Abstumpfung und teilweise Ekel auslösende Wirkung ausüben, (. . .) daß sie unserer sexualen Psyche als unästhetisch erscheinen, möchte ich noch einmal betonen. Eine auf geschlechtliche Würde haltende Frau wird alle einschlägigen Handhabun-

> gen im stillen Gemach ohne Zeugen vornehmen, geschlechtliche Diskretion ist ganz nach unserem sozialistischen Sinne.«[65]

Dieser Hinweis entsprach eindeutig patriarchalen Interessen an ehelicher Sexualität, denn die Anwendung von Verhütungsmitteln wurde in der gesamten Debatte mit Begriffen wie »lüstern«, »eklig« und »unsittlich« belegt.

Weibliche Sexualität ohne »Muttertrieb« im Ehebett entsprach auf Basis des aufgezeigten Frauenbildes der pathologisch vernichtenden Sexualität der Hure und breitete sich in männlicher Optik zu einer »Degenerationserscheinung« und zum »Krebsgeschwür« aus.

5. *Ausblick*

In dem anfänglichen Zitat aus dem Preußischen Parlament wurde einem »heldenhaften« Männerkrieg ein höherer Zweck zugestanden, während der Geburtenrückgang zur Destruktion, zur »Selbstbefleckung« stigmatisiert wurde. Auch nach den Erfahrungen des Ersten Weltkriegs war in der Einschätzung des Geburtenrückgangs bei Bevölkerungswissenschaftlern und Politikern keine Ernüchterung eingetreten. Im Gegenteil, die sinkende Geburtenrate wurde mehr denn je als ein »freventlich herbeigeführtes« Phänomen bekämpft, und die Opfer des Krieges wurden mit dem Geburtenrückgang auf folgende Weise in Beziehung gesetzt:

> »Das ist *jene schleichende, tückische Krankheit,* welche unsern starken Volksorganismus zu zermürben und zu Siechtum und Tod zu führen drohte, (...). Wenn diese Entwicklung (...) nach dem Kriege von neuem einsetzt (...), dann wäre alles Blut unserer Väter und Söhne umsonst geflossen«.[66]

Die »Sexualisierung des männlichen Geistes« war kein ausschließlich kreativer Prozeß, sondern in ihm waren auch destruktive Elemente enthalten, weil er auf Triebunterdrückung und nicht allein auf Sublimierung beruhte. Legt man die Hypothese *Fischer-Hombergers* zugrunde, so hat männliche Destruktion eine sexuelle Komponente, weil ihre Dynamik aus Triebabfuhr gespeist wird:

> »Fließend geht seine schöpferische Potenz in zerstörerische über: militärische Erektionen und Ejakulationen bezeichnen einen Höhepunkt seiner Männlichkeit. Denn der Krieg ist der ‚Vater' allen Fortschritts.«[67]

Es bleibt zu fragen, ob Frauen durch männliche Spaltungsversuche an ihrer Psyche und Sexualität so starken Irritationen unterworfen worden sind – verstärkt durch facettenreiche Sanktionen und Mystifikationen der Mutterschaft –, daß es bis heute eine ungelöste Denk- und Lebensaufgabe bedeutet, weibliche Identität auf einen davon losgelösten Begriff zu bringen.

Frauen sind auch und gerade in dieser Geschichte anonym geblieben. Aus ihr sind keine »Heldinnen« hervorgegangen, und das Massengrab, das hier entstanden ist, findet sich in keinem Geschichtsbewußtsein. Versuche von Frauen, über ihren Körper und ihr Leben selbst zu entscheiden, wurden öffentlich bestraft und sanktioniert, während die von der Medizin beabsichtigte Geburtenkontrolle als »Heilzweck« legitimiert wurde und kein Image des »Verbrechens« hatte. Die Politik gegen die Bestrebungen von Frauen hatte aggressiven Charakter, der sich in der Gesetzgebung, der Herstellung sadistischer, phallisch konstruierter Verhütungsmittel und den gesellschaftlich zugewiesenen Kontrollfunktionen von Ärzten über den weiblichen Körper manifestierte. Die Verweigerungen von Frauen waren alles andere als triumphale Machtdemonstrationen. Elend und Unterdrückung prägten die Bedingungen, unter denen sie zur Selbsthilfe griffen. Gesetze, Sanktionen und Moral schufen eine Realität, in der Frauen eher zu Opfern ihrer Gebärfähigkeit degradiert wurden.

Was hat sich in der Zwischenzeit getan und verändert? Sicher hat sich das Abtreibungselend durch die Entwicklung der Verhütungstechnologie gemildert. Aber wer hat das bestimmt und wie? Wie sieht heute das Machtverhältnis zwischen Ärzten und Frauen aus? Es hat sich perfektioniert, und Frauen haben den medizinischen »Fortschritt« mitgemacht. Gynäkologen sind nicht nur mehr Experten für Verhütung, Abtreibung, Sterilisation und Sexualität, sie haben die Geburt, das Gebären selbst in die Hand genommen: Programmierte Geburt, Technik im Kreißsaal und schließlich die Resultate der Gentechnologie: die technisierte, jungfräuliche Empfängnis, Embryo- und Spermabanken, auf denen das männliche Genie, der männliche Geist seine Triumphe feiert - all das sind Ergebnisse und Fortführungen dieser Entwicklung.

Anmerkungen

1 Stenographische Berichte über die Verhandlungen des Preußischen Abgeordnetenhauses 22. Leg.Per., 2. Sess., Sitzung vom 23. 2. 1914, Bd. 2, S. 2783.

2 Vgl. ebd., S. 2784, Beitrag des preuß. Innenministers *von Dallwitz* (Konserv.); aus halbregierungsoffizieller Sicht vgl. *Bornträger* (siehe Anm. 12), S. 730f., 792; *Friedrich Naumann,* Zur Geburtenfrage, in: Berliner Tageblatt vom 27. 2. 1914; Vorwärts vom 13. 10. 1913.

3 Weiterführende Literatur vgl. *Marielouise Janssen-Jurreit,* Nationalbiologie, Sexualreform und Geburtenrückgang - über die Zusammenhänge von Bevölkerungspolitik und Frauenbewegung um die Jahrhundertwende, in: *Gabriele Dietze* (Hg.), Die Überwindung der Sprachlosigkeit. Texte aus der neuen Frauenbewegung, Darmstadt-Neuwied 1979, S. 139-175; *Ulrich Linse,* Arbeiterschaft und Geburtenentwicklung im Deutschen Kaiserreich von 1871, in: Archiv für Sozialgeschichte 12, 1972, S. 205-271; Kurt Nemitz, Julius Moses und die Gebärstreikdebatte 1913, in: Jahrbuch des Instituts für Deutsche Geschichte 2, 1973, S.

321-335; *Anneliese Bergmann,* Frauen, Männer, Sexualität und Geburtenkontrolle. Die Gebärstreikdebatte der SPD im Jahre 1913, in: *Karin Hausen* (Hg.), Frauen suchen ihre Geschichte, München 1983, S. 81-108; vgl. Anm. 61.

4 Zur empirischen Untersuchung des Geburtenrückgangs vgl. *Reinhard Spree,* Der Geburtenrückgang in Deutschland vor 1939. Verlauf und schichtspezifische Ausprägung, in: Demographische Informationen 1984, hrsg. v. Institut für Demographie, Wien 1984, S. 49-61. *John Knodel,* The Decline of Fertility in Germany 1871-1939, Princeton, N.Y. 1974; *Adelheid Castell,* Unterschichten im »Demographischen Übergang«. Historische Bedingungen des Wandels der ehelichen Fruchtbarkeit und der Säuglingssterblichkeit, in: *Hans Mommsen, Winfried Schulze* (Hg.), Vom Elend der Handarbeit. Probleme historischer Unterschichtsforschung, Stuttgart 1981, S. 373-394 (= Geschichte und Gesellschaft, Bd. 24).

5 Bei einer relativ konstanten Heiratsziffer sank die eheliche Geburtenrate.

6 Vgl. *Josef Grassl,* Der Geburtenrückgang in Deutschland. Seine Ursachen und seine Bekämpfung, Kempten-München 1914, S. 113; *Bornträger* (Anm. 12), S. 726; *Wolf* (Anm. 7), S. 60 ff., S. 166.

7 Der Sozialhygieniker *Alfred Grotjahn* und der Nationalökonom *Julius Wolf* prägten den Begriff »Rationalisierung des Geschlechtslebens«. Als Schlagwort ging er in die Debatte um den Geburtenrückgang ein. Während *Wolf* mit diesem Begriff mehr das Motiv für die Geburtenbeschränkung aus dem materialistischen Kalkül zu erklären versuchte und daraus resultierend die allgemeine Änderung der Sexualmoral, gaben Ärzte diesem Terminus einen eugenischen Inhalt. Der »rationale Fortpflanzungs-Typus« war für sie eine angestrebte Zukunftsvision. Sein individuelles »Fortpflanzungsverhalten« sollte im nationalen Interesse zu einer »biologischen Qualität« des Volkes beitragen. Vgl. hierzu: *Max Marcuse,* Wandlungen des Fortpflanzungs-Gedankens und -Willens, Bonn 1918, S. 45 ff.; *Alfred Grotjahn,* Soziale Pathologie, 2. Aufl. Berlin 1915, S. 486 ff.; *Julius Wolf,* Der Geburtenrückgang. Die Rationalisierung des Sexuallebens in unserer Zeit, Jena 1912; Zur Gebärstreikdebatte und Interpretation aus heutiger Sicht vgl. *Nemitz,* S. 333.

8 Zur gesetzlichen Regelung und Rechtspraxis der Abtreibung und dem Handel von Verhütungsmitteln siehe unten im Text.

9 Vgl. Anm. 21.

10 *Grassl,* S. 148.

11 Rede *Clara Zetkins* nach Vorwärts vom 24. Aug. 1913; vgl. auch *Oda Olberg,* Zur Stellung der Partei zum Gebärstreik, in: Die Neue Zeit 32, 1913, S. 53.

12 Zur regierungsoffiziellen Position vgl. Zentrales Staatsarchiv Potsdam, 15.01, Nr. 9342, Bd. 1, Denkschrift über die Ursachen des Geburtenrückgangs und die dagegen vorgeschlagenen Massnahmen, Berlin 1915, Bl. 6-50. Diese Denkschrift wurde auf Basis des Runderlasses vom 1. 4. 1912 des preußischen Innenministeriums erstellt. Sie lag 1914 vor, kam aber durch den Beginn des Krieges verzögert 1915 zur Kommissarischen Beratung. Eine wichtige Diskussionsgrundlage für Parlamentsdebatten und Presseberichte war die von dem preußischen Innenministerium in Auftrag gegebene Schrift: *Jean Bornträger,* Der Geburtenrückgang in Deutschland, seine Bewertung und Bekämpfung, in: Veröffentlichungen auf dem Gebiete der Medizinalverwaltung 1912, S. 631-794; zur sozialdemokratischen

Position vgl. Sten. Ber. Verh. d. Reichstages 13. Leg.Per., 1. Sess., Sitzg. v. 27. 11. 1913, Bd. 291, S. 6078 ff.

13 *Max Hirsch,* Fruchtabtreibung und Präventivverkehr im Zusammenhang mit dem Geburtenrückgang. Eine medizinische, juristische und sozialpolitische Betrachtung, Würzburg 1914, S. 212, S. 181; prototypisch für diese Richtung waren die zahlreich erschienenen Publikationen von dem Gynäkologen *Max Hirsch* und dem Arzt *Alfred Grotjahn,* auf die ich mich im folgenden konzentriere; vgl. *Alfred Grotjahn,* Geburten-Rückgang und Geburten-Regelung. Im Lichte der individuellen und sozialen Hygiene, 2. Aufl. Berlin 1921; *Max von Gruber,* Die Bedeutung des Geburtenrückganges für die Gesundheit des deutschen Volkes, in: Diskussion. Kultur Parlament. Eine Monatsschrift für aktuelle Kulturfragen H. 5, 1913, S. 3–10; *ders.,* Vererbung, Auslese und Hygiene, in: Deutsche medizinische Wochenschrift 35, 1909, S. 2049–2053.

14 *v. Grueber,* Vererbung, S. 2053; vgl. neuere Literatur: *Gunter Mann,* Biologie und der »Neue Mensch«. Denkstufen und Pläne zur Menschenzucht im Zweiten Kaiserreich, in: *ders., Rolf Winau* (Hg.), Medizin, Naturwissenschaft, Technik und das Zweite Kaiserreich. Vorträge eines Kongresses vom 6. bis 11. September 1973 in Bad Nauheim, Göttingen 1977, S. 172–188 (= Studien zur Medizingeschichte des neunzehnten Jahrhunderts, Bd. 8); *Patrik von zur Mühlen,* Rassenideologien, Geschichte und Hintergründe, Berlin - Bonn - Bad Godesberg 1977; *Heinrich Schipperges,* Utopien der Medizin. Geschichte und Kritik der ärztlichen Ideologie des 19. Jahrhunderts, Graz 1968; *Paul Weindling,* Theories of the Cell State in Imperial Germany, in: *Charles Webster* (Ed.), Biology, Medicine and Society 1840–1940, Cambridge - New York - Melbourne 1981, S. 99–155.

15 *Hirsch,* Indikation (Anm. 19), S. 566; vgl. *Grotjahn,* Geburten-Rückgang, S. 144 f., S. 362 ff.; vgl. außerdem *Ignaz Kaup,* Was kosten die minderwertigen Elemente dem Staat und der Gesellschaft, in: Archiv für Rassen- und Gesellschaftsbiologie (Arch. f. Rassen- u. Ges.-Biol.) 10, 1913, S. 723–748.

16 Vgl. *Hirsch,* Fruchtabtreibung, S. 177, 184 ff.; *Grotjahn,* Geburten-Rückgang, S. 147.

17 Vgl. hierzu: *Karl-Heinz Hafner, Rolf Winau,* »Die Freigabe der Vernichtung lebensunwerten Lebens«. Eine Untersuchung zu der Schrift von Karl Binding und Alfred Hoche, in: Medizinhistorisches Journal 9, 1974, S. 227–254; *Kurt Nowak,* »Euthanasie« und Sterilisation im »Dritten Reich«. Die Konfrontation der evangelischen und katholischen Kirche mit dem »Gesetz zur Verhütung erbkranken Nachwuchses« und der »Euthanasie«-Aktion (Halle a. S. 1977) Göttingen 1978, S. 39 ff. (= Arbeiten zur Geschichte des Kirchenkampfes, Bd. 12); *Karl Heinz Roth,* Schein-Alternativen im Gesundheitswesen: Alfred Grotjahn (1869–1931) - Integrationsfigur etablierter Sozialmedizin und nationalsozialistischer »Rassenhygiene«, in: *ders.* (Hg.), Erfassung zur Vernichtung. Von der Sozialhygiene zum »Gesetz über Sterbehilfe«, Berlin 1984, S. 31–56.

18 Vgl. *Till Bastian,* Von der Eugenik zur Euthanasie. Ein verdrängtes Kapitel aus der Geschichte der deutschen Psychiatrie, Bad Wörishofen 1981; *Hans-Georg Güse, Norbert Schmacke,* Psychiatrie zwischen bürgerlicher Revolution und Faschismus, 2 Bde., Kronberg/Ts. 1976.

19 Auch von Ärzten indizierte und durchgeführte Sterilisationen waren nach den §§ 224–225 (RStGB) als Delikt »schwerer Körperverletzung« verboten und wurden mit einer Strafe bis zu fünf Jahren Zuchthaus bedroht. Trotz dieses Verbots wurden von Ärzten Abtreibungen und Sterilisationen offiziell aus den unterschiedlichsten Gründen durchgeführt. Die Psychiater *Paul Näcke* und *Ferdinand Kehrer* waren in Deutschland die ersten, die sich seit den neunziger Jahren mit der Forderung nach einer Legalisierung der eugenischen Indikation für die Sterilisation einen Namen gemacht hatten. Über die Zahl der Menschen, die bis 1914 aus eugenischen Gründen sterilisiert wurden, läßt sich aufgrund der dürftigen Forschungslage überhaupt keine Aussage treffen. Zur Rechtslage vgl. *Jenny Blasbalg,* Ausländische und deutsche Gesetze und Gesetzentwürfe über Unfruchtbarmachung, in: Zeitschrift für die gesamte Strafrechtswissenschaft 52, 1932, S. 477–496; zur wissenschaftlichen Diskussion vgl. *Leopold Loewenfeld,* Über medizinische Schutzmaßnahmen (Kastration, Sterilisation) gegen Verbrecher und andere soziale Übel, mit besonderer Berücksichtigung der amerikanischen Gesetzgebung, in: Sexual-Probleme. Zeitschrift für Sexualwissenschaft und Sexualpolitik (Sex.-Probl.) 6, 1910, S. 300–327; *Max Hirsch,* Über die rassenhygienische Indikation in der gynäkologischen Praxis. Ein Beitrag zu den Beziehungen zwischen Gynäkologie und Rassenhygiene, in: Monatsschrift für Geburtshülfe und Gynäkologie 38, 1913, S. 561–583; *Willy Thorn,* Die Notwendigkeit gesetzlicher Bestimmungen für den künstlichen Abortus, in: Zentralblatt für Gynäkologie 34, 1910, S. 501–512; *Paul Näcke,* Die ersten Kastrationen aus sozialen Gründen auf europäischem Boden, in: Neurologisches Centralblatt 28, 1909, S. 226–234.

20 *Grotjahn,* Geburten-Rückgang, S. 300; vgl. auch *v. Gruber,* Bedeutung, S. 5 ff.

21 Vgl. Sten. Ber. Verh. d. Reichstages 12. Leg.Per., 2. Sess., Sitzg. v. 30. 11. 1910, Bd. 262, S. 3278–3308. Anlaß dieser Debatte war eine Gesetzesvorlage zur Beseitigung der Mißstände im Heilgewerbe. In § 6 dieser Vorlage war eine Einschränkung des Handels mit Gegenständen und Mitteln, die der Beseitigung einer Schwangerschaft dienten, beabsichtigt. In den folgenden Debatten wurden neue Gesetzesentwürfe gegen den Geburtenrückgang verhandelt: Sten. Ber. Verh. d. Reichstages, 13. Leg.Per., 1. Sess., Sitzg. v. 27. u. 29. 11. 1913, Bd. 291, S. 6026–6037, 6078–6093; Sten. Ber. Verh. d. Reichstages, 13. Leg.Per., 1. Sess., Sitzg. v. 9. u. 10. 2. 1914, Bd. 292, S. 7151–7171, 7183 ff.; Aktenstück 1380, Entwurf eines Gesetzes betr. den Verkehr mit Mitteln zur Verhinderung der Geburten, in: ebd., Bd. 303, S. 2373–2375.

22 Vgl. *Barbara Duden,* »Keine Nachsicht gegen das schöne Geschlecht«, in: *Susanne v. Paczensky* (Hg.), Wir sind keine Mörderinnen, Reinbek b. Hamburg 1980, S. 109–125; *Lisbeth N. Trallori,* Vom Lieben und vom Töten. Zur Geschichte patriarchalischer Fortpflanzungskontrolle, Wien 1983, S. 73 ff. (= Österreichische Texte zur Gesellschaftskritik, hrsg. v. Verein Kritische Sozialwissenschaft und Politische Bildung, Bd. 17).

23 Für das Folgende vgl. Bundesarchiv Koblenz (BAK), R 86/1685 sowie *Hirsch,* Fruchtabtreibung, S. 5–21; *Grotjahn,* Geburten-Rückgang, S. 32–102.

24 Allein infolge der Anwendung des Fabrikats »Sterilett« (Pessar) (Abb. 5), wurden vor 1914 in fünf Jahren 113 Todesfälle bekannt: vgl. Zentrales Staatsarchiv Merseburg (ZStAM), Rep. 76 VIII B, Nr. 1998, Bl. 268.

25 *Fritz Strassmann* (Hg.), Medizin und Strafrecht. Ein Handbuch für Juristen, Laienrichter und Ärzte, Berlin 1911, S. 508 (= Encyklopädie der modernen Kriminalistik, Bd. 9).

26 Vgl. *Hirsch,* Fruchtabtreibung, S. 19.

27 Ebd., S. 141.

28 Vgl. *Gerd Hohorst, Jürgen Kocka, Gerhard A. Ritter,* Sozialgeschichtliches Arbeitsbuch Bd. 2, Materialien zur Statistik des Kaiserreichs 1870–1914, 2. Aufl. München 1978, S. 107, S. 112 f. (= Statistische Arbeitsbücher der neueren deutschen Geschichte).

29 Vgl. den Ministerial-Erlaß an die Ärzte-Kammern Preußens betr. Fruchtabtreibung und Geburtenrückgang, abgedruckt in: Sex.-Probl. 9, 1913, S. 705 f.

30 Vgl. *Manfred Stürzbecher,* Die Bekämpfung des Geburtenrückganges und der Säuglingssterblichkeit im Spiegel der Reichstagsdebatten 1900–1930. Ein Beitrag zur Geschichte der Bevölkerungspolitik, Phil. Diss. FU Berlin, Tabelle XVI. Der Hauptanteil der Verurteilten waren Frauen nach § 218 mit Zuchthaus zwischen zwei und fünf Jahren.

31 Vgl. *Hirsch,* Fruchtabtreibung, S. 123. Diese Schätzung kam durch die klinische Beobachtung über das Verhältnis von Fehl- und Totgeburten zu den »Normalgeburten« zustande.

32 Publiziert sind diese Interviews in *Max Marcuse,* Zur Frage der Verbreitung und Methodik der willkürlichen Geburtenbeschränkung in Berliner Proletarierkreisen, in: Sex.-Probl. 9, 1913, S. 752–780; *ders.,* Der eheliche Präventivverkehr. Seine Verbreitung, Verursachung und Methodik. Dargestellt und beleuchtet an 300 Ehen, Stuttgart 1917; *ders.,* Die sexuologische Bedeutung der Zeugungs- und Empfängnisverhütung in der Ehe, Stuttgart 1919. Im folgenden beziehe ich mich auf *Marcuses* Interviews, die in ihren Ergebnissen für die unteren Schichten kaum von anderen Befragungen abweichen; vgl. *Otto Polano,* Beitrag zur Frage der Geburtenbeschränkung, in: Zeitschrift für Geburtshilfe und Gynäkologie 79, 1917, S. 567-578. *Marcuse* interviewte die Frauen in seiner Arzt-Praxis. Sein Vorhaben, auch verheiratete Männer zu befragen, verzögerte sich zunächst, da die Männer erst im Lazarett dazu bereit waren, Auskünfte über ihr Sexualleben zu geben. In allen Untersuchungen stellte sich heraus, daß etwa zwei Drittel der Befragten empfängnisverhütende Mittel/Methoden anwendeten.

33 Vgl. *Marcuse,* Bedeutung, S. 10 und *Polano,* S. 576.

34 *Polano,* S. 576.

35 Vgl. *Marcuse,* Präventivverkehr, S. 183, 189, 197, 88, 75.

36 ZStAM, Rep. 76 VIII B, Nr. 2008, Bd. 1, Bl. 194, 195.

37 *Grotjahn,* Geburten-Rückgang, S. 161.

38 *Marcuse,* Wandlungen, S. 46; vgl. auch *Wolf,* S. 134 f.; vgl. Anm. 7.

39 Vgl. *Wolf,* S. 93.

40 *Bornträger,* S. 722.

41 Vgl. *Karin Hausen,* Die Polarisierung der »Geschlechtscharaktere«. Eine Spiegelung der Dissoziation von Erwerbs- und Familienleben, in: *Werner Conze* (Hg.), Sozialgeschichte der Familie in der Neuzeit Europas, Stuttgart 1976, S. 363–393.

42 Ebd., S. 367.

43 Prototypisch für diesen Begründungszusammenhang waren die in hohen Auflagen erschienenen Schriften des Wiener Psychiaters *Richard von Krafft-Ebing* (1840–1902) und des Neurologen *Paul Julius Möbius* (1853–1907). Vgl. hierzu: *Richard von Krafft-Ebing,* Psychopathia Sexualis (1. Aufl. 1886), 7. Aufl. Stuttgart 1903; *ders.,* Psychopathia Sexualis. Mit besonderer Berücksichtigung der conträren Sexualempfindung. Eine klinisch-forensische Studie, 2. Aufl. Stuttgart 1887; *Paul J. Möbius,* Ueber den physiologischen Schwachsinn des Weibes (1. Aufl. 1900; 12. Aufl. 1922), 4. Aufl. Halle a. S. 1902; *ders.,* Geschlecht und Entartung, Halle a. S. 1903 (= Beiträge zur Lehre von den Geschlechts-Unterschieden, H. 2); *ders.,* Geschlecht und Kopfgröße, Halle a. S. 1903 (= Beiträge zur Lehre von den Geschlechts-Unterschieden, H. 5); vgl. außerdem zum »Geschlechtscharakter« die Schrift des Philosophen *Otto Weininger* (1880–1903): Geschlecht und Charakter. Eine prinzipielle Untersuchung (1. Aufl. Wien 1903; 24. Aufl. 1922, 28. Aufl. 1947), ND München 1980.

44 *Möbius,* Geschlecht, S. 5.

45 Vgl. ebd.

46 *Weininger,* S. 239.

47 *Christine Woesler de Panafieu,* Das Konzept von Weiblichkeit als Natur- und Maschinenkörper, in: *Barbara Schaeffer-Hegel, Brigitte Wartmann* (Hg.), Mythos Frau. Projektionen und Inszenierungen im Patriarchat, Berlin 1984, S. 252.

48 *Esther Fischer-Homberger,* Krankheit Frau. Zur Geschichte der Einbildungen, Darmstadt - Neuwied 1984, S. 104.

49 *Krafft-Ebing,* Psychopathia . . . Studie, S. 11, 10.

50 Ebd., S. 16.

51 Vgl. *Fischer-Homberger,* S. 97.

52 Hierzu vgl. *Helga Nowotny,* Wie männlich ist Wissenschaft?, in: Vortragsreihe zur Frauenforschung SS 82–WS 82/83, hrsg. v. Zentraleinrichtung zur Förderung von Frauenstudien und Frauenforschung an der FU Berlin, Berlin 1983, S. 6–20.

53 *Fischer-Homberger,* S. 98, 100.

54 *Wilhelm Schallmayer,* Zum Einbruch der Naturwissenschaften in das Gebiet der Geisteswissenschaften, in: Arch. f. Rassen- u. Ges.-Biol. 1, 1904, S. 586.

55 *Fischer-Homberger,* S. 98.

56 *Weininger,* S. 306, 311, 307, 311.

57 *Woesler de Panafieu,* S. 253.

58 Vgl. *v. z. Mühlen,* S. 50; zur sexuellen Komponente vgl. *Helmut Fritz,* Negerköpfe, Mohrenküsse. Der Wilde im Alltag, in: *Thomas Theye* (Hg.), Wir und die Wilden. Einblicke in eine kannibalische Beziehung, Reinbek b. Hamburg 1985, S. 132–142.

59 *Woesler de Panafieu,* S. 255; vgl. auch *Brigitte Wartmann,* Die Grammatik des Patriarchats. Zur »Natur« des Weiblichen in der bürgerlichen Gesellschaft, in: Ästhetik und Kommunikation 47, 1982, S. 12–33.

60 *Krafft-Ebing,* Psychopathia ... Studie, S. 10.

61 Diese Debatte der SPD fand in Berlin im Jahre 1913 statt und hatte sich durch das Engagement der sozialdemokratischen Ärzte *Julius Moses* und *Alfred Bernstein* zwischen 1910 und 1914 entzündet. Sie setzten sich für die Maxime »Qualität statt Quantität« ein und riefen mit dieser Akzentuierung Arbeiterfrauen zum Gebärstreik als Waffe gegen die Verelendung im Subproletariat auf, um den Staat zu Verbesserungen im Bereich der Sozialpolitik zu bewegen. Im weitesten Sinne basierte auch die Gebärstreikforderung der Ärzte nicht originär auf dem Selbstbestimmungsrecht der Frau, sondern war analog der »Qualitätsforderung« ihrer Standesgenossen von der Vorstellung einer neuen »Menschenökonomie« getragen.
Trotz ihrer hohen Popularität unter Arbeiterfrauen wurden *Bernstein* und *Moses* aufgrund ihrer Kampagnen von der Parteileitung der SPD massiv angegriffen. Um sich politisch von der Gebärstreikparole zu distanzieren, fand im August 1913 die von der Parteileitung initiierte »Gebärstreikdebatte« statt. Vgl. hierzu Anm. 3.

62 Frankfurter Zeitung vom 30. August 1913.

63 Vgl. Die Volksgesundheit. Zeitschrift des Verbandes der Vereine für Volksgesundheit 24, 1914, S. 67.

64 *Karl Kautsky,* Erinnerungen, Quellen und Untersuchungen zur Geschichte der deutschen und österreichischen Arbeiterbewegung, Bd. 3, Amsterdam 1960, S. 390.

65 *Alfred Bernstein,* Wie fördern wir den kulturellen Rückgang der Geburten? Ein Mahnruf an das arbeitende Volk, Berlin 1913, S. 12.

66 Dieses Zitat stammt von dem Theologieprofessor und Reichstagsabgeordneten (Zentrum) *Franz Hitze,* Geburtenrückgang und Sozialreform, 2. Aufl. Mönchen-Gladbach 1922, S. 1 f. (= Ehe und Volksvermehrung, Bd. 3).

67 *Fischer-Homberger,* S. 100.

Bildnachweis und -erläuterungen:

Abb. 1: Der wahre Jacob vom 2. 10. 1906, S. 5192.

Abb. 2: BAK, R 86/1685, aus einer Reklame für Irrigatoren mit Ansatzstück als »Spreizarme«. Funktionsmechanismus vgl. Abb. 7.

Abb. 3 und 4: Alfred Hegar (Hg.), Operative Gynäkologie, mit Einschluss der gynäkologischen Untersuchungslehre, 4. umgearb. Aufl. Stuttgart 1897, S. 181 (Abb. 3), 179 (Abb. 4). Beide illustrieren klinisch erprobte und angewendete Pessare zur Therapie von Gebärmutterknick und -vorfall. Die Intrauterinstifte wurden auch als Abortiva eingesetzt.

Abb. 5: BAK, R 86/1685, entnommen aus einer Werbebroschüre für das »Sterilett« (Intrauterinpessar); vgl. Anm. 24.

Abb. 6: Strassmann, S. 489, Mutterspritze.

Abb. 7: BAK, R 86/1685, Scheidenpulverbläser, einer Werbebroschüre entnommen. In der Gebrauchsanweisung heißt es: »Der vorstehend abgebildete Apparat (...) besitzt vier Spreizarme, welche durch leichte Drehung der mit dem äusseren Handgriffe verbundenen Schraubenmutter gespreizt werden können. Der Pulverbehälter dieses Apparates wird vor dem Einführen der Spreizarme in die Vagina mit dem antikonzeptionellen Pulver gefüllt und wieder durch Ueberschieben des schlauchartigen Ansatzstückes am Gummirand geschlossen. Mittels der Spreizarme werden die Weichteile in der Vagina entsprechend erweitert.«

Sigrid Haase

Rationalisierung und Rationalität im Alltag von Müttern

Erfahrungen von Mutter-Kind-Beziehungen in technisierten Lebenswelten

Die folgenden Gedanken zur Rationalitätskritik[1] habe ich im Rahmen von Technologiekritik und Sozialisation/Erziehung entwickelt.[2] Ich versuche hier, technologische Rationalität[3] und deren lebenszerstörende Auswirkungen im Alltag von berufstätigen Müttern mit Kindern anhand von Biografien zu rekonstruieren. Diese Rekonstruktion ist Kritik; als Form der Kritik wähle ich die Demontage der »hohen Ordnung« Rationalität[4] sowie der »hohen Ordnung« Mutter-Sein. Im gleichen Atemzug weise ich aber auch auf Verluste menschlichen Vermögens/Lebens hin und gebe das Leiden der Mütter über ihre begrenzten (Lebens-)Möglichkeiten wider. Mütter als zuständige Dienstleistende in Sachen Liebe. Mutter-Sein ist eine Disziplinierungsinstitution gegen unbotmäßige Frauen, gegen ausufernde Weiblichkeit und gegen ausufernde Neugeborene ohne patriarchalische Zügelung.[5]

> »Ich möchte keine Kinder mehr haben! Ständig knallt mein Berufsalltag, mein Berufswunsch in den Alltag mit meinem Sohn 'rein. Ein Kind ist für mich sowas, na ja, wie ein vorindustrielles Wesen. Es ist auf seine Bedürfnisse hin orientiert. Und ich soll seine Bedürfnisse beherr-schen, seine Zeit-, Kraft- und Raumvorstellungen kaputtmachen, seine körpergebundenen Tätigkeiten funktionalisieren... Stellt euch vor, er ist noch so ganz und gar unökonomisch!«[6]

So faßt eine Mutter ihre alltägliche Zerrissenheit, ihre täglichen Zerreißproben zusammen.

Nur die negative Seite von technologischer Rationalität aufzuzeigen, schließt besseres Wissen ein, daß technisierte Lebenswelten widersprüchlich sind. Sonst klagten die Mütter nicht über Ver-luste, sonst gäbe es keine Ahnungen von verlorengegangener Annäherung und Ungeschiedenheit.

Drei Facetten technologischer Rationalität im Alltag von Müttern werde ich nachzeichnen:

Distanzierung,
Trennungslogik,
Verluste und Irreversibilität.

Distanzierung – und keine Annäherung:

»Ich habe Angst, mich von meinem Kind zu entfernen!«

> *»Der Mensch«, so steht es zumeist bei Kritikern der kapitalistischen Ökonomie, der Technik und Herrschaft geschrieben, »er«-zeugt nach seinem Willen durch die Umwandlung von »Roh«-stoffen Fertigprodukte, »fertige Dinge, Gegenstände«.*[7]

Sind die Bezeichnungen »roh«, »Stoff«, der »Mensch«, »erzeugt«, »fertig« bzw. »unfertig«, »Gegenstand« neutral, das heißt, identisch mit dem Vorbild oder im Sinne von gerechtem, herrschaftsfreiem Verhältnis zur lebenden, aktiven Natur und zum Mitmenschen? Offenbart diese Wortwahl nicht schon eine bestimmte individuelle und gesellschaftliche Sicht- und Aneignungsweise von Welt? Vergegenständlichung/Verdinglichung ist zum vorherr-schenden (Unter-)Ordnungsprinzip von Welt geworden.[8]

Mit Angst und Entsetzen sind die Reflexionen der Mütter besetzt, die Befürchtung, sich und das Kind zum Gegenstand zu machen, wächst und ist berechtigt.

»So ist ihre Erziehung noch einmal nachträgliche Verurteilung unserer selbst zu eindeutigen, geschichtslosen, fertigen Menschen . . .«[9]

»Und ich erfülle mein Mutter-Programm ständig mit schlechtem Gewissen. Mutterlose Gesellschaft!«

»Obwohl ich nicht will, daß sich M. als Gegenstand von ‚Diensten' hin- und hergeschoben sieht.«[10]

> Einst, so erzählt die Geschichte weiter, ermöglichte Vergegenständlichung Distanzierung. Eine Distanzierung von sich selbst, indem »man« den »eigen«-geschaffenen Gegenstand aus sich herausstellt und sich selbst aus der Distanz erlebt.[11]

Allein schon der Bedeutungsgehalt des Begriffs Vergegenständlichung enthält Widersprüchliches: Man stellt sich vor, eine Bewegung zum Stehen, zum Stand gebracht zu haben. Dies unterschlägt unendliche Bewegung, Chaos, Vielfalt, geschichtliche Prozesse, Komplexität – also Existenzweisen (von Annäherung?), die sich der Vergegenständlichung und gar der Verdinglichung entziehen.[12]

Aber auch Mütter sind gefangen in diesen Vergegenständlichungsweisen: »Dieses Chaos bei uns in der Wohnung, seitdem das Kind da ist! Ständig renne ich hinter ihm her, räume auf. Aber auch in mir tobt das Chaos, ich kriege nichts mehr auf die Reihe!«

»Das ist es im Prinzip auch, denn ich bin eine berufstätige Mutter und keine Berufs-Mutter. Jedoch hatte ich mir die Komplexität dieser Lebensweise nicht so ausgemalt.«[13]

Heutzutage erschafft man/frau kaum noch Gegenstände in »eigener« Weise. In den meisten Fällen werden sie auf einem höheren wissenschaftlich-technischen Niveau weiterentwickelt, das nur bedingt mit erhöhter Qualität dieses Gegenstandes zusammenhängt; oder man/frau stellt nur einen kleinen Teil des (Gesamt-)Gegenstandes her, sei es einen Aufsatz, eine Unterrichtsstunde hinter verschlossener Tür, wobei Rahmenbedingungen, Planung, Herstellungsprozeß der anderen Teile, der Verlauf, die Anwendung des (Gesamt-)Produkts unbekannt oder nicht beeinflußbar sind. Sinn-licher gesprochen: Wir sehen während der Arbeit die Endprodukte nicht vor uns. Wie können wir uns da die Auswirkungen der Produkte vorstellen, sie gar beurteilen oder verantworten?

Manche Mütter sagen frei heraus: »Ich wollte etwas Eigenes schaffen«, und finden sich im Einklang mit »feministischen« Theoretikerinnen die – mal wieder – die weibliche Produktivität beschwören. Doch schon bald setzen Klagen über das »nicht-eigene Eigene« ein: »Kaum ist es geboren, reißt man mir es weg; es wird gewogen, gemessen, mit Zahlen bewertet!« – »Wenn ich mein Kind von der Kita abhole, erfahre ich nichts von den Erziehern über seinen Tag!«

> »Und es bleibt die Beklemmung, von den Kindern abgeschnitten zu sein, wenn sie tagsüber ‚abgegeben werden'. Wo und wie immer Kinder untergebracht werden, Mütter können daran meist nicht partizipieren. Sie erfahren wenig davon, was die Kinder täglich erleben, was sie dort tun, was ihnen widerfährt. Die täglichen Erfahrungen des Kindes bleiben der Mutter fremd, die Tätigkeiten der Mutter bleiben dem Kind fremd.«[14]

Gleichzeitig entsteht die produzierte Notwendigkeit des Habens/Kaufs, Konsums, Verwaltens von Produkten.

Die Distanz verdoppelt, verdreifacht sich, wird unbegrenzt. Man/frau verliert die Nähe/Annäherung zu sich selbst, zum Gegenstand. Das »Selbsterleben aus der Distanz« (= Annäherung) geht verloren. Der mögliche Dialog ist brüchig, zerbrochen, zu einem einsamen Schweigen unter Fremden geregelt.

Bei berufstätigen Müttern überwiegt das Gefühl des Abgeschnittenseins vom Kind und – ist das Kind nachmittags/abends zu Hause – das Gefühl langweiliger/langwieriger, unsichtbarer Tagwerke: Einkaufen, Kochen, Abwaschen, Wäschewaschen, Putzen – und immer wieder von vorne.[15] Es wird kräftig/kraftlos reproduziert, mit vergeblicher Liebesmüh, der gemeinsame Spaß an der Reproduktion oder Produktion – »ach, es ist schon lange her, daß wir zusammen etwas gebaut oder Verrücktes gespielt haben« – versickert.

Dagegen nimmt die familiale Verwaltung/Verplanung des Kindes immer mehr zu. »Was soll ich denn machen?« Prompt legen Mütter – fast wie früher – die Hände seufzend in den Schoß. Mit Trauer, (selbstverliebter) Ohnmacht, Schuldgefühlen reagieren sie. Trauerarbeit und Widerstand (wann, wie, wo denn?) leisten sie kaum. Mit Odysseus' List und Tücke, mit Neid und Aggressionen gehen sie vor: »Ich bestehe darauf, daß ein ‚Kinderdienst'-Plan aufgestellt wird... Ich rechne auf, finde mich kleinlich, engstirnig, verkniffen.«[16]

Aus der gemeinsamen Verantwortlichkeit wird eine Arbeitsteilung ums Kind herum, die Mann und Frau ständig aneinander vorbeigehen läßt. Eltern mit dem »partnerschaftlichen Problemlösungsmodell«:

> ». . . lösen sich wechselweise ab, geben sich die Klinke in die Hand und kommen kaum dazu, die wichtigsten Informationen, Kind und Haushalt betreffend, auszutauschen. . . Einzig trauriges Schlupfloch: Die berühmte Eintragung im Terminkalender: Nächste Woche Freitag Treffen mit U., am besten in einer Kneipe, da stört kein aufwachendes Kind und kein Telefon.«[17]

Voller Wut beschimpfen sich Mütter untereinander und »spalten« sich.

> »Eine Reduktion des Problems ,ein Kind geht schlafen' auf die Frage ,wer ist heute dran;' jagt mir Schauer über den Rücken. Weil es nun mehr um Regeln geht und nicht um Bedürfnisse, d. h., wer wie wann was möchte. Zwei einigen sich, was mit einem Dritten passiert, dem Kind. Dies ,wir wechseln uns ab' als eine Lösung des Kinderproblems durch zwei Partner bedeutet doch, daß ständig Regelungen nötig sind. . .«[18]

Und weiter heißt es: Der Gegenstand wird zwischen sich und anderes/andere gestellt.[19]

Was bedeutet hier »Gegenstand«, und was folgert aus dem »Zwischenstellen«, aus dieser Art der Distanzierung in gegenwärtigen Lebenszusammenhängen?

Vorherrschend sind heutzutage vor allem zwei sehr unterschiedliche »Gegenstände«, die zwischengeschaltet werden: quasi neutrale, bürokratisch organisierte Institutionen, wie die politische Verwaltung, der Justizapparat oder die Wissenschaft sowie komplexe, elektronisch ferngesteuerte bzw. sich selbst steuernde Technologien. Mittels dieser »Gegenstände« wird das Ausmaß von Distanzierung auf die Spitze getrieben: größtmögliche zeitliche, räumliche, physisch-psychische Distanz wird erreicht und bis zur völligen Abwesenheit von Menschen perfektionisiert (Schreibtisch- und Labortäter, Überwachungstechnologien, automatische Frühwarnsysteme, Bomberpiloten, Roboter).

Diese Distanzierung wird für indirekte Macht- und Herrschaftsprozesse ausgenutzt. Macht und Herrschaft wird entpersonalisiert, versachlicht und unsichtbar; damit wird sie von der Wahrnehmung nicht mehr »begriffen«.

Die jeweils Herrschenden sind gegen einen potentiellen Widerstand gut abgeschirmt. Widerstand, Gegenmacht wird zumeist schon durch die unzähligen »Zwischenglieder« abgeblockt. »Ich erfülle ja nur meine Vorschriften«, rechtfertigt man sich gestern wie heute. »Ich bin ja nur ein Rädchen im Getriebe«, heißt es täglich mit einem beklagenswerten Blick ins diffuse »Oben«. Und auch die Chefs der Supermächte geben sich »ohnmächtig«: Sie werden ja zu einem Atomkrieg »gezwungen«: aus Gründen der Sicherheit, aus Versehen, aufgrund technischen Versagens und auch aus Profitstreben, das nach Overkill und nach Gebrauch verlangt.

Und wie greift diese Distanzierung in den Alltag von Müttern hinein? Radikal gefragt: Gibt es Frauen/Mütter als konkrete Bezugspersonen für Kinder und Mutterliebe in herrschaftsfreien, selbst-mächtigen Lebensräumen? Mütter sind heute (zu Recht) rar geworden (Geburtenrückgang), und sie übertragen ihre »Dienstleistungen« auf andere, die dann allerdings bezahlt werden (auf weniger privilegierte Frauen/Mietmütter und auf Gentechnologien). Mutterliebe als käufliches Produkt.

Kinder werden zu Unrecht patriarchalen Einrichtungen und Einflüssen ausgesetzt: Retorte, Kleinfamilie, Krippe, Regel-Kitas, Regelschulen . . . Über gesellschaftliche Macht verfügen Mütter und Kinder nicht, dies zu behaupten, ist Hohn und Weismacherei. Zugestanden wird Müttern die Mittäterschaft, die Ohnmacht und der Glanz der Erfüllungsgehilfin patriarchaler Macht, Normen und Werte. Und meistens lassen sie sich von der Macht der anderen und der eigenen Ohnmacht dumm machen.[20]

Selten entwickeln sie eigene Vorstellungen von Macht: Macht, ihrer selbst und einer Sache selbst mächtig zu sein – Macht, die schützend bereitsteht, ohne unnötig einzugreifen – Macht, nach Maßgabe der eigenen Überzeugungen zu entscheiden[21] und damit Kindern vertrauensvoll eigene Machterfahrungen und -auseinandersetzungen zuzugestehen.

In alltäglichen Situationen sieht es dann aber so aus: Medien (Kassettenrecorder, Fernsehen, Videos) haben die Funktion von Ammen übernommen.[22] Sprechanlagen führen vom schlafenden Kind zum Nachbarn, der mit dem wachen Kind nichts zu tun haben will, »um mal ausgehen zu können«; das Scheidungsrecht stellt noch heute Kinder in den kaukasischen Kreidekreis, Eltern reißen ihm fast die Arme aus. Frauenforscherinnen organisieren ihre Kinder weg – von der Abtreibung bis zur Kinderfrau –, wegen ein paar schäbiger Bücher, wie es ihnen eine Mutter vorwirft.[23] »Und ihr schreibt dann über uns und überlaßt uns die Drecksarbeit!« schelten sich Mütter quer durch Klassen und Schichten.[24]

Unter der Haut/Hand entstehen Widersinnigkeiten: Angst vor dem Computer und Angst vor Kindern; zugleich Lust an Kindern/mit Kindern zu leben, Lust am Computer/mit dem Computer zu spielen.

Distanzierung sozialisiert zu Denkweisen, die die Balance von Distanz und Annäherung als Basis sensibler Selbstbesinnung versäumt. An ihre Stelle werden sinnindifferente Sekundärtugenden als Mechanismen der Innensteuerung gesetzt. Es werden Denk- und Verhaltensvorgaben gesellschaftlich und individuell positiv bewertet wie Regelmäßigkeit, Eindeutigkeit, Berechenbarkeit, Ordnung, Pünktlichkeit, Sauberkeit, Routine, die ständig reproduzierbar und überall und immer einsetzbar sein müssen. Sogenannte Sachzwänge werden als Denkzwänge wie Sand in die Augen gestreut. Regeln wie Gesetze, Maßnahmen, Vorschriften, Rollen, Abfolgen, Tagesordnungspunkte, Entwicklungsstufen werden notwendig, um das vom Leben Entfernte zusammenzuhalten. Oder in anderer Sprache: ..., um die zerstörten Tötungshemmungen zu kanalisieren und legalisieren. Menschen steuern sich, regulieren, berechnen, normieren, strukturieren, kontrollieren, standardisieren, prüfen, zählen, erwarten, etikettieren, stigmatisieren, inszenieren, funktionieren. Diese Denkleistungen, Tugenden, Regeln belasten den Alltag der befragten/sich befragenden Mütter. Auch ihr Kind muß »sauber« werden und pünktlich sein, sonst erscheinen sie selbst nicht pünktlich am Arbeitsplatz. Sie erleben sich als »rationale Monster«, wenn sie ihr Kind nicht mehr wahrnehmen können, wie es ist. In ihrer Ratlosigkeit wollen sie für alle Verhaltensweisen ihres Kindes eine (vorgefertigte) Erklärung (Elternratgeber). Sie lehnen ihr Kind ab, wenn es ängstlich ist, stigmatisieren es als nicht durchsetzungsfähig. Aggressionen gegen das Kind inszenieren sie mit ausbalancierter Kopfkontrolle und bewerfen es mit weichen Gegenständen, wie eine Mutter rät.

Der Preis für diese Welt unbegrenzter Distanzierungsmöglichkeiten ist bei Fortfall der Nähe/Annäherung in allen Lebensbereichen hoch und fast ins Zynische gestiegen: Distanzierung bietet Gedankenlosigkeit und Kopflastigkeit, verschafft eine angstbesetzte Undurchschaubarkeit oder naiv-patriarchale Unbewußtheit, erzeugt »intelligente«, dem Menschen ähnliche Technologien und »dumme«, den Technologien ähnliche Menschen, entlastet von Entscheidungen (d. h. von Macht/Herrschaft) durch Delegation an Technologien, ermöglicht liebevollen Familienvätern effektive, saubere, sachkundige Arbeiten an Kriegstechnologien, läßt solch ein Ausmaß von technologischer Bezwingung von Welt zu, daß technisierte Lebenswelten letztlich als unbezwingbare, autonome Mächte entstehen.

Trennungslogik – Ungeschiedenheit

> »... Und doch erscheint ihr mir oft wie Närrinnen, die hinter rein technologischen Lösungen herlaufen und zudem noch oft neue Probleme damit produzieren, wie Organisationsprobleme, Beziehungsprobleme mit Mann und Kind oder mit Ersatzarbeiter/innen.«[25]

Distanzierungsprozesse, die Rationalität in die Richtung technologischer Orientierung drängen, gehen mit einer spezifischen Trennungslogik einher. Sie beschreibt den verlorengegangenen Doppelsinn von Trennung und Ungeschiedenheit; dessen Verlust führt zu einer formalen, d. h. scheinbar von Inhalten und Interessen entbundenen Logik. Naturgebundene und gesellschaftliche/individuelle (Arbeits-, Beziehungs-)Vorgänge werden zuerst aus ihren unmittelbaren Zusammenhängen gelöst und im nächsten Schritt neu zusammengesetzt.[26] Diese Logik erfährt ihre Zuspitzung im patriarchalen Krieg, noch überwiegend ausgeführt von Männern:

> »Die Produktion dieser Männer verfährt gegenteilig. Sie nimmt gesellschaftlichen Produkten, den Menschen wie den Gegenständen, das in sich vorgegangene Leben, besonders im Krieg. Ihre Produktionsweise ist die Verwandlung von Lebendigem in Totes, der Abbau von Leben. Es scheint mir berechtigt, sie eine Anti-Produktion zu nennen. Diese Anti-Produktion hat eine zerstörende und eine zeugende Seite. Aus der entlebendigten Realität baut sie ihre neuen Ordnungen.«[27]

Allein schon der erste Schritt, »herauslösen«, drückt sich in einer endlos langen Reihe von Alltags-Begriffen aus, wie zerstückeln, atomisieren, zerlegen, reduzieren, geschlechtsspezifisch, isolieren, beziehungslos, (Un-)zuständigkeit, (un-)abhängig, zusammenhangslos, gliedern, auflösen, verkrümeln, einschränken, sparen.

Diese Begriffe finden sich gehäuft in den biografischen Äußerungen der Mütter. Sie leiden unter ihrer gesellschaftlichen und privaten Isolierung, sie reduzieren ständig ihre Mehrfachbelastung auf »logische« Kleinschritte, um ihrer überhaupt »Herr zu werden«. Sie erleben solch ein Ausmaß an Zuständigkeit für das Kind, daß sie sich am liebsten verkrümeln würden. Die weibliche Vita neigt dazu, erzählt eine Mutter, die ganze Frau zu schlucken.[28]

Zum zweiten Schritt der Neuzusammensetzung gehören Denken und Verhalten in Hierarchien, Folgerichtigkeiten, in wertbesetzten Gegensatzpaaren, in Eindeutigkeiten, in Kausalitäten, Linearitäten; Denk- und Verhaltensmuster, die der Akzentuierung halber hier voneinander getrennt genannt werden.

Beim Denken in Hierarchien spielen Begriffe wie »richtig«, »Autorität«, »Gehorsam« eine zentrale Rolle. Mütter weisen Kindern den »richtigen« Weg. Sie drohen mit ihrer Berufstätigkeit, mit ihrer Arbeit (= neue Autorität) da draußen.

Denken in finalen Zusammenhängen – Folgerichtigkeiten – drückt sich in Begriffen wie denkrichtig, vernunftgemäß, gerechtfertigt, ... aus. Mütter schreien ihre Kinder an, endlich vernünftig zu handeln! Sie deuten phantastische, kindliche Erklärungen über Welt als Lüge oder als (Entwicklungs-)Phase.

Wertbesetzte Gegensatzpaare wie Karriere versus Kind, gut versus böse, Ordnung versus Chaos, Denken versus Fühlen ... finden sich gehäuft in den Mütterbiografien. Mütter nehmen sich selbst heute noch als gute oder böse Mutter wahr – eine Zweiteilung, die sie als einen wesentlichen Pfeiler patriarchaler Machtstruktur kaum hinterfragen. Alternative Mütter zählen gleichzeitig mehr und weniger als traditionelle Familienmütter.

Geplagt sind Mütter, ihre alltäglichen Träume, Selbstbezüge und Ungereimtheiten in Eindeutigkeiten festzulegen. Sie schließen den Gedanken aus, es gebe kein richtiges Leben im falschen.[29] Da gibt es Mütter, die sich von vornherein patriarchalen Strukturen anpassen: sonst komme ich nicht klar! Andere, die nur individualisierend ihre emanzipierten Denk- und Verhaltensweisen hervorheben und die Unterdrückung der Frau als zentrales gesellschaftliches Verhältnis verneinen. Und die Eigensinnigen - sie rebellieren gegen Adornos Dictum und lernen vom Eigensinn des Kindes, Verbündete in Sachen maßloser Wünsche, todernst und lachhaft zugleich.

Denken und Verhalten in Kausalitäten erzeugt vor allem ein schlechtes Gewissen der Mütter. Als ob Mütter die nächste Generation ver-planen dürften! Ängste über die Folgen »eigenen« Versagens sind groß: Wenn ich heute mein Kind verwöhne, wird es mich morgen terrorisieren. Oder: Das kommt davon, weil »ich« berufstätig bin. »Mein Gott, wie verdammt schwierig es ist, mein Kind an meinen Zeitplan zu gewöhnen«, stöhnen die etwas skeptischen Mütter. Sie sollen zyklische Zeit- und Kraftstrukturen des Kindes zerbrechen und auf lineare, ökonomisch-orientierte, quasi neutrale, inhalts-leere Uhrzeiten festlegen. »Ob mein Sohn wohl immer dann trödelt, wenn ich so hektisch bin?«

So verstärken die Trennungsprozesse Gleichgültigkeit und Aggressionen. Sie zielen auf Feindlichkeit und Zerstörung.

Christa Wolf spricht anläßlich der Verleihung des Schiller-Preises von der Droge »Verteufelung des Feindes«, von der wir in der alltäglichen Auseinandersetzung abhängig geworden sind. Die Verteufelung des Feindes schließt ein, eigene Aggressionen zu verleugnen und auf andere zu projizieren sowie andere oder/und sich selbst zu opfern. Weitergedacht, entspricht dies der ehernen militärischen Logik, derzufolge Dörfer/Städte/Menschen erst zerstört werden müssen, damit sie gerettet werden können.[30]

Frauen/Müttern wird zu patriarchalen Zeiten die liebevolle Hingabe an das Kind gesellschaftlich übertragen. Doch wie haben sie in ihrer Erziehungspflicht die »Liebe« getrennt, sich von Liebe distanziert, sie zerhackt und sich selbst und ihre Kinder dadurch zerstört. Machtdurchtränkte, zweisame Intimitäten oder Symbiosen bleiben ihnen als Rest übrig. Die größte Feindschaft gilt der Erotik, die hier umfassend gemeint ist und nicht nur den Liebesakt, sondern Prozesse wie Geburt, Tod und Entwicklungen miteinbezieht. Mütter erziehen ihre Kinder im Namen einer Wissenschaft, die feindlich gesinnte, formal logische Notwendigkeiten produziert, und die Einsicht in solche Notwendigkeiten bedeutet Freiheit.

Und Mütter von Söhnen befürchten, daß sie so Trennungsprozesse einleiten, die ihre Söhne zu Tätern/Mördern in Kriegen und Kriegsvorbereitungen werden lassen. Sie wünschen ihre Söhne »nicht als Salamander, die durch jedes Feuer gehen. Kein Schauer jagt sie und es schmerzt sie nichts« (*Bachmann*). Dennoch entfernen sie ihre Söhne von sich und unterstützen deren potentielle

Entwicklung zum Ödipus. Wann legen sie diesen Komplex als »Laios-Komplex« zu den verstaubten Akten?

> »Die Beteiligung der Männer an der Kinderarbeit ist zweifellos eine der wichtigsten Voaussetzungen dafür, daß sich die geschlechtsspezifischen Machtverhältnisse in unserer Gesellschaft verändern. Aber müssen wir nicht auch unsere Kinder vor bestimmten männlichen Einflüssen bewahren?«[31]

Verluste und Irreversibilität

> »Ich glaube auch heute noch, daß die Härte gegen mich und gegen die Kinder notwendig war, sonst hätte ich die beruflichen Arbeiten nicht geschafft, aber eine Härte bleibt es.«[32]

Auf der Folie der Kritik an Rationalität ist es leicht und schwer zugleich, konkrete Verluste zu benennen, denn die Verluste werden nicht als solche wahrgenommen. Technologische Rationalität berechnet nur Gewinne aus Fortschritt, der ja auch berechenbar, kalkulierbar erschien; dabei wurde mit Verlusten nicht gespart.

Ein Versteck sieht man nicht, sagte einst mein vierjähriger Sohn. Weh-Mut befällt Mütter, wenn sie über Verluste sinnieren. Sie klagen rückblickend über die verlorene Zeit, die nie nachgeholt werden kann. Und in den verlorenen Zeiten hoffen sie »nach vorne«!

> »Ich habe die Jahre über dem Beruf im Alltag Vorrang gegeben und häufig mit den Kindern an der Grenze, an der mir unsere Beziehung gefährdet erschien, gelebt. Rückblickend meine ich, vieles verpaßt zu haben, weiß aber nicht, wie ich es hätte anders machen sollen.«[33]

> ». . . Ich kann mir vorstellen, daß ich auch wieder Zeit für Dinge, die nicht im Zentrum meiner Kinder- und Berufsarbeit stehen, haben werde. Mit dieser Perspektive und mit dem Bewußtsein, daß ich beides sonst nicht zusammenbekomme, habe ich in den vergangenen sechs Jahren eine ganz harte äußere Arbeitsdisziplin auf mich genommen.«[34]

Zeit, Zeit, »Zeit bleibt für mich nicht einmal im Schlaf«. . . Tief hat sich bei berufstätigen Müttern eine selbstdisziplinierte Zeitkontrolle eingenistet. Sie flüchten sich, wie andere Zeitgenossen auch, in legitimierte Ausreden »keine Zeit zu haben«. Sie wissen schon/dennoch nicht, was sie sich und ihren Kindern mit der fremdbestimmten Zeitstruktur antun: Zwang und Gewalt; Flucht vor intensiven Auseinandersetzungen, vor Entwicklungen und Beziehungen, vor Nähe.

All diese Verluste führen zu unwiderruflichen Zerstörungen menschlichen Vermögens und Lebens. Aber selbst wenn wir die weitere Entwicklung technologischer Produkte anhielten, könnten wir dann einfach auch das Wissen und die Art des Denkens loswerden, verlernen oder widerrufen?

Die Rationalität hat zu lange andere menschliche Vermögen unterdrückt oder – krasser gesagt – ersetzt.

> »Die Griffweiten der Vermögen befinden sich nicht in Kongruenz. Ermorden ... können wir Tausende; uns vorstellen, vielleicht zehn Tote; beweinen oder bereuen aber höchstens einen.«[35]

Dagegen wurden andere menschliche Denk-Fähigkeiten vergeudet: die Fähigkeit zu sensibler Selbstbesinnung, zu Komik und Humor, zu allseitiger Phantasie, Intuition und Erinnerung, zur Weisheitsliebe, das Vermögen des Denkens und Fühlens in sozialen Zusammenhängen, in Verbindung von Verantwortung, von Wählen und Entscheiden.

Befunde und Befindlichkeiten:

> »So verstandene Emanzipation bedeutet den Versuch, gesellschaftliche Widersprüche mit sich selbst auszumachen und sie durch eigene Anstrengungen zu überwinden, auszuhalten und auszubaden.«[36]

Kritisch betrachten Mütter ihre Emanzipation, die voller Perfektionismus steckt. »Emanzipierte« Frauen haben immer einen vollen Terminkalender. Und soviel Tüchtigkeit erschreckt andere Frauen, die beides, Beruf und Kind, nicht schaffen. Andere fühlen sich von ihnen bedroht. Formulieren Mütter Klagen oder Hilflosigkeit, so werden sie mit Kälte abgewiesen: Ach, du hast Probleme? Du hast doch alles! Ständig in Trab und Hetze – um die Reproduktion in Gang zu halten –, können Mütter nicht das tun, was ihnen helfen würde: Aktivitäten anzukurbeln, um Gehör zu finden in einer Gesellschaft, die diese lebenszerstörende Rationalität und die damit zusammenhängenden Lebensbedingungen als selbstverständlich nimmt. Da bleibt wenig Zeit/Muße für Phantasien eines anderen Denkens, für gesellschaftliche Forderungen. Auch eine Rationalisierung im Rahmen technologischer Rationalität?!

Zu hören sind Kassandrarufe: Tragische Situationen werden inszeniert, Konflikte zwischen Mutter und Kind »technisch« gelöst. Selbstunter- und -überforderungen, die auch als Selbst- und Fremdaggressionen zu lesen sind, werden Müttern schmerzlich bewußt. Weibliche Machertypen stechen als neue Phantome hervor, wobei die Grenze zwischen Selbst- und Fremdmystifikation schwer zu ziehen ist. Da wuchert eine Ich-Stärke, die an einen Charakterpanzer erinnert.[37] Mütter rechnen auf mit dem »Sinn des Habens«.

Ist das die »hohe Ordnung« Mutter-Sein, der patriarchale Schutz des geborenen Lebens?[38]

Geschieht mit Müttern eine Assimilation (= falsche Annäherung) an den sich selbst zerstörenden Mann und/oder ist dies lediglich eine Fortsetzung/Zuspitzung der Tradition der sich hingebenden Frau?

Weist Kassandra das geliehene Denken zurück?

Postskriptum:

Rationalität sollte zu Zeiten der Aufklärung Bürger (!) emanzipieren helfen. Ich lese die Geschichte der Rationalität heute als ein Dokument der Tragik und der erneuten Herausforderung des emanzipierten Menschen/Mannes, sich emanzipierender Frauen/Männer.

Anmerkungen

1 *Pohl, F. W., Türcke, Ch.*, Heilige Hure Vernunft. Luthers nachhaltiger Zauber. Berlin 1983.
2 Die nicht belegten Zitate stammen aus Interviews, die im Rahmen einer bisher unveröffentlichten Arbeit von mir durchgeführt wurden.
3 *Marcuse, H.*, Der eindimensionale Mensch. Darmstadt 1980[14], S. 159 ff.
4 *Schumacher, J.*, Die Angst des Bürgers vor dem Chaos, Über die falsche Apokalypse des Bürgertums. Frankfurt/M. 1978, S. 15.
5 *Reimers, T.*, Rabenmütter, Ketzerei wider die heilige Familie. In: Sozialwissenschaftliche Forschung und Praxis für Frauen e. V. (Hg.), Alma Mater, beiträge 6 zur feministischen theorie und praxis. München 1982, S. 15.
6 Vgl. Anmerkung 1, S. 74.
7 *Ullrich, O.*, Technik und Herrschaft. Frankfurt/M. 1977, S. 169 ff.
8 *Lukács, G.*, Geschichte und Klassenbewußtsein. Darmstadt/Neuwied 1983, S. 192 ff., 267 ff.
9 *Haug, F.* (Hg.), Frauenformen, AS 45, Alltagsgeschichten und Entwicklung einer Theorie weiblicher Sozialisation. Berlin 1981, S. 64.
10 *Steppke, G.*, Mein linkes Mutter-Über-Ich. In: *Häsing, H., Brandes, V.* (Hg), Kinder, Kinder! Lust und Last der linken Eltern. Frankfurt 1983, S. 113.
11 *Ullrich*, a. a. O., S. 170.
12 *Meyer, E.*, Zählen und Erzählen. Wien–Berlin 1983, S. 25.
13 *Sommerkorn, I.*, Biographische Notizen einer späten Karriere-Mutter. In: Sozialwissenschaftliche Forschung und Praxis für Frauen e. V. (Hg.), Alma Mater, beiträge 6 zur feministischen theorie und praxis. S. 87.
14 *Jaeckel, M.*, Wer – wenn nicht wir. München 1981, S. 46.
15 *Block, I., Enders, U., Müller, S.*, Das unsichtbare Tagwerk. Reinbek 1981, S. 24 ff.
16 *Steppke*, a. a. O., S. 113.
17 *Schaeffer-Hegel, B.*, Partnerschaftserfahrungen berufstätiger Mütter mit Mann – nebst zwei Briefen über Schwierigkeiten mit Frauenbiographien. In: Sozialwissenschaftliche Forschung und Praxis für Frauen e. V. (Hg.), Alma Mater, beiträge 6 zur feministischen theorie und praxis. S. 49.
18 *Oubaid, M.*, Die Teilung der Frauen. In: Sozialwissenschaftliche Forschung und Praxis für Frauen e. V. (Hg.), Alma Mater, beiträge 6 zur feministischen theorie und praxis. München 1982, S. 35.

19 *Ullrich,* a. a. O., S. 151 ff.
20 *Adorno, T. W.*, Minima Moralia. Frankfurt 1951.
21 *Hagemann-White, C.*, Frauenbewegung und Psychoanalyse. Basel–Frankfurt/M. 1979, S. 60 ff.
22 *Postman, N.*, Das Verschwinden der Kindheit. Frankfurt/M. 1983, S. 111 ff.
23 *Oubaid,* a. a. O., S. 35.
24 Lesern/Leserinnen, die (noch) für Klassen und Schichten aufgeschlossen sind und diese Kategorie bzw. eine entsprechende Analyse vermissen, möchte ich sagen, daß die o. g. Zumutungen auf erwerbslose Mütter, Akademikerinnen, Arbeiterinnen, Sozialhilfeempfängerinnen, Studentinnen, »arbeitslose« Mütter etc. zutreffen. Vgl. dazu Literatur über Frauenhäuser, Arbeiten zum Projekt: Probleme lohnabhängig arbeitender Mütter in Hannover, *Häsing, H.*, Mutter hat einen Freund, Ffm., 1983 etc.
25 *Oubaid,* a. a. O., S. 35.
26 *Brick, B.*, *Woesler, Ch.*, Maschinerie und Mütterlichkeit. In: Sozialwissenschaftliche Forschung und Praxis für Frauen e. V. (Hg.), Frauengeschichte, beiträge 5 zur feministischen theorie und praxis. München 1981, S. 65.
27 *Theweleit, K.*, Männerphantasien. Frankfurt 1977, S. 270.
28 *Sichtermann, B.*, Weiblichkeit. Zur Politik des Privaten. Berlin 1983, S. 106.
29 *Adorno,* a. a. O.
30 *Weizenbaum, J.*, Angst vor der heutigen Wissenschaft. In: *Müllert, N.* (Hg.), Schöne elektronische Welt. Reinbek 1982, S. 38.
31 *Schaeffer-Hegel,* a. a. O., S. 50.
32 *Schramm, H.*, Die Anstrengung und der Stolz, ohne Vorbilder zu leben. In: Sozialwissenschaftliche Forschung und Praxis für Frauen e. V. (Hg.), Alma Mater, beiträge 6 zur feministischen theorie und praxis, S. 71.
33 *Schramm,* a. a. O., S. 71.
34 *Händle, Ch.*, Mütterlichkeit in Familie und Beruf. In: Sozialwissenschaftliche Forschung und Praxis für Frauen e. V. (Hg.), Alma Mater, beiträge 6 zur feministischen theorie und praxis. München 1982, S. 97.
35 *Anders, G.*, Die Antiquiertheit des Menschen. Über die Seele im Zeitalter der zweiten industriellen Revolution. München 1956, S. 267.
36 *Jaeckel,* a. a. O., S. 77.
37 *Theweleit,* a. a. O.
38 *Horkheimer, M.*, Allgemeiner Teil. In: Autorität und Familie. Paris 1936, S. 49 ff.

Ulrike Büchner

Der »Sozialaufbruch« von Frauen als Infragestellung herrschender Normen

In diesem Beitrag soll die Frage untersucht werden, welche spezifischen Bedingungen, Verlaufsformen, Krisen und Folgen der Lebens- und Berufsweg von Frauen hat, die einen frauenunspezifischen akademischen Beruf - wie z. B. den der Ingenieurin, der Chirurgin oder Professorin - wählen. Dabei unterscheide ich zwischen »Sozialaufstieg« und »Sozialaufbruch«.

Während sich der soziale Aufstieg von Männern bei aller Krisenhaftigkeit immerhin in den vorgezeichneten Bahnen einer patriarchalischen Gesellschaft vollzieht, deren Normen sie dabei fördern, stützen und in Umbruchsituationen tragen, bedeutet dieser Weg für Frauen einen radikalen Alleingang und eine noch weitaus stärkere Selbstentfremdung als beim Mann. Mich interessieren hier jedoch nicht Frauen, die einen sozialen Aufstieg vornehmen und dabei gezwungen sind, sich an die herrschenden Normen überanzupassen, sondern jene Frauen, die einen Aufbruch aus traditionellen Rollenmustern vollziehen und dabei den herrschenden normativen Bezugsrahmen grundsätzlich in Frage stellen. Frauen, die in diesem Sinne einschneidende Statusveränderungen vornehmen, können nicht mehr am Maßstab der Verlaufsformen und Ergebnisse, die gemeinhin für einen sozialen Aufstieg gelten, gemessen werden. Für die Veränderungen ihres Lebens, ihrer Persönlichkeit, müssen qualitativ andere Maßstäbe gefunden werden.

Hier kann nicht das gesamte Spektrum möglicher Lebensläufe untersucht werden, die vielen Variationen, die Querverläufe. Wenn von »dem Mann« und »der Frau« gesprochen wird, sind damit nicht biologisch zugeordnete geschlechtliche Polarisierungen gemeint, sondern idealtypische Zuschreibungen.

1. Sozialaufstieg - Identitätsveränderungen im Rahmen der herrschenden Normen

Ich untersuche den sozialen Aufstieg unter folgenden Fragestellungen: 1. Eröffnet beim sozialen Aufstieg die zunehmende Distanz zur Herkunftsschicht zugleich die Möglichkeit erhöhten Bewußtseins von Herkunft und Aufstieg oder wird diese Möglichkeit nicht durch die Strukturen, in denen sich der Aufstieg vollzieht, blockiert beziehungsweise verhindert? 2. Welchen psychischen Preis muß ein Sozialaufsteigender für diesen Weg zahlen; welche Krisen seiner Identität sind mit dem ständigen Statuswechsel verbunden? 3. Welche Veränderungen von Einstellungen und Verhaltensweisen ziehen diese Krisen nach sich?

Als Methode zur Beantwortung dieser Fragen wähle ich nicht den Weg der empirischen Bestandsaufnahme des gesamten Spektrums unterschiedlicher Lebensläufe, vielmehr rekonstruiere ich einen idealtypischen Verlauf des Aufstiegs, der Identitätsentwicklung und der damit zusammenhängenden Folgen. Dabei fallen all jene Fälle problemlosen Sozialaufstiegs als untypisch aus dem Untersuchungsspektrum heraus. Denn es ist davon auszugehen, daß ein sozialer Aufstieg in der Regel mit großen Erschwernissen verbunden ist und die dabei auftretenden Probleme weniger in persönlichen Defiziten als in sozialen Strukturen begründet sind.

Unter soziologischer Perspektive vollzieht der Sozialaufsteigende einen Schicht- beziehungsweise Statuswechsel und damit einen Bruch mit seinem Herkunftsmilieu, Rückzugsmöglichkeiten auf Vertrautes sind ihm abgeschnitten; er hat keine Vorbilder. Dieser Prozeß verlangt vom Sozialaufsteigenden die stufenweise Übernahme von Werten und Normen der »höheren« Schicht sowie das Vermögen, zunehmend Entfremdung zu ertragen.[1]

In sozialpsychologischer Hinsicht geht es um einen Prozeß krisenhafter Identitätsentwicklung. Zur Beschreibung des Krisenverlaufs scheint das von Erikson in Anlehnung an Freud entwickelte, von Habermas, Döbert u. a. aufgenommene Konzept der Reifekrisen geeignet zu sein.[2]

Der Sozialaufsteigende durchläuft während des sozialen Aufstiegs eine Reihe von Krisen, die analog den Reifekrisen der frühen Kindheit und der Pubertät strukturiert sind, mit ähnlichen schwerwiegenden Belastungen, Schwierigkeiten und Gefahren wie jene versehen. Der Lösung der mit jedem Entwicklungsstadium – in unserem Fall der beruflichen Umstellung – verbundenen Probleme voran geht eine Auflösung der bisherigen Identität. Sie kann bis zu einer Regression, also einer ziemlich weitgehenden Rückbildung der schon erreichten Ich-Organisation führen. Es folgt dann ein von Erikson als »Identitätsdiffusion«[3] benannter Zustand. Damit wird die momentane Unfähigkeit des Ichs bezeichnet, eine neue Identität zu bilden. Regression und Diffusion markieren somit den Zusammenbruch der alten Identität und sind zugleich Voraussetzung dafür, daß die Krise produktiv bewältigt werden kann. Erst wenn die neuen Anforderungen integriert werden, also mit den Resten der alten Identität verknüpft sind, kann von einer gelungenen Überwindung der Krise gesprochen werden.

Das Zwischenstadium der Auflösung der alten Identität birgt zahlreiche Gefahren in sich. Sofern nämlich der Übergang zu einer neuen Identität nicht gelingt, droht die einmal aufgelöste Identität in dem chaotischen Zustand zu verharren. Damit ist die Gefahr verbunden, daß sie entweder zusammenbricht oder die Integration nur teilweise erfolgt. Eine grundlegende Neubildung der Identität wird verschleppt.

Als unabdingbare Voraussetzung zur Lösung der Krise müssen geeignete Verarbeitungsressourcen vorhanden sein, »Erholungsräume«, die dem Individuum weitgehend Streßfreiheit erlauben, also Freiheit von materiellen und psychischen Sorgen, und ihm garantieren, Kraft zu schöpfen und emotional »aufzutanken« beziehungsweise sich neu zu orientieren.

Solche Ressourcen fehlen dem Sozialaufsteigenden. Die zu bewältigenden Stufen des sozialen Aufstiegs gleichen einer Art Durststrecke. Es scheint sich um einen Weg voller Hürden zu handeln, ist doch der Sozialaufsteigende permanent aufgefordert, sich im Vergleich zu seinem bisherigen Erfahrungsniveau gänzlich neu strukturierten Situationen zu stellen. Im Vergleich zu normalerweise ablaufenden Sozialisationsprozessen sind die Sozialisationsstufen, die der Sozialaufsteigende besonders nach der Adoleszenz zu durchlaufen hat, sehr viel zahlreicher. Neben der normativen Umorientierung werden dem Sozialaufsteigenden noch Anstrengungen in mehrfacher Hinsicht abverlangt. Sie bestehen oft in zahlreichen materiellen und sozialen Einbußen sowie in dem von ihm in besonderem Maße geforderten Leistungs- und Konkurrenzverhalten. Aufgrund des enormen Streßcharakters dieses Weges ist dem Sozialaufsteigenden kaum die Möglichkeit gegeben, die neuen sozialen Anforderungen hinreichend zu verarbeiten. Somit fehlt eine entscheidende Voraussetzung für eine tiefgreifende Neubildung der Identität. Es stellt sich die Frage danach, wie und mit welchem Erfolg es dem Sozialaufsteigenden gelingt, seine Identitätskrisen zumindest partiell zu bewältigen; d. h., mit welchen Einbußen im Verlauf der Identitätsneubildung gerechnet werden muß.

Bevor wir die Frage nach dem Preis des sozialen Aufstiegs beantworten, soll hier auf eine Besonderheit des männlichen Aufstiegs hingewiesen werden: Trotz der zahlreichen Krisen, die der Sozialaufsteigende durchzustehen hat, wird sein Ich-Kern nicht grundlegend tangiert, weder im Sinne einer die Substanz zerstörenden Auflösung der bisherigen Persönlichkeitsformation noch im Sinne einer über die Krise ermöglichten persönlichen Weiterentwicklung. Der soziale Aufstieg vollzieht sich zunächst als ein äußerlicher Prozeß: als Statuswechsel in einem vertikalen Berufsschema, womit ein Gewinn an Einkommen und Prestige verbunden ist. Damit orientiert sich die Identitätsumbildung weitgehend an den Erfordernissen für die äußere Bewältigung dieses Weges.

Für den männlichen Sozialaufsteigenden sind die Bahnen solcher Veränderung bereits in gewisser Weise geebnet. Denn er vollzieht einen Sozialaufstieg innerhalb einer patriarchalischen Gesellschaft, deren Normen ihn fördern, stützen und in Krisen tragen.

Wie sieht nun die andere Seite dieses Prozesses aus? Welchen psychischen Preis müssen Männer für den sozialen Aufstieg zahlen?

Unsere Gesellschaft verlangt von Männern ohnehin eine große Selbst-Entfremdung und eine permanente Abstraktion von ihrer Gefühls- und Sinneswelt. Durch den sozialen Aufstieg werden diese Anforderungen noch gesteigert.

Etwas überspitzt formuliert können wir festhalten: Der Sozialaufsteigende entwickelt sich auf einem vertikalen Schema »aufwärts«, nicht jedoch »vorwärts« im Sinne eines Erkenntniszugewinns beziehungsweise im Sinne eines die ganze Person in ihrer Entwicklung einbeziehenden horizontalen Prozesses. Mehr noch: Die Tatsache, daß der Sozialaufsteigende die Umstellungskrisen nur bedingt lösen kann, hat zur Folge, daß sein Verhalten künftig stark durch Verdrängungen und Abwehrformen bestimmt wird. Die eigene Vergangenheit muß tabuisiert werden, jegliche Erinnerung an die Strapazen und Mühen des eigenen Aufstiegsweges werden abgewehrt. Damit wird die Chance vertan, die eigene Vergangenheit mit der neuen Etappe der Biographie zu vermitteln. Vielmehr werden jene Denk- und Verhaltensmuster, die der Aufstiegsweg erzwang, normativ verabsolutiert und künftig zum Beurteilungsmaßstab schlechthin erklärt. Mangelnde Kritikbereitschaft, eine Neigung zu Harmonismus und die Tendenz der Überorientierung an den Normen der Schicht oder des sozialen Status, die Ziel des Aufstiegs sind, sind als Folgen einer verschleppten Identitätsumbildung zu interpretieren. Reflexion, Infragestellung und Verarbeitung von Erfahrungen muß von dieser Identität als ebenso verunsichernd wie »uneffektiv« erfahren werden.

2. Sozialaufbruch – tiefgreifende Veränderungen der Frauen als Folge ihrer Infragestellung traditioneller Rollenmuster

Betrachten wir nun die Probleme der Berufsorientierung der Frau im Vergleich zur historisch eingespielten Normalität, die der Mann in seinem Verhalten im Sozialaufstieg repräsentiert. Zwar hat die Industriegesellschaft in den letzten Jahren auch Veränderungen im Bereich der Berufsorientierung von Frauen herbeigeführt. Diese haben jedoch nicht nur Gewinne für die Frauen, sondern auch erhebliche Verluste mit sich gebracht. Was den Sozialaufstieg von Frauen angeht, so kann festgehalten werden, daß für Frauen, die diesen Weg nachahmen, nur graduelle Unterschiede, aber keine qualitativen Differenzen bestehen. Sie können nicht prinzipiell anderes erreichen, als Männern widerfahren ist.

Heute befinden sich Frauen jedoch in einer besonderen Situation: Sie können deutlicher denn je den ständig steigenden Preis, den Männer in der Vergangenheit für ihre historisch erzwungene Sozialisation zu bezahlen hatten und noch weiter zu zahlen haben, erkennen. Sie können damit den Weg der reinen Nachahmung kritisch hinterfragen. Ich nenne deshalb den prinzipiellen Vorgang der Loslösung der Frau aus der ihr traditionell zugesprochenen Rolle einen Sozialaufbruch.

Hier interessiert deshalb nicht der Vergleich von sozial aufsteigendem Mann und sozial aufsteigender Frau - denn der Sozialaufstieg der Frau stellt - wie gesagt - nur einen graduellen Unterschied dar: Zwar sind ihre Voraussetzungen für den sozialen Aufstieg schlechter und der Preis für das Gelingen höher - denn sie kann das Ziel nur über eine Anpassung beziehungsweise Überanpassung an die herrschenden, von Männern mitgeprägten und getragenen Aufstiegsnormen erreichen; dennoch handelt es sich nur um relative Unterschiede. Das Ergebnis ist prinzipiell gleich: Die Zunahme an Sozialprestige ist begleitet von zunehmender Selbstentfremdung. Hier interessiert im wesentlichen vielmehr die Veränderung der Frau, die eine Folge ihres Aufbruchs aus ihren traditionellen Rollenmustern ist und die eine Infragestellung des herrschenden Bezugsrahmens impliziert. Der soziale Aufbruch stellt damit einen prinzipiellen und qualitativen Unterschied zum sozialen Aufstieg dar. Dies betrifft insbesondere Frauen, die ihre ihnen konventionell zugeschriebene Rolle verlassen, um Berufe zu ergreifen, die bisher Männern vorbehalten waren, und zugleich versuchen, diese Berufe auf eine ihnen angemessene Weise auszufüllen statt durch die bloße Übernahme vorgegebener - ihnen möglicherweise fremder - Normen und Verhaltensmuster.[4]

Die Frauen, die diesen sozialen Aufbruch vollziehen, um bestehende Abhängigkeiten zu überwinden, stehen vor dem Problem, daß ihnen die Umwelt wenig korrespondiert. Während der sozial aufsteigende Mann aufgrund der tendenziellen Übereinstimmung von Innen - den internalisierten Normen - und Außen - der patriarchalisch-strukturierten Gesellschaft - immer wieder von den herrschenden Normen getragen wird, muß eine Frau diese Normen zum Teil in Frage stellen, gegen sie verstoßen beziehungsweise sie uminterpretieren. Sie ist gezwungen, internalisierte Orientierungen und vorgefundene Normen zum Teil in einem tiefgreifend veränderten Denken und Handeln zu »überwinden«. Die Radikalität des Aufbruchs und ein möglicherweise reflexiver Verlauf sind die beiden entscheidenden Kriterien, unter denen sich zunächst einmal dieser Prozeß des Sozialaufbruchs vom »typischen« Sozialaufstieg unterscheidet.

Aus der Erforschung der geschlechtsspezifischen Sozialisation wissen wir: Der kleine Junge wird früh auf Eigenständigkeit hin und stärker objektgerichtet erzogen, d. h. auf die Außenwelt orientiert. Demgegenüber werden Mädchen bereits in der frühesten Kindheit personenorientiert und stärker auf soziales Verhalten und auf soziale Erwartungen und damit auf ihre künftige Rolle in der Innenwelt der Familie hin erzogen.[5] Diese Voraussetzungen stellen sich als Hindernisse für einen sozialen Aufstieg oder sogar sozialen Aufbruch dar. Sie tendieren zum Verbleiben in traditionellen Rollen, nicht jedoch zu Veränderungen.

Soll der Veränderungsprozeß weder sich in Nachahmungen erschöpfen noch naturwüchsig scheitern, muß er mit Reflexion vollzogen werden. Es ist notwendig, daß die Frauen den Ausgangspunkt der eigenen Veränderung begreifen und den Verlauf weiterhin reflexiv verfolgen, um einigermaßen erfolgreich aus dieser Veränderung hervorzugehen.

Ferner muß zur Analyse der generellen Faktoren, die den sozialen Aufstieg beziehungsweise sozialen Aufbruch ermöglichen oder erschweren, die konkrete Untersuchung der jeweiligen Instanzen der beruflichen Sozialisation hinzukommen.[6] So müssen diese Institutionen, im Fall der Professorin die Hochschule beziehungsweise das herrschende Wissenschaftsverständnis, im Fall der Chirurgin das Krankenhaus beziehungsweise die Medizin, hinsichtlich des in ihnen enthaltenen Potentials an Inhalten und Strukturen untersucht werden, die Raum und Unterstützung für eine tiefgreifende Identitätsumbildung gewährleisten. Sind sie geeignet, Frauen in ihrem Versuch zu unterstützen, traditionelle Rollenfestschreibungen zu überwinden und eigene, ihnen gemäße Wege zu beschreiten, oder erschweren sie einen sozialen Aufbruch vielmehr noch zusätzlich durch besonders restriktive Strukturen?

Die Erforschung der spezifischen Qualität dieser Instanzen kann hier nicht erfolgen. Jedoch kann allerdings die Aussage getroffen werden, daß die Hochschule ebenso wie das Krankenhaus aufgrund ihres hierarchischen ebenso wie patriarchalischen Charakters kaum Raum für die produktive Umarbeitung der Umstellungskrisen bieten. Sie zwingen vielmehr Frauen noch mehr als üblich zu Überanpassung und Unterwerfung.[7]

Ein sozialer Aufbruch beinhaltet im Vergleich zum sozialen Aufstieg nicht nur größere Gefahren – wie die des Scheiterns –, sondern zugleich auch größere Chancen – wie die einer tiefgreifenden persönlichen Veränderung und Bereicherung.

Die Gefahren dieses Veränderungsprozesses ergeben sich zunächst einmal aus dem Umstand, daß die sozial aufbrechenden Frauen von Anfang an eine tiefe Entwurzelung, eine große Verlassenheit erfahren dadurch, daß sie sich von den ihnen ansozialisierten Verhaltensmustern völlig entfremden müssen. Es ist ein Weg ohne jeglichen Resonanzboden. Sie machen ihre neuen Erfahrungen ohne die stützende Kraft eines inneren Rückbezugs auf schon Bekanntes, ganz ohne Netz; denn während ihres Weges erfahren sie keinerlei Halt durch das herrschende Normensystem. Im Gegenteil, sie müssen dieses fortwährend in Frage stellen. Hinzu kommt die Gefahr, daß die Frauen, um Zwischenkrisen zu bewältigen, manchmal auch zu Scheinlösungen, vorübergehend oder endgültig, greifen. Statt die Krise zu verarbeiten, wird ihre Lösung in Fluchtreaktionen kompensiert.[8]

3. Sozialaufstieg - Sozialaufbruch: Risiken und Chancen

Beim sozial aufsteigenden Mann sind die Gefahren nicht so groß, da er nicht so viel verlassen hat und bei aller Krisenhaftigkeit »eingebettet« bleibt in das Normensystem dieser Gesellschaft.

Um die These des im Vergleich zum sozialen Aufstieg bedeutend radikaleren, umwälzenderen Charakters eines sozialen Aufbruchs zu verdeutlichen, kehren wir noch einmal zur Betrachtung der Identitätskrise zurück, die wir als eine Folge des Statuswechsels beim sozialen Aufstieg gekennzeichnet haben.

Wie verläuft die Krise beim sozialen Aufstieg, welches sind die positiven, welches die negativen Voraussetzungen für eine umfassende Verarbeitung der Krise und damit für eine Neubildung der Identität? Welches sind die Folgen?

Wir stellten fest, daß die alte Identität angesichts der neuen Anforderungen durch den Statuswechsel zur Umbildung gezwungen wird. Die Lösung der Umstellungsprobleme führt als erstes zu einer »Entstrukturierung«[9] der alten Identitätsformation. Die Auflösung der ehemaligen Identitätskonturen kann bis zu einer Regression, einem Zustand der Verwirrung führen. Wenn Regression und Diffusion die Zerstörung der alten Identität kennzeichnen, so sind sie doch zugleich die Voraussetzung für die Möglichkeit einer produktiven Bewältigung der Krise. Erst wenn die neuen Anforderungen integriert worden sind, also mit den Resten der ehemaligen Identität verknüpft sind, kann von einer gelungenen Überwindung der Krise gesprochen werden. Das Gelingen dieser Integrationsleistung hängt jedoch ganz entscheidend von der Tatsache ab, ob sich das Individuum auf geeignete Verarbeitungsressourcen stützen kann.

Betrachten wir daraufhin die Bedingungen des sozialen Aufbruchs, so können wir feststellen: Die mit ihm verbundenen Herausforderungen bewirken, daß die Umstellungskrisen umfassender, umwälzender und existentieller sind. Sie gehen ans Mark. Im Gegensatz zum eher gemäßigten Charakter der Identitätskrisen beim Sozialaufstieg können sie den Persönlichkeitskern angreifen. Damit ist die Gefahr verbunden, daß die Auflösung der bisherigen Identität bodenlos wird, ein völliger Zusammenbruch der Identität erfolgt ohne die Möglichkeit der Neuorientierung.

Andererseits besteht durch die größere Radikalität des Sozialaufbruchs eine größere Chance für eine produktive persönliche Veränderung – für eine Veränderung, die sich vor allem an neuen Erkenntnissen und Verhaltensweisen ablesen läßt, die für die betroffene Frau befriedigender sein können als die ihrer traditionellen Rolle, aus der sie sich emanzipiert hat. Sie hat die Chance, auf diesem Weg mehr Autonomie zu erreichen als durch einen sozialen Aufstieg möglich wäre.

Die Chancen liegen vor allem in einem größeren Zugewinn im Bereich der Persönlichkeit, nicht allein im äußeren Bereich. Dies hängt auch davon ab, ob Frauen diese Prozesse individuell oder mit anderen Frauen zusammen vollziehen.

Ein weiterer Unterschied zum Sozialaufbruch besteht darin, daß sich der soziale Aufstieg des Mannes oder der Frau einsam vollzieht, ist doch in einer Konkurrenz- und Leistungsgesellschaft Vereinzelung Bedingung. Mehr noch, diese verstärkt sich in dem Maße, in dem er/sie auf der Berufsleiter nach oben gelangt, muß doch der/die Sozialaufsteigende den typischen Mechanismus zur Durchsetzung in dieser Gesellschaft verstärkt ausbilden und einsetzen.

Wenngleich diese Vereinzelung auch beim sozialen Aufbruch von Frauen nicht aufgehoben werden kann, so ist dennoch ein Rückbezug zu anderen Frauen beziehungsweise zur Frauenbewegung möglich. Dieser Rückbezug mag ein ideeller - die gemeinsame Reflexion der auftretenden Probleme - oder ein praktischer - bis hin zur materiellen Unterstützung - sein, entscheidend ist, daß durch die Möglichkeit der Rückkoppelung den sozialaufbrechenden Frauen das entsprechende Auffangpotential in schweren Krisen zur Verfügung gestellt wird, daß ihnen zumindest die Möglichkeit der Verarbeitung eröffnet wird und damit Selbst-Bewußtsein statt Selbst-Entfremdung entstehen kann.

Die Folgen des Sozialaufstiegs beziehungsweise des sozialen Aufbruchs wirken sich auch im gesellschaftlichen und politischen Gesamtbewußtsein der Personen aus. Der Typus des Sozialaufsteigenden neigt hier eher zu einer konservativen Gesellschaftsauffassung, weil er beziehungsweise sie das System während des Sozialaufstiegs völlig unhinterfragt gelten lassen muß, denn er/sie benutzt ja die Mechanismen dieses Systems. Dessen instrumentelle Beherrschung geht in eine politische Befürwortung über.

Der Sozialtypus der sozialaufbrechenden Frau dagegen hat die Chance, zu einem kritischen Bewußtsein gegenüber der Gesellschaft zu gelangen, da sie deren Mechanismen ständig in Frage stellen muß: Sie durchläuft eher einen umfassenden Lernprozeß, während der/die Sozialaufsteigende eher einen Anpassungsprozeß vollzieht, der wenig Raum für die Entwicklung einer kritischen Distanz zuläßt.

Ein weiteres Kennzeichen der Folgen ist bei den sozialaufbrechenden Frauen das fortdauernde Mißverhältnis von privatem Leben und Öffentlichkeit. Während Männer auch nach dem sozialen Aufstieg im allgemein in Übereinstimmung mit der Gesellschaft ihr traditionelles Privatleben weiterführen können, ist dies weder Frauen, die sozial aufsteigen, noch sozialaufbrechenden Frauen ohne weiteres möglich.

Der wesentliche Punkt jedoch in bezug auf die Folgen besteht darin, daß die sozialaufbrechenden Frauen die Chance haben, ihre Persönlichkeit zu bereichern, während der Sozialaufstieg eher zu einer zunehmenden Selbstentfremdung und Verarmung führen kann.

Bei all diesen Folgeerscheinungen muß jedoch generell festgestellt werden, daß während und nach dem sozialen Aufbruch der Frauen die Gefahren bei ihnen immer größer sind und sich auch bei ihnen beträchtliche Kosten für diesen Aufbruch herausstellen können. Ich nenne hier nur den Bereich der Familie, den eventuellen Verzicht auf Kinder oder – bei Ermangelung eines Partners, der den Emanzipationsweg mitgeht – den Verzicht auf Partnerschaft. Oder die Frauen müssen auch im Privatleben neue unkonventionelle Wege beschreiten, etwa mit einer Lebensgefährtin.

Unser Problem gewinnt eine besondere Aktualität mit der Frage, ob angesichts zunehmender Arbeitslosigkeit überhaupt noch ein Sozialaufbruch möglich ist beziehungsweise wie ein einmal begonnener bei aktuell drohender Entlassung weiter verläuft, wie zum Beispiel im Fall von Assistentinnen an der Universität, deren Vertrag ausläuft.

Werden nicht mit zunehmender Krisenhaftigkeit die Leistungsanforderungen derart verschärft, daß nur noch Anpassung möglich ist statt einer Infragestellung der herrschenden Normen?

Anmerkungen

1 Vgl. *Albrecht-Heide, A.*, Entfremdung statt Emanzipation. Sozialisationsbedingungen des zweiten Bildungsweges. Frankfurt a. M. 1974; *Ortmann, H.*, Arbeiterfamilie und sozialer Aufstieg – Kritik einer bildungspolitischen Leitvorstellung. München 1974; *Büchner, U.*, Der Gewerbelehrer und die industrielle Arbeit. Zum Zusammenhang von Arbeit und Lernen. Weinheim/Basel 1980; *dies.*, Veränderungen der Identität durch den Zweiten Bildungsweg bei Gewerbelehrerstudenten. In: Zeitschrift für Berufs- und Wirtschaftspädagogik, Bd. 79 (1983), H. 6, S. 417–422.

2 Vgl. *Erikson, E. H.*, Identität und Lebenszyklus. Frankfurt a. M. 1981; *Habermas, J.*, Zur Rekonstruktion des historischen Materialismus. Frankfurt a. M. 1976; *Döbert, R.*, *Habermas, J.* und *Nunner-Winkler, G.*, Entwicklung des Ichs. Köln 1977, S. 9–30.
Das Reifekrisenmodell bezieht sich im allgemeinen auf die Entwicklungsphasen der Kindheit. Die Krisen, die der Aufsteigende durchläuft, sind analog den Reifekrisen der frühen Kindheit strukturiert; die Belastungen seines Weges sind als ähnlich, wenngleich nicht als ebenso gravierend anzusehen wie jene, die zur Auslösung der frühen Krisen führten. Deshalb erscheint die Anwendung des Reifekrisenmodells

zur Erklärung von Identitätsumbildungen in der nachfamilialen Sozialisation durchaus möglich. Vgl. hierzu *Erikson, E. H.*, a. a. O., S. 140 f.

3 *Erikson, E. H.*, a. a. O., S. 155 ff.

4 Als ein Beispiel für die traditionelle Rollenfestlegung sei auf René Levys Konstruktion der Normalbiographie der Frau verwiesen: *Levy, R.*, Der Lebenslauf als Statusbiographie. Stuttgart 1977; sowie auf die Kritik von Erika Adolphy: *Adolphy, E.*, Einige Gedanken zu der Frage: Was ist eigentlich eine normale Frauenbiographie? Beiträge 7 zur feministischen Theorie und Praxis. Dokumentation der Tagung »Weibliche Biographien«. München 1982, S. 6.

5 Vgl. u. a. *Maccoby, E.*, The Development of Sex Differences. Stanford 1966; *Bock-Rosenthal* u. a., Wenn Frauen Karriere machen. Frankfurt a. M. 1978; *Scheu, U.*, Wir werden nicht als Mädchen geboren - wir werden dazu gemacht. Zur frühkindlichen Erziehung in unserer Gesellschaft. Frankfurt a. M. 1981.

6 Ebenso müssen die je individuellen frühkindlichen Voraussetzungen untersucht werden.

7 Vgl. u. a. *Bock, U.*, Frauen im Wissenschaftsbetrieb. Dokumentation und Untersuchung der Situation von Studentinnen und Dozentinnen unter besonderer Berücksichtigung der Hochschulen von Nordrhein-Westfalen. Weinheim und Basel 1983; *dies.* (Hrsg.), Frauen an den Universitäten. Zur Situation von Studentinnen und Hochschullehrerinnen in der männlichen Wissenschaftshierarchie. Frankfurt a. M. und New York 1983; Zentraleinrichtung zur Förderung von Frauenstudien und Frauenforschung (Hrsg.), Methoden in der Frauenforschung. Symposium an der Freien Universität Berlin vom 30. 11.–2. 12. 1983, Frankfurt 1984; *Büchner, U.*, Frauenwissenschaft und Frauenstudien als radikale Wissenschaftskritik - dargestellt am Beispiel hochschuldidaktischer Praxis. Beiträge 11 zur feministischen Theorie und Praxis. März 1984, S. 132–142; *dies.*, »Forschen anstatt zu lieben und zu handeln«. - Beruht geistige Arbeit auf Sublimierung, Kreativität oder Deformation? 20 S., Berlin 1984. Im Druck. In: *H. Thomas/G. Elstermann* (Hrsg.), Soziale und ökonomische Aspekte von Bildung und Lernen. Festschrift zum 75. Geburtstag von Friedrich Edding.

8 Vgl. *Dowling, C.*, Der Cinderella-Komplex. Die heimliche Angst der Frauen vor der Unabhängigkeit. Frankfurt a. M. 1982.

9 *Habermas, J.*, a. a. O., S. 67 und *Döbert, R.* u. a., a. a. O., S. 12.

Elfriede Walesca Tielsch

Femina sapiens

Die Geschichte der Wissenschaftlerin zwischen patriarchalem Denkverbot, eigenem Erkenntnisdrang und häuslicher Weiblichkeitskultur*

Einleitung

Die heute erreichte Erkenntnis, daß die Frau schon seit 30000 Jahren »femina sapiens« ist, d. h., ebenso wissenschaftlich begabt sein kann wie der Mann, macht es auch historisch notwendig, ihre derartige mögliche oder erbrachte Leistung nicht erst in der Neuzeit zu suchen. Sie hat sich zu aller Zeit, wenn auch jeweils den Umständen ihrer Unterdrückung entsprechend, ebenso einfallsreich wie verschiedenartig entfaltet.

Wir beginnen unsere Übersicht also konsequent mit ihren Haupterrungenschaften schon in vorwissenschaftlicher Zeit, in der sogenannten Primitivgesellschaft. Einige der dort auffallenden geistigen Leistungen hat sie sogar später nie wieder erreicht oder erreichen wollen. Wir zeigen dann, daß, besonders in demokratischeren Zeiten wie der Antike, der Renaissance oder der Aufklärung, ihre wissenschaftliche Tätigkeit schon Höhen erklommen hat, die noch heute kaum überschritten werden. Im Gegenteil. Die ganze Last ihrer staatlich-kirchlich-häuslichen patriarchalen Unterdrückung wird mit den Jahrhunderten immer schwerer. Die Frau hat sie nämlich selbst verinnerlicht und macht aus ihrer Not jetzt eine Tugend. So gesehen scheint sie also wirklich erst im 19. Jahrhundert zu erwachen. Tatsächlich hat sie nun auch erst der volle Kulturdruck der Jahrtausende eingeholt. Er vernichtet damit sogar ihre frühere Geschichte. Nur durch deren Wiedererweiterung auf ihre ganze Länge kann sie sich also angemessen wehren und das volle Quellenmaterial für ihre historische Leistung wiedergewinnen.

* Umgearbeiteter Teilabdruck aus *E. W. Tielsch,* »Femina sapiens«, in: *E. Gössmann* (Hg.), Das wohlgelahrte Frauenzimmer. Archiv für philosophie- und theologiegeschichtliche Frauenforschung, Bd. 1, pp. 139–211, 1984. Die Sammlung will in 10 Bänden Material über Wissenschaftlerinnen vor dem 19. Jahrhundert dokumentieren, um künftige Einzelforschungen darüber zu ermöglichen.

Nach der Frühgesellschaft (primitive society)[1] sind daher auch die orientalischen Frauenbewegungen gegen die erste patriarchale Großdespotie, ihre dortigen Revolutionsteilnahmen und noch matriarchalen Gegeninstitutionen vor der Antike mit zu berücksichtigen.[2] Bereits sie, wie das erreichte weise Königinnentum oder die Stellung einer Isisgöttin, überdauern oft noch Jahrhunderte. In der »offiziellen« männlichen Geschichtsschreibung werden sie jedoch nicht mitregistriert.[3]

Das gilt »mutatis mutandis«, obwohl in geringerem Ausmaß, auch noch für die griechisch-römische Antike. Nur von ihren liberalen Denkern und Denkerinnen, d. h. kritisch-skeptischen oder -akademischen, atomistischen, sophistischen oder kynischen Philosophen erfahren wir nämlich etwas über damalige Frauenbewegungen oder Einzelwissenschaftlerinnen speziell. Wer sie, wie oft das ganze offizielle Abendland bis heute, nicht kennt, kann gar kein richtiges Urteil haben.[4] Faktisch beherrscht die umgekehrte Rezeption von nur konservativer Philosophie jedoch auch die bisherige Geschichts»wissenschaft«. D. h., wie schon ihr Erzvater Aristoteles es handhabte, die Frau als Philosophin wird am besten gar nicht erwähnt. Warum nämlich, so meint noch Cicero, wie die andere, liberale Antike »dickleibige Bände« über eine Natur- und Kulturphilosophin wie die Epikureerin Themista schreiben. Man kann doch über Männer berichten.[5] Entsprechend nimmt es auch die Philosophiegeschichte des 19. Jahrhunderts und ihr renommiertes Fachlexikon, wie der Pauly-Wissowa oder Hiltbrunner, mit der historischen Treue bei Frauen nicht so genau. Der Kontext der Frauenbewegung mit der sophistisch-atomistischen Menschenrechtsforderung fällt ganz weg. Die schließlich eventuell doch noch erwähnten Wissenschaftlerinnen erscheinen damit leicht als bloße Einzel- und Zufallsgestalten. Es werden von ihnen aber auch noch die mehr mythischen oder irrationalen, wie Diotima oder die Pythia, bevorzugt, bzw., wenn ihre geistigen Qualitäten nicht zu leugnen sind, werden sie durch den bloßen Bericht über ihre familiären oder sexuellen Angelegenheiten abgewertet. Der Geschichtsschreibung geht langsam aber sicher alle Nachricht über ihre denkerische Tätigkeit verloren. Erst eine ganz neue Konzentration der Altphilologie und Philosophie auf ihre doch noch erhaltenen Sentenzen, Werktitel oder Erfindungen, deren Wiedereinordnung in den Kontext der Frauenbewegung der Gesamtantike und der Männer-Philosophiegeschichte kann diese historische Fehlleistung daher wettmachen.[6]

Wesentlich besser wird die Quellenlage schon für die Frauen des Mittelalters, soweit sie sich als Wissenschaftlerinnen betätigen können und berühmt werden.[7] Sie steigt sichtlich mit der gleichzeitigen oder späteren Renaissance. Diese beflügelt sowohl die Entdeckung der alten Handschriften im Kloster, wie die praktische neue Wissenschafts- und Technikbegeisterung außerhalb, im neuen Stadt- oder Nationalstaat.

Bereits von 1100 an bis 1800 finden wir entsprechend auch eine Fülle erhaltener wissenschaftlicher und literarisch-geistiger Werke von Frauen. Dazu immer die Abhandlung über das seit der Sophistik nie versiegende Thema, ob Frauen diese faktische Produktion überhaupt erbringen können oder dürfen. Allen historischen Repressionen zum Trotz erscheinen, wie schon in der Antike, auch erneut, periodenweise, »dickleibige« Berichte und Monographien über Philosophinnen oder Dichterinnen.[8]

Zudem setzt sich, aus antiker Tradition, wenigstens im Mittelmeerraum auch die praktische Zulassung der Frauen zu den dortigen Universitäten zwischen 1100 und 1800 noch fort. Es gibt hier also sogar die entsprechenden professoralen Lehr- und Forschungsleistungen weiblicher Gelehrter auf allen wissenschaftlichen Gebieten, d. h. in der Medizin und Chirurgie ebenso wie in der Altphilologie und Rhetorik oder der Mathematik und Naturwissenschaft. Ihre Wiederausgrabung und wissenschaftliche Aufbereitung ist bisher aber noch fast gar nicht begonnen worden.[9]

Im gesamten nordeuropäischen Raum hat die Frau bis 1900 allerdings keinen Zugang mehr zur überwiegend kirchlich-staatlich gewordenen Universität. Diese erhält oft rein klösterlich-mönchischen Charakter, mit nur Studenten und »fellows«. Um so mehr nutzt die Frau aber die sich neben ihr entwikkelnde neue Privatgelehrsamkeit auch des fortschrittlichen Mannes, um während der Aufklärung mit ihm und seinem Werk öffentlich gleichzuziehen. Ihre wissenschaftliche Tätigkeit wächst wieder immens. Es sind ganze Lehrstühle, Forschungsinstitute und geschichtliche Wiedergutmachungsanstrengungen der Denker beiderlei Geschlechts notwendig, um das vorhandene Material zu erfassen und an seiner historischen oder systematischen Stelle einzuordnen.[10]

Hauptteil: Die Persönlichkeit, die wissenschaftliche Leistung der Frau und die Art ihrer Unterdrückung in verschiedenen Epochen

Dieser Artikel kann vorerst also nicht mehr tun, als einige wenige Namen, Daten und Epochen weiblicher Wissenschaftsbeteiligung überblickhaft in Erinnerung zu rufen und damit einen ersten Kontext von Frauenforschung über die Jahrtausende hinweg wiederherzustellen. Immerhin beweist er damit auch historisch, was sozial zu erwarten ist. Wo immer und sobald der Kulturdruck einer »Männergesellschaft« nachläßt, da ist auch die entsprechende, zumeist die hochbegabte Wissenschaftlerin wieder da. Sind darüber hinaus bereits humanistisch-demokratische oder sonstige Gleichheitsforderungen bzw. -institutionen vorhanden, so zieht auch der Frauendurchschnitt mit nach. Solche günstigeren Umstände sind nur noch nie so tief, breit und dauerhaft verankert gewesen, daß auch die wissenschaftliche Leistung der Frau ihre ganze Bandbreite, Kontinuität und Durchschlagskraft erreichen konnte. Im Gegenteil. Nur zu oft war ihre volle Repression garantiert und damit auch die Aufgabe, stets wieder von vorn anzufangen, wie kürzlich im 19. Jahrhundert.

I. Die »weisen Frauen« in den Frühkulturen (primitive society)

Drei geistige Erfindungen der »femina sapiens« in der Frühkultur ragen besonders hervor.

In fast sämtlichen Mythen oder »Religionen« der Stammesgesellschaften, auch noch der griechisch-römischen, gelingt es der Frau, weltgeschichtlich sogar einmalig, nicht nur ihre eigenen weiblichen Anlagen und Bedürfnisse in Göttinnenfiguren dazustellen. Sie stellt auch die Symbolgestalten für die wichtigsten sozialen und allgemein humanen »Tugenden«, also für Gerechtigkeit (= Maat, Dikä, Justitia), Frieden (Eirene) oder Wissenschaft, Weisheit (Sophia, Athene) u. a. m. Wenigstens die Hälfte des Himmels gehört ihr.[11]

Ihre zweite originale, nie wieder erreichte geistige, d. h. nicht nur biologische Leistung besteht in der Errichtung einiger politisch-wirtschaftlich bedeutender Matriarchate und der Schaffung der dazu erforderlichen eigenen Ahnmutterkulte, als Überbau für sie.[12]

In vielen Stammesgesellschaften taucht außerdem schon der Name individueller großer geistiger Frauengestalten auf, die, ob noch im mythologischen oder Göttinnengewand oder schon als echte Heroinnen, wegen besonderer (vor-)wissenschaftlicher Leistungen geschätzt werden. Man kennt sie als Autorinnen bestimmter, keineswegs nur häuslicher Erfindungen. Sie gelten als in der Medizin, besonders der Gynäkologie oder in der immer notwendig gewesenen Verhütung oder Abtreibung erfahren. Ihre aus gesammeltem Wissen entspringende Weisheit prädestiniert sie für ihren späteren, noch in der Antike öffentlich anerkannten Beruf als Seherin, ob von rationaler Kassandra- oder »irrationaler« Pythia-Art. Noch in der bewußt gemachten griechischen, wie vorher der unbewußten orientalischen Dichtung, also in Epos, Tragödie oder Komödie, verkörpern sie außerdem viele der übrigen, die Gesellschaft bewegenden geistigen Probleme. Die Frau wird die große Anklagende (Antigone), die Trauernde (Troerin), die Schutzflehende oder Frauenbewegte (Lysistrata, Praxagora). Sie also trägt den kritischen Anstoß und die Auseinandersetzung.[13] Noch als bloße »weise Frau«, die später als Alte oder Kräuterweib zur Hexe wird, bleibt sie in der Primitivkultur eine wegen ihrer Kenntnis geachtete Erscheinung.

II. Die Epoche der patriarchalischen Umstempelung aller Frauen zum absoluten, ungeistigen Nichtmenschen und -bürger in den profanen Imperien seit 5000 bis 3000 v. Chr.

Die erste, radikale hoch(un)kulturelle Ausschließung aller Frauen von sämtlichen stammesgesellschaftlich gewohnten, noch oft gewahrten oder weiter ausgebauten, auch wissenschaftlich begründeten Menschenrechten tritt, historisch gesehen, viel früher ein, als gewöhnlich bekannt ist. Bereits in den nicht zu Unrecht so genannten »orientalischen Despotien« (Herren-Reichen) ab dem 5.–3. Jahrtausend v. Chr., d. h. in Mesopotamien, Ägypten, Persien, Indien, China oder, zwischen 700 und 1500 n. Chr., Japan und den Inkareichen – wie noch den ähnlichen europäischen absolutistischen Staaten! – werden für die vielen, in ihnen zusammengeschlossenen Stammesgesellschaften nunmehr allgemeingültige und bereits schriftlich »verewigte«, strenge Soll-Gesetze erlassen. Sie schon sprechen Frauen, Kindern und Bedienten bzw. Sklaven in der »Familie«, deren Name in Rom erneut einer Sklavengemeinschaft entnommen ist, von Ausnahmen abgesehen, sämtliche Bürger-, Menschen- und Familienrechte ab. Von Hammurapi (1800 v. Chr.) oder Moses (Ende 13. Jahrhundert v. Chr.) an machen diese Art von patriarchalischen Vor-Schriften später leider auch in Griechenland und im römischen Imperium Schule. Das römische Familien»recht« – das im Grunde ebenfalls nur kodifiziertes Un-Recht ist – beeinflußt daraufhin wieder sämtliche schriftlichen, d. h. von gelehrten Juristen verfaßten, europäisch-germanischen Landrechte des Mittelalters, die Kirchenrechte und die modernen, in bezug auf die Frau eben noch nicht bürgerlich-partnerschaftlich gestalteten, sondern orientalisch-patriarchalisch bleibenden Kodifikationen des 19. Jahrhunderts, vom Code Napoléon (1804) bis zum BGB (1900).[14]

Gerade dieser älteste, erste, durchgehende Patriarchalismus profaner Art belastet die weibliche Stellung und wissenschaftliche Karriere folglich auch so enorm wie nie wieder. Ins Dunkel (= Harem) des Hauses oder das Frauengemach (Purdah, Gynaikonitis) darin verbannt, nimmt die Frau, außer dort, wo die Alltagsstammessitte oder die Armut es noch gestattet, am öffentlichen und privaten gesellschaftlichen Leben des Mannes nicht mehr teil. Zwar wehrt sie sich, wie vor allem aus Ägypten oder selbst im AT (5. Mos. 27,1 ff.) gut bezeugt ist, schon damals, in oft sehr kräftigen Frauenbewegungen oder Revolutionen gegen dies ihr neues hartes Los. Sie erreicht sogar königliche Gleichberechtigungen. Manchmal gelingt es ihr auch, eigene matriarchalische Einrichtungen zu selbst hochkulturellen Institutionen emporzuheben. Der Isistempel und -kult überdauern viele Jahrhunderte. Gleichwohl wird in solchen Gesellschaften nichts rarer – und schwieriger nachzuweisen – als eine allgemeine oder besondere geistig-wissenschaftliche Beteiligung der

Frau. Die schon eingerichtete Beamten-Schreibergrundschule, mit ihren seither gelehrten sogenannten Kulturtechniken des Schreibens, Lesens und Rechnens, ist ihr als Frau verschlossen. Sie kann nur privat an diese Fertigkeiten herankommen – und tut das auch.

Außerdem bleibt dieser Beamte jedoch Diener und bloßer Befehlsempfänger. Das Schreiben wird Sklavenarbeit. Noch in Griechenland, Rom oder im Mittelalter übt kein »Freier« den Beruf des »Schriftherstellers« für seine Gedanken selbst aus. Auch die schreibende Frau, der Mönch oder der Grundschullehrer sind wegen dieser Kunst allein noch nicht hoch geachtet.[15]

Alle praktisch aufblühende orientalische Handwerkskunst und wissenschaftliche Erkenntnis wird überdies in reinen Männer-Priester-Geheimbünden bzw. Kastenlogen kultiviert. Die Frau kommt in keins dieser ersten »Colleges« oder »Labors« hinein. Sie vermag ihre geistige Potenz also noch in ihren eigenen matrialen Institutionen wie Adelsstiften und Kultgemeinschaften, der Hierodulen-, Geisha- oder Bajaderenschaft zu entfalten, wie im späteren Salon des europäischen Absolutismus. Sie beweist sie also wenigstens im Zusammenhang mit einem Maitressenwesen oder glänzt damit privat im Haus oder am Hof ihres Herrn und Gebieters.[16] Als Haus-Frau im Haus-Arrest hat sie gewöhnlich aber keinen Zugang zur Wissenschaft einer Zeit. Ihre erste Bemühung gilt folglich später dem Nahziel, ihre Freizügigkeit wiederherzustellen. Der ganzen großkulturellen orientalischen Patriarchatskatastrophe ist sie noch heute nicht entronnen oder sich ihrer historisch bewußt. Als Haus-Frau hat sie diese Zwangsdaseinsart bereits so verinnerlicht, daß sie aus ihrer Menschenrechtsnot eine Tugend macht, um geistig überleben zu können.

III. Der erste vollere Wiederdurchbruch der Frau zum selbständigen Wissenschaftlerinnenberuf in der demokratisch-republikanischen, griechisch-römischen Antike

Abgesehen von ihren früheren, noch vielfältig offenen Gelegenheiten in der »primitive society« gelingt der Frau ein umgekehrter, vollerer Durchbruch zum selbständigeren Bürgertum und Wissenschaftlerinnenberuf daher erst in der demokratisch-republikanisch gesinnten, griechisch-römischen Antike, von 600 v. bis 600 n. Chr. Außer dieser ihrer Allgemeinverfassung spricht dabei natürlich noch mit, daß selbst für den Mann Forscherberuf und -tätigkeit nunmehr erst einen eigenen Rang erobern. Gleichwohl muß gegenüber dem »Sophos« und »Sophisten« – der Philosophentitel wird erst im Hellenismus geläufiger und zugleich meta-physischer – auch die Position der »Sophä«, als Wissenschaftlerin aller Sparten, neu erfunden und erkämpft werden. Die allgemeine Stellung der Frau in Griechenland ist dazu aber auch nicht besonders geeignet.

1. Die allgemeine, patriarchalisch gedrückt bleibende Position der griechisch-römischen Ehefrau

Die Position der griechisch-römischen Durchschnittsehefrau bleibt nämlich noch unter dem starken Einfluß der orientalischen Sitte und Gesetzgebung. In gewissem Gegensatz zur freieren römischen Frau lebt die griechische Gattin in ihrem Frauengemach (Gynaikonitis) eingeschlossen und damit, bis heute, von allem männlichen Besuch (oder ärztlicher Betreuung) ausgeschlossen. Sie ist allerdings häufig auch von Hause aus Nichtgriechin. Viele, als reine Männerhorden einwandernden, indogermanischen Stämme, wie die Ionier oder Römer, heiraten einheimische, auch orientalische Frauen. Diese bringen ihre Sitten schon mit. Allein freie (eleuthera = leutezugehörige) Griechinnen, wie die Spartanerinnen oder Troerinnen, haben deshalb eine angestammte, oft bessere bis gleichberechtigte Position.[17]

Jedoch stärkt das im ionisch-griechischen »Untergrund« mit vorhandene, andere gewichtige, gesellschaftliche Matriarchat oder die orientalische hochkulturelle Göttin manchmal auch umgekehrt die germanisch höchstens aristokratisch gestaltete Frauenposition. Erst das karische Selbstbewußtsein verschafft der griechischen Frau, als Krönung ihrer selbsterstrittenen Emanzipation, das Bürgerinnenrecht und das politische Gemeindeamt als Strategin oder Leiterin der ruhmbringenden, wenn auch kostspieligen Liturgien (Stadtfeste). Allein aus dem einheimischen Volkstum kommende Frauenbewegungen, wie die der Bacchantinnen, die der eleusinischen Mysterien oder anderer Fruchtbarkeitskulte geben auch der athenischen Hausfrau und ihrer Tochter wieder die Freiheit zum Erscheinen in der Öffentlichkeit und zur eigenen künstlerisch-geistigen Vereinstätigkeit, also gewisse Bewegungsräume und ein Versammlungsrecht zurück.[18]

2. Der Erfolg der griechischen Frau im Bereich der Literatur und schönen Künste

Daneben ist aber auch schon eine volle selbständige literarische Emanzipation der Frau in Griechenland früh Wirklichkeit geworden. Nicht nur Männerdichter, von Homer und Hesiod über Aischylos bis Euripides, preisen also große gute oder böse Frauengestalten und Heroinnen. In der Nachfolge Sapphos, der Erfinderin der griechischen Lyrik (um 600 v. Chr.), kultivieren über 60 Dichterinnen nach ihr selber diese Tradition. Wie das ganze 18. Jahrhundert noch weiß, nur das heutige altphilologische Lexikon nicht mehr, nimmt die Frau außerdem auch an den regelmäßigen öffentlichen Dichter-Wettkämpfen mit teil. Die berühmte Corinna, nach der noch Mme de Staël ihren Roman benennt, besiegt den nicht minder bekannten Pindar im 5. Jahrhundert v. Chr. fünfmal im hohen dithyrambischen Stil. - Entsprechende Erfolge wie in diesem literarischen Bereich sind auch für griechische Malerinnen bekannt. - Nur zum Theater haben die antiken Frauen vermutlich kaum Zugang. Bis weit in die Neuzeit hinein werden sämtliche Frauenrollen, von Europa bis Japan, zudem von Männern gespielt. Selber Stücke zu verfassen, hängt aber auch mit ihrem persönlich Sehen- und Erlebendürfen zusammen. Die Frauen beschränken sich hier daher auf ihre eigenen Mysterienspiele.[19]

3. Die schulisch-wissenschaftliche Bildungsmöglichkeit der antiken Frau

Im Vorhof der seit dem 6. Jahrhundert v. Chr. in Ionien aufblühenden Naturwissenschaft - die damals, und bis zu Newton, noch sowohl die engere Natur- wie die Geisteswissenschaften und die Natur des menschlichen Geistes selbst umfaßt; denn alles dies vergeht und entsteht, wie schon der Name (nasci - natura) sagt - entwickelt sich aber auch schon ein ausgedehntes bürgerliches Schulwesen. Durch die demokratische und aufgeklärte Gesinnung von einflußreichen Philosophinnen, wie Thargelia, oder Weisen, oder wie auch des Kleobulos, zugunsten seiner begabten Tochter Eumetis, gefördert, werden diese Volksschulen seit dem 6. Jahrhundert oft auch Mädchen zugänglich gemacht. Im 5. Jahrhundert setzt sich die berühmte Sophistin und Rhetorin Aspasia in Athen für eine solche Anhebung der weiblichen Bildungsmöglichkeit ein. Die Hetärenschule soll nicht mehr ihr einziger Zugang sein. Bis zum Ende Roms schnürt also auch das Mädchen jeden Morgen seinen Schulranzen und geht in diese öffentliche, allerdings noch immer vom Privatlehrer auf Honorarbasis getragene Grund- und eventuell auch Aufbauschule (high school). Deren von solchen Sophisten und Sophistinnen entworfenes Kurssystem, das mittelalterliche Trivium und Quadrivium, bleibt, wenn im platonisch-christlichen Bereich auch bald um alle seine frühere Natur- und Techniklehre gebracht sowie den Mädchen erneut entzogen, bis ins 18. Jahrhundert der normale theoretische »Lehrplan des Abendlandes«.[20]

Wichtige praktische Bildungs- und Forschungsmöglichkeiten stehen für Mann und Frau daneben jedoch nach wie vor in der »natürlichen« Berufsschule, d. h. der sich in der Antike vom »Handwerk« zum »Wissens«-werk (Sokrates) emporhebenden »Meisterakademie« zur Verfügung. Sie kennzeichnet sich noch in der Renaissance und Aufklärung durch ihre Verbindung von Theorie und Praxis, Forschung und Lehre. Zu ihr hat aber auch die Frau, die Schwester, Tochter oder Schülerin ungehinderten Zugang, bis sich im 19. Jahrhundert Haus und Werkstätte industriell trennen.

Schon die Lehrerin des Pythagoras (Themistokleia), seine Frau (Theano) und seine ebenfalls mathematisch begabten Töchter, im 6. Jahrhundert v. Chr., müssen wir uns also ganz in diese Meisterschule und die mit ihr verbundene, hier »kommunistische« Lebensgemeinschaft eingefügt denken. Einerseits sind die Pythagoreerinnen scharfe Denkerinnen, andererseits, in diesem Spezialfall, lammfromme Hausfrauen - ähnlich wie im heutigen realen Sozialismus. Auch jede in eine hippokratische oder andere Medizinschule aufgenommene, nicht verwandte Schülerin, wie etwa Agnodice in Athen, gehört gleichzeitig mit solchem großen Mittelmeerhaushalt plus Ausbildungsstätte (vgl. darüber den hippokratischen, eigentlich pythagoreischen Eid!). Aber sogar die spätere Philosophenschule, wie die des scharfen Logikers und Dialektikers Diodoros Kronos, wird, als er stirbt, nahtlos durch seine fünf ebenso begabten Töchter, als ihr Oberhaupt, fortgeführt. Ebenso übernimmt Arete, die Tochter des Kyrenaikers Aristipp, ihres Vaters Lehrbetrieb und unterweist ihren Sohn, bis er die Schule weiterführt. Schon von Äskulap, dem großen mythischen Arzt der Ilias, wird übrigens berichtet, daß seine sechs Töchter ebenfalls »artifices medici« von Rang und Namen werden. Und noch Hypatia, die letzte, politisch einflußreiche, mathematisch-physikalisch begabte und erfinderische Astronomin und Neuplatonikerin in Alexandria, am dortigen nun schon »Wissenschaftszentrum« des Museion, um 400 n. Chr., lernt zunächst bei ihrem Vater, ehe sie ihn weit übertrifft.[21]

Es ist eben weder dagegen ein Kraut gewachsen, daß sich die Begabung des Vaters nur auf die Töchter vererbt - und damit die Intelligenzgleichheit von Mann und Frau nochmals bestätigt -, noch sind antike Väter bereits einsichtiger als heutige. Wenn sie das »schmerzliche« Schicksal erleiden, keine Söhne zu haben, ermöglichen sie wenigstens ihren Töchtern die entsprechende Persönlichkeitsentfaltung oder gar allen Mädchen, wie Kleobulos.

Über ihre Wirkmöglichkeit innerhalb der »Meisterakademie« hinaus erkämpft sich die Frau der Antike jedoch auch schon den selbständigen, öffentlichen, sozusagen Universitätslehrstuhl. Als Mitglied bestimmter Schulrichtungen (Haireseis = Wahlideologien wissenschaftlich-ethischer Art), d. h. als Platonikerin, kritische Akademikerin, Epikureerin, Dialektikerin, Rhetorin etc. tritt sie voll außerhäuslich und -betrieblich vor publice-Publikum auf. Schon äußerlich weist sie ihren Beruf durch die entsprechende Standestracht aus. Sie »nimmt«, wie es heißt, »den Philosophenmantel« (später: Talar). Aber auch innerlich emanzipiert läßt sie, wie schon Euripides berichtet, »hinter sich Webstuhl und Schiffchen«. Sie überwindet also die patriarchalische Beschränkung der Frau auf ganz bestimmte, im Hausarrest ausübbare Arbeiten durchaus bewußt. Ähnlich trotzig trägt die heutige Studentin »ihr« Strickzeug in den Hörsaal.[22]

Außer in Wissenschaft und Technik ist die griechische »Studierte« zudem die ganze Antike hindurch als Ärztin und, wie schon im Orient, als Hebamme unentbehrlich geworden. Sie und ihre Nachfolgerinnen bis ins 17. Jahrhundert profitieren für 2000 Jahre nämlich auch umgekehrt von dem patriarchalen Zutrittsverbot für Männer - und männliche Ärzte - zum Kranken- oder Wochenbett, jedenfalls der Ehe-Frau. Von den Zeiten der »orientalischen Despotien« über Hippokrates und Galen bis zu Semmelweis sind es deshalb Medizinerinnen, die Gynäkologie treiben und sämtliche Kinder, ob von Königinnen oder Kätnerinnen, zur Welt bringen bzw. auch verhüten oder abtreiben. Obwohl nämlich, wie schon das Agnodice-Paradigma im frühen Athen deutlich macht, ihre Herren Kollegen der Ärztin auch dieses »Geschäft« oft wieder abjagen wollen - und vom öffentlichen Spital und der Universität aus damit schließlich auch Erfolg haben -, bleiben, wenigstens bis zur Neuzeit, die Obstetrie, Gynäkologie oder die Frauenkrankheiten überhaupt ihre theoretische und praktische Domäne. Außer in ihren Werken oder Erfindungen und gelegentlicher Anerkennung ihrer »vernünftigen« Kollegen spiegelt sich dieser Erfolg schon in der Antike in vielen öffentlichen Statuen, die ganze Städte ihrer »Iatromaia« oder »Medica« als Dankeszeichen widmen.

Bis ins 18. Jahrhundert hinein übernimmt sie daneben auch Lehrstuhl, Forschung und Praxis in der Anatomie oder Chirurgie, die für hippokratische Ärzte entweder wissenschaftlich tabu oder zu unfein sind.[23]

4. Fachrichtungen, Theorien und Erfindungen der antiken Wissenschaftlerinnen

An Namen von antiken Gelehrtinnen, die als »Philosophinnen« zugleich immer Fachwissenschaftlerinnen irgendeiner Art sind, werden uns die von 60 bis 130 Persönlichkeiten genannt. Wir ersparen es uns, sie insgesamt aufzuzählen. Wichtiger wäre es, wie oben gesagt, wenn sich die Forschung endlich den erhaltenen Fragmenten ihrer Werke oder deren Titeln zuwendete, um mehr als ihren Lebenslauf und sexistischen Klatsch über sie zu erfahren. Auch an Umfang hat ihre Lehr- oder Forschungstätigkeit der des Mannes kaum nachgestanden. Die schon erwähnte Arete, als Haupt der aristippischen Schule, doziert in vielen griechischen Städten und verfaßt 40 Bücher (Rollen) über Naturwissenschaft. Ähnliches wird, allen Nachrichten über ihre Tätigkeit und Berühmtheit gemäß, auch für Themista gelten.[24]

Mit oder neben ihrer objektiven wissenschaftlichen Lehre und Forschung gehört die antike Philosophin später natürlich auch fast sämtlichen entsprechenden »Schulen« an. Ideologisch gesehen vertritt sie also deren einseitigere Entschließung für die eine oder andere Denkmethode oder Lebensrichtung. Es gibt daher eine ganze Zahl (wieder) kritischer (nicht-platonischer) Akademikerinnen. Bekannt sind besonders die (sieben?) epikureischen Natur- und Kulturwissenschaftlerinnen, darunter Leontium und Themista aus Abdera. Mit ihrer Schule vertreten sie vermutlich auch die These über die geistig-philosophische, die ehe- und familienrechtliche, die ökonomische und politisch-demokratische Gleichberechtigung von Mann, Frau, Kindern und Sklaven. Sie stehen ja schon damals nachweislich im offenen Kampf gegen Aristoteles' Verteidigung des orientalischen Patriarchats, auch durch die Annahme der weiblichen geistigen und körperlich-sexuellen Minderausstattung. Dagegen beweisen die Epikureer die Existenz der Klitoris, die genetische Bedeutung des Frauen»samens« bei der Mitzeugung der Kinder und ihre Wissenschaftsbegabung.[25]

Bezeugt sind außerdem recht viele Logikerinnen, Dialektikerinnen oder Mathematikerinnen. Kynikerinnen wie Hipparchia trotzen auch als Frauen der orientalisch-puritanischen Moral oder widmen sich, wie diese sonstigen »Grünen der Antike«, im »Sklavenlook« den Randgruppen der Gesellschaft. Natürlich gibt es später sehr viele (Neu-)Platonikerinnen. Trotz Platons vielfach widersprüchlicher Einstellung zu ihrem Geschlecht – in Ver-Ehrung (Diotima), Verwendung als kriegerische Wächterin und Zuchtstute oder als nur dumpf-chaotisch-ungeistige Mutter-Materie – fühlen sich bis heute die stark idealistischen, später mit dem Christentum eine enge geistige Ehe eingehenden Philosophinnen zu seiner Ideenlehre, wenn auch nicht seiner »rassistischen« Paarungslehre, hingezogen. Selbstverständlich reißt nach Thargelia und Aspasia, selbst in Rom, die Tradition der Rhetorinnen nicht ganz ab (Hortensia!). Nur Aristotelikerinnen gibt es, begreiflicherweise, d. h., weil Frauen noch wissen, was seine rückschrittliche Lehre für sie bedeutet, in der Antike nicht. Bildungshungrige Stoikerinnen werden von ihrer orientalisierenden Schule (Musonius) ebenfalls auf eine bloß häusliche Beschäftigung mit Wissenschaft verwiesen.[26]

Rechnet man noch den überall mitbezeugten, praktisch-forscherischen und erfinderischen Erfolg der antiken Fach- oder Schul-Philosophin hinzu, so ist ihre historische Errungenschaft, der erste Durchbruch in den neuen Gelehrtenberuf, sofort und gleichzeitig mit dem Mann, ganz deutlich.

IV. Der hochreligiös-christliche, patriarchalische Rückgang der Wissenschaftsbeteiligung der Frau, von 400 bis 1100 n. Chr.

Am Ende der Antike ist die Stellung der Frau in der Wissenschaft allerdings nicht mehr nur durch das profane orientalische Familienpatriarchat, mit dem Haus-Herrn (despotäs, dominus) als Abbild des Gewaltherrschers im absolutistischen »Staat« (= status), wie es Aristoteles nachzeichnet, bedroht. Es kommt noch seine religiöse Variante aus dem Osten hinzu. Zwischen 600 v. und 600 n. Chr. lösen dort fast ausnahmslos von männlichen Stiftern gegründete, nur männliche und monarchisch-monotheistische Götter anbetende Hochreligionen die alten wert- und geschlechtspluralistischen Stammesreligionen ab oder drängen sie weit in den Hintergrund. Die Frau verliert also allgemein wie auch als weise Frau deren bisherigen Beistand.

Nun ist der frauenfeindliche Akzent in diesen Hochreligionen anfangs allerdings weder sehr stark, noch ist die Wissenschaftsablehnung nur auf das weibliche Geschlecht bezogen. Die Frau bleibt zunächst gesuchte Glaubenspartnerin, wenn auch als Leichtgläubige. Sie ist hochanerkannte Märtyrerin (Glaubenszeugin) und Mitsakramentspenderin. Der neue, liebevoll sanfte Stifterheiland, der erst langsam wieder dem herrscherlich-machtvollen alttestamentlichen Patriarchat unterworfen wird, trägt selbst sogenannte weibliche Züge oder sammelt auch Frauen um sich.[27]

Mann wie Frau sollen sich zudem nur wegen ihres rechten Glaubens der (insbesondere Natur-)Wissenschaft enthalten. Jedoch breiten sich anhand von Paulus, Augustin oder Luther auch spezifisch vernunftskeptische Ansichten aus. Noch die von Thomas oder Melanchthon auf Aristoteles reduzierte Wissenschaft erscheint zuviel. Die antiken öffentlichen Schulen verschwinden zunächst ebenso, wie sich später die Wittenberger Universität leert. Eine strikte, reine Nachfolge auf dem vom Religionsstifter vorgezeigten Wege, der »Methodos, Wahrheit und Leben« in eins darstellt, soll genügen.[28]

Späterhin machen sich jedoch auch besonders gegen die weibliche Wissenschaftsbeteiligung gerichtete Strömungen bemerkbar, die das profane Patriarchatsdenken mitnährt. Noch um 400 n. Chr. bedankt sich der (griechisch) gelehrte Kirchenvater Hieronymus im Vorwort zur Vulgata-Ausgabe der Bibel zwar für die entscheidende Hilfe von Paula und ihrer Tochter Eustochium bei der Übersetzung aus dem Griechischen und Hebräischen (Psalter). Aber auch er muß anderswo bereits anmerken: »Es gibt Leute, die sich beleidigt fühlen, Eure Namen am Anfang meiner Werke erwähnt zu finden.« Je mehr, besonders im paulinischen, jüdisch-patriarchalischen oder im afrikanischen, tertullianischen oder augustinischen Christentum die Frau nur noch der der Heiligwerdung des Mannes entgegenstehenden sexuellen Triebhaftigkeit (concupiscentia) gleichgesetzt wird und geistig wie öffentlich Mitdenk- und

Redeverbot erhält, desto vollkommener wird auch ihr Ausschluß aus der Wissenschaft direkt. Für diesen Sonderschlag gegen die Frau als frei auftretende Gelehrtin wird schon das Schicksal der Hypatia zum weit wirksamen Symbol. Sie, die anerkannte Lehrerin des Bischofs Synesius, wird 416 n. Chr., im brodelnden Schmelztiegel der neuen fundamentalistischen Religionen und orientalisch-abendländischen Verbrüderungen auf Betreiben des örtlichen Bischofs vom christlichen Mob der Großstadt in eine Kirche geschleppt, dort entkleidet, geschändet und buchstäblich in Stücke zerrissen. Die Zeit der griechisch-römisch gebildeten, selbstbewußten Christinnen, auch als Theologinnen (Prophetinnen oder Diakonissen), ist vorbei und kehrt erst heute langsam wieder.[29]

Als antike Wissenschaft und Forschung später, meist gleichzeitig mit der Renaissance, wieder in Theologie und Kloster einziehen, nutzt zwar auch die Nonne die erneute Möglichkeit der Bildung und bringt es sofort zu hoher Eigenleistung. Häufig besitzt sie aber ohnedies die entsprechende adelige, stammesgesellschaftliche Macht, wirtschaftlichen Einfluß und Selbstbewußtsein dazu. Noch im katholischen Mittelalter können eine Hildegard von Bingen oder andere ihrer Schwestern also das Niveau männlicher Wissenschaft erreichen. Mit der evangelischen Originalbibellektüre, als das »paulinische« Frauenbild bis in alle Schichten hinein verinnerlicht wird, ist aber auch diese Quelle der Bildung und Persönlichkeitsentfaltung verstopft. Das erneuerte, puritanische »Mittelalter« der Frau von 1500 bis heute, einschließlich des deutschen, lutherischen Vorbildes der Pfarrhausfrau, duldet weibliche Wesen nur noch als Gehilfinnen bzw. geistige Schülerinnen des Mannes. Er wird für sie Hauspriester und -patriarch zugleich. Sie wiederum sind doppelt Magd geworden: ancilla theologiae et theologi. Ihre Austreibung aus der Wissenschaft im »offiziellen« profanen und religiösen Bereich wird bis zur Neuzeit perfekt.[30] Kirche und Staat wie dessen Keimzelle, die Familie, arbeiten Hand in Hand. Die Frau soll, oft bis heute, ihre Forschungs- oder sonstige berufliche Menschenrechtsteilhabe entweder mit dem Verzicht auf Familie und Kind oder mit voller sexueller Willfährigkeit bezahlen. Der Mann dagegen lehnt entsprechende, biologisch-unlogische Persönlichkeitsentfaltungsbeschränkungen für sich, außer als Priester, ganz ab.[31]

V. Die Wiedergeburt des Frauenlehrstuhls an der Universität der Renaissance, zumindest im Mittelmeerraum, zwischen 1100 und 1600 n. Chr.

Daß die Frau trotz 700 und mehr Jahren religiös-kultureller Brache ihre angeborene Intelligenz nicht verloren hat, wird sofort wieder deutlich, als im antiken Mittelmeerraum oder da, wo wie in Süddeutschland, Südfrankreich oder Polen, der Humanismus neu Fuß fassen kann, eine allgemeine Renaissance der alten Wissenschaften und Technik, als Lebens- und Sachtechnik, beginnt.

Während nämlich, wie schon Jakob Burckhardt feststellt, in Nordeuropa das Hausmutter- und bloße Strick- und Stickarbeitsbildungskonzept der »höheren« Töchter unberührt bleibt, wird die wissenschaftliche Karriere der italienischen oder spanischen Jung-Frau wieder durch die Gleichstellung ihrer Schule mit der der Söhne sichergestellt. Studium und damit auch Professur folgen fast automatisch.[32]

Schon seit 1100 n. Chr. sind die Ärztinnen von Salerno, z. B. Trotula und ihre Schriften, wieder weltberühmt. Ihr Curriculum an der Universität umfaßt drei Jahre Philosophie – für Chirurgie ein Jahr Anatomie – und fünf Jahre allgemeine Medizin. Noch im 16. Jahrhundert schreibt Oliva de Sabuco in Madrid ein berühmtes Buch über psycho-somatische, ganzheitliche Medizin. Allerdings wird diese epikureisch-naturwissenschaftlich begründete Freudeheillehre von der jesuitischen Gegenreformation nun auch schon heftig verfolgt und ist daher noch heute nicht wieder bekannt.[33]

Nach der Gründung der norditalienischen Universitäten, in den folgenden Jahrhunderten, erobern sich die Frauen auch dort alle fachwissenschaftlichen Lehrstühle. Wir finden also »plötzlich« eine ganz große Menge von Professorinnen, als Juristinnen, Rhetorinnen, Altphilologinnen, Physikerinnen, Mathematikerinnen oder Astronominnen etc. Leider sind auch ihre Lehrtätigkeit, ihre Originalschriften und ihre Erfindungen bisher nicht zureichend dokumentiert oder greifbar. Obwohl noch das 19. Jahrhundert sie registriert, ist heute sogar die bare Existenz dieser Renaissanceprofessorin vergessen. Man glaubt, eine derartige Position an der Universität habe die Frau erst im 20. Jahrhundert erreicht.[34] Das gilt jedoch nur für den Norden.

VI. Die nordeuropäisch-neuzeitliche, publikumswirksame, aber außeruniversitäre Privat-Wissenschaftlerin zwischen Restauration und Aufklärung

Für die Frau im Norden sieht die folgende Epoche der europäischen Aufklärung und Gegenaufklärung zwischen 1500 und 1800 also ganz anders aus als im Süden.

Kein weibliches Wesen darf die seit dem 13. Jahrhundert von Staat oder Kirche gegründeten Universitäten betreten oder sogar besuchen. Sie sind wieder nur dem männlichen Studenten zugänglich. Der Lehrkörper verlangt zudem häufig den Junggesellenstatus (fellowship) oder eine andere Art mönchischen Stils. Schon um 1300 n. Chr. verliert die Ärztin Jacoba Felicia z. B. einen entsprechenden Zulassungsprozeß gegen die Pariser Fakultät. Nordeuropäische Medizinerinnen dürfen also nicht mehr als Professorin lehren und arbeiten. Sie werden gezwungen, »frei« zu lernen und zu praktizieren, d. h. ihr Leben oft nur als Gynäkologinnen oder Chirurginnen zu fristen. Während die Manzolini im Italien um 1800 also noch einen Lehrstuhl innehat, muß die ebenso berühmte Bihéron in Frankreich, mit dem Verkauf ihrer gleich anerkannten und bestaunten Erfindung von künstlichen anatomischen Modellen – wenn auch mit größtem Erfolg – bis nach Petersburg privat hausieren gehen.[35]

Ebenso schreibt die berühmte, vom Papst wie der französischen Akademie anerkannte Mathematikerin Maria Gaetana Agnesi in Paris – von deren »tiefem« Verstand auch ein Kant in Königsberg und alle folgenden Kantianer nichts wissen bzw. wissen wollen – ihre »Propositiones philosophicae« (1738) oder ihr Hauptwerk »Institutiones analyticae« (1748) nun privat. Desgleichen Mme de Beausoleil ihre Werke über den, in der Renaissance überall neubelebten, auf antike Wissenschaft und Technik rekurrierenden »Bergbau in Frankreich« (1632). Es erhält also wiederum wohl noch die berühmte Physikerin Laura Bassi (geb. 1711) in Italien den entsprechenden Lehrstuhl; Mary Somerville (geb. 1780), im kalten puritanischen Schottland, muß dagegen auf diese Anerkennung verzichten.[36] Selbst ihre Kolleginnen im 19. und 20. Jahrhundert, Marie Curie oder Lise Meitner, dürfen ja nur wieder im Keller dieser lange rassistisch-sexistischen (Nicht-)Universität anfangen.

Man kann dagegen zwar, mit gewissem Recht, einwenden, daß das zwischen 1500 und 1800 oder vorher, in der Renaissance, auch das Schicksal des aufgeklärt-fortschrittlichen männlichen Natur- oder Geisteswissenschaftlers wie politischen Philosophen ist. Weder der kritisch-skeptische Denker, von Montaigne bis zu Descartes, von Milton über Hume bis zu Rousseau, noch ein Galilei, Gassendi, Charleton, Bruno oder Newton und nicht einmal Condorcet, Darwin oder Mill, kurz alle Berühmtheiten der Neuzeit, außer einigen in Deutschland, sehen die Universität von innen oder beziehen ein entsprechendes festeres Gehalt. Sie schaffen sich alle ihre enormen Diskussions-, Druck- und Forschungsmöglichkeiten privat, wenn auch mit dem besten Erfolg. In ihrer eigenen »Republique des Lettres« wächst – unter starker Beteiligung von Frauen, die dabei leicht mitmachen können – die ungeheure wissenschaftliche Korrespondenz der Neuzeit heran. Ihre Zeitschriften- und Buchpresse nutzt geschickt die in den wenigen demokratischeren Zeiten oder Ländern, wie im England der Revolution von 1620 bis 1660, in Holland, Basel oder Genf, schon mögliche Durchbrechung der seit 1550 stärker werdenden kirchlich-staatlichen Zensur. Essay auf Essay können gleichwohl erscheinen. Aller naturwissenschaftliche und geistige Fortschritt wird auch ohne Universität bekannt.[37]

Entsprechend fast überreichlich vorhanden und wohlerhalten ist seit dieser Zeit aber auch die Literatur über Frauen und deren eigene wissenschaftliche

Abhandlung. Allein mit der Behandlung der Frage, ob Elisabeth als Frau Königin von England sein kann, vermöchte man einen Band zu füllen. Das gleiche gilt für alle ähnlichen Essays von Montaignes Adoptivtochter Marie le Jars de Gournay bis zu Voltaires Gefährtin Gabrielle-Émilie, Marquise du Châtelet oder Mme de Staël.[38]

Abgesehen davon hat die Frau, weil auch der Mann wieder nur in der privaten Bibliothek, Forschungsstätte oder »Akademie«, d. h. im Privatzirkel von Gleichgesinnten forscht und arbeitet, wie schon in der Antike, einen eigenen, ungehinderten Zugang zu Büchern und Labor. Es setzt also sofort auch ihre selbständigere wissenschaftliche Produktion wieder ein. Ihre Erfindungen, Entdeckungen und wissenschaftlichen Werke vermehren und vertiefen sich, obwohl die Zeit auch von ihnen, wie David Hume es für sich beklagt, gleichzeitig noch Eleganz und Publikumswirksamkeit verlangt. Nur verständliche, laiengenießbare Wissenschaft erfüllt seit je den Zweck der Aufklärung und wird auch gekauft.[39]

Daneben schafft sich die Frau, vom Temple Ninon de Lenclos' (1620 bis 1705) bis zum späteren französischen Salon, natürlich auch wieder ihre eigenen Zirkel, in denen sich das alte orientalische Hetärenwesen mit der neuerwachten Wissensleidenschaft der Frau selber mischt.[40]

Gleichzeitig trifft die jeweilige staatliche oder religiöse Restauration oder Reformation diese »Schule der Frauen« jedoch besonders hart. Sie nehmen sich die christlich-patriarchalischen Vorwürfe jetzt schon so zu Herzen, daß sie innerlich daran verbluten. Ihre doppelte Unterdrückung ist zudem so alt, daß man sich eine frei auftretende Gelehrtin (oder den freien Mann, mit nicht geschorenem Kopf) kaum mehr vorstellen kann. Lucy Hutchinson verleugnet nach der Restauration von 1660 also ihre eigene erste, mutige Übersetzung von Lukrez »Über die Natur der Dinge« ins Englische. Sie wird wieder streng puritanische Hausfrau. Die Agnesi bricht ihre mathematische Karriere plötzlich ab, um sich nur noch der »Pietas« zu widmen. Astronominnen wie Galileis Tochter Celeste, Tycho Brahes Schwester bzw., später, Caroline Herrschel verzichten schließlich vollkommen auf ihr eigenes Erfinder- und Sternbenennungsrecht. Der Mann, der Bruder, der Vater stecken, ihrerseits leider auch ohne jeden Gerechtigkeitsskrupel, die wissenschaftliche Frauenleistung mit in die Tasche![41] Denn was ist nun eine Frau oder ein Frauengedanke noch wert? Je ferner der Antike, desto weniger. Im Grunde noch immer nichts. Keiner zitiert ihn. Keine Philosophie- oder Wissenschaftsgeschichte erwähnt ihn und seine Autorin heute überhaupt mehr.

Schluß: Die Wissenschaftlerin im 19. und 20. Jahrhundert

Die Frauenbewegung, besonders im England des 19. Jahrhunderts, knüpft an die Menschenrechtsforderung des 16. bis 18. Jahrhunderts, später auch an die Marxsche Emanzipationsvorstellung an. Ihr Erfolg im Wissenschaftssektor bleibt trotz der Wiederzulassung der Frau zur Universitätskarriere im 20. Jahrhundert jedoch auf durchschnittlich 10 % der wichtigen Positionen beschränkt. Der »Vorteil, der zu erwarten stünde, wenn den Frauen der freie Gebrauch ihrer Fähigkeiten gewährt würde ... die Verdoppelung der dem Dienst der Menschheit zu Gebote stehenden Summe der Intelligenz« (Taylor-Mill) ist erst beim Abiturium erreicht.

Auch umgekehrt ist das von der Frau im Haus hochkultivierte Potential an Gefühl und menschlichem Verständnis weder dem Mann noch der Gesellschaft zurückvermittelt. Noch immer nämlich herrscht das Patriarchat und verlangt die für beide Geschlechter unheilsame Spaltung zwischen Empfindung und Verstand. Weder sie noch Mann und Frau dürfen in gleichberechtigter Partnerschaft leben.

*Anmerkungen**

* Die folgenden Anmerkungen enthalten Literaturverweise und nur einen Teil des reichhaltigen zitierten Quellenmaterials. Ungekürzt ist dieses Material zu finden in den Anmerkungen zu dem am Anfang dieses Textes erwähnten Beitrag von Tielsch in *Gössmann,* a. a. O., 1984.

1 Vgl. als ein Beispiel für eine solche Frauenrevolte gegen den Ahnenkult der Männer bei den Aborigines in Australien *C. H. Berndt,* Women and the Secret Life, in: *Ed. R. u. C. Berndt,* Aboriginal Man in Australia, Sidney 1965, pp. 238–282.

2 Vgl. z. B. *J. Spiegel,* Soziale und weltanschauliche Reformbewegungen im alten Ägypten. 1950; die Frauen schließen sich der Revolution um 2400 v. Chr. an; vgl. pp. 9, 31: Schwangerschaftsstreik. pp. 10–12, 89 f.: Revolte. Ägyptische Königinnen der verschiedenen Zeitalter erscheinen einmal dem Mann nur bis zum Knie reichend, zum anderen als gleichgroß und gleichberechtigt; bei Echnaton in Verschmelzung der Mannes- mit der Frauenfigur, wie es Platon später als Urzustand annimmt.

3 Vgl. *W. Peek,* Der Isishymnos von Andros, 1930, p. 122 f.: »Du gabst den Frauen gleiche Dynamik (isän dynamin) wie den Männern.«

4 Vgl. *A. Stopczyk,* Was Philosophen über Frauen denken, 1980. Sie gibt ihr verdienstvolles Buch, aus männlicher Geschichtstradition, auch noch heraus, ohne an diese »liberalen« Philosophen oder gar Philosophinnen zu denken.

5 Vgl. Cicero, In Pisonem, c. 26.63 und de fin. II 68, bzw. 32–70.

6 Vgl. noch *Aegidius Menagius,* Observationes et Emendationes ... quibus subiungitur Historia Mulierum Philosopharum, Amsterdam 1692, p. I: schon mit den

Namen der geisteswissenschaftlich-literarisch hervorgetretenen Frauen könnte man einen ganzen Band füllen.

7 Vgl. *E. Gössmann,* Einige Bemerkungen zum Menschenbild bei Hildegard von Bingen (1098–1179).

8 Vgl. für solche Monographien *Menagius,* Anm. 6.

9 Vgl. für das Material *H. J. Mozans,* Woman in Science, 1913, Cambridge 1974, und seine Quellenangaben.

10 Z. B. muß nicht nur die Philosophie von *Anne Conway,* The Principles of the Most Ancient and Modern Philosophy, Ed. P. Loptson, London 1982, wie hier vorbildlich geschehen, neu herausgegeben werden. Die Leibnizforschung und Philosophiegeschichte muß sie auch als von Leibniz selbst so bezeichnete Ideenquelle der Theodizee und Monadologie einarbeiten.

11 Vgl. über die Vertragstheorie seit der Antike, die insbesondere die Sophisten und Atomisten vertreten, d. h. die Entstehung von Recht bzw. Gerechtigkeit aufgrund kultureller Übereinkommen der Menschen, also nicht aufgrund Naturrechts, *I. W. Gough,* The Social Contract, Oxford (1936) 1957; *E. W. Tielsch,* Empirisch-kritisches Kulturrecht oder metaphysisches Gottes-, Natur- und Vernunftrecht, in: Der kritische Empirismus der Antike, 1981, pp. 153–187.

12 Vgl. über die widerlegte These vom durchgehenden Urmatriarchat noch *E. Bornemann,* Das Patriarchat, 1976, pp. 23–98. Dagegen steht die empirische Forschung, vgl. *H. Nachtigall,* Das Problem der mutterrechtlichen Kultur, in: Archiv f. Kulturgeschichte 4, Graz 1958, pp. 275–288. Die geistige Leistung beim Aufbau solcher Sozialformen oder ihres kultischen Oberbaus wird meist, auch bei Feministinnen, nicht gesehen.

13 Vgl. (noch sehr schwach) für die Erfinderleistung der Frau *Mozans,* a. a. O. Anm. 9, Kap. X, Women as Inventors.

14 Vgl. *T. Haase,* Die keilschriftlichen Rechtssammlungen, 1963; zum ganzen System der »orientalischen Despotien«: Fischer Weltgeschichte Bd. 2–4, 1969–73. Zum Familienrecht die einschlägigen assyriologischen und ägyptischen Lexika und das römische Familienrecht (Sohm).

15 Vgl. über die zwiespältige Figur des Beamten-Schreibers in Ägypten Hg. *Fr. W. Frhr. v. Bissing,* Altägyptische Lebensweisheit, Zürich 1955.

16 Vgl. *St. Wenig,* Die Frau im alten Ägypten, Wien 1969.

17 Vgl. *J. Voigt,* Von der Gleichwertigkeit der Geschlechter in der bürgerlichen Gesellschaft der Griechen, 1960.

18 Vgl. *O. Braunstein,* Die politische Wirksamkeit der griechischen Frau. Diss. Leipzig 1911, über den Einfluß des karischen Mutterrechts.

19 Vgl. über Corinna und andere Dichterinnen *Mozans* a. a. O., Anm. 9, pp. 6–7.

20 Vgl. über Thargelia aus Milet *W. Nestle,* Vom Mythos zum Logos, 1942, p. 364.

21 Vgl. über Arete oder Diodoros' Kronos' Töchter *Poestion,* Griechische Philosophinnen, 1882, pp. 160–174. Über Äskulaps Töchter *Mozans,* a. a. O., Anm. 9, p. 266.

22 Vgl. *Poestion,* a. a. O., Anm. 21, p. 186.

23 Vgl. über diese Geschichte der Ärztinnen und ihren Kampf mit den Kollegen *Mélanie Lipinska,* Histoire des Femmes Médicins depuis l'Antiquité jusqu'à nos Jours, Paris 1900.

24 Vgl. Anm. 21.
25 Vgl. *E. W. Tielsch,* Epikurs Theorie vom privaten und sozialen Glück, in: Der kritische Empirismus der Antike, 1981, pp. 123–140 und dort angegebene Literatur.
26 Texte des Musonius bei Stopczik, a. a. O., Anm. 4, die die Autorin nicht durchschaut.
27 Vgl. darüber bereits den ägyptischen »Lehrer der Gerechtigkeit«, der das alte Reich um 2300 v. Chr. stürzt, »mit der Sinnesart einer Frau«: *Spiegel,* a. a. O., Anm. 2, p. 92.
28 Vgl. *E. W. Tielsch,* Die Wende vom antiken zum christlichen Glaubens- und Hypothesenbegriff, in: Der kritische Empirismus der Antike, 1981, pp. 352–396.
29 Vgl. *Mozans,* a. a. O., Anm. 9., pp. 31 ff.
30 Über die Stellung der katholischen Äbtissinnen etc. vgl. *Mozans,* a. a. O., pp. 34–54.
31 Die Verfolgung der Hexen, seit dem 13. Jahrhundert im Gange, im »Malleus maleficarum« (Hexenhammer) 1487 kodifiziert, nimmt im evangelischen Bereich eher noch zu, vgl. *J. Michelet,* Die Hexe, 1974, oder *H. C. E. Middlefort,* Witch-Hunting in South-Western-Germany 1562–1684, California 1972.
32 Vgl. *Mozans,* a. a. O., pp. 54–80.
33 Trotulas persönliche und sachliche Leistung wird seit Jahrhunderten bestritten, nach dem widersprüchlichen Rezept, entweder war sie ein Mann, oder ihre Bücher sind ohnedies minderwertig, vgl. neuestens: *H. R. Spitzner,* Die salernitanische Gynäkologie und Geburtshilfe unter dem Namen »Trotula«, Med. In.Diss. Leipzig 1921.
34 Vgl. Anm. 32.
35 Für Jacoba Felicia vgl. *M. Lipinska,* a. a. O., Anm. 23, pp. 117 ff.
36 Vgl. über die Agnesi *Mozans,* a. a. O., pp. 144–150.
37 Vgl. über diese außeruniversitäre Wissenschaftsepoche *E. W. Tielsch,* The Sociology of the Philosopher-Scientist and its Importance for the Scientific Institution of his Time, in: Der Kritische Empirismus, a. a. O., 1981, pp. 465–489.
38 Vgl. *C. L. Hansen,* Woman as Individual in English Renaissance Drama: A Defiance of the Masculine Code. Diss. Arizona State University 1975, pp. 321–322.
39 »Les Précieuses ridicules« von Molière zeigen auch allgemeinen Zeitgeist.
40 Vgl. dazu *G. R. Hocke,* Lucrez in Frankreich von der Renaissance bis zur Revolution. Diss. Köln 1935.
41 Vgl. über Lucy Hutchinson einerseits *H. I. Real,* Untersuchungen zur Lucrezübersetzung von Thomas Creech, Zürich 1970, andererseits *I. Warburg,* Das Bild einer Puritanerin. Diss. Hamburg 1937.

Gustave Moreau: Die tätowierte Salome.

Zu den Autorinnen und Autoren

Ursula Beer, Studium der Soziologie, Politikwissenschaft und Volkswirtschaft in Frankfurt, Promotion über Theorien geschlechtlicher Arbeitsteilung, zur Zeit wiss. Mitarbeiterin an der Universität Bielefeld im Bereich Wirtschaftssoziologie/Sozialökonomie mit dem Schwerpunkt Frauenarbeit in Familie und Beruf.

Anna A. Bergmann, geb. 1953. Studium der Politikwissenschaft an der Freien Universität Berlin; arbeitet an einer Dissertation über Geburtenrückgang und Geburtenpolitik im Deutschen Kaiserreich; gelegentlich freie Mitarbeit beim Sender Freies Berlin und Lehrbeauftragte an der FU Berlin; gefördert von dem Hamburger Institut für Sozialforschung. Publikationen über: Geburtenrückgang - Gebärstreik. Zur Gebärstreikdebatte 1913 in Berlin; Frauen, Männer, Sexualität und Geburtenkontrolle. Zur »Gebärstreikdebatte« der SPD in Berlin.

Klaus Binder, geb. 1946, studierte Philosophie, Literatur- und Gesellschaftswissenschaften in Frankfurt; Dissertation über: »Arbeit. Die Gestalt der produktiven Subjektivität im Werk von Karl Marx«. Lebt in Frankfurt, arbeitet als Verlagslektor in Darmstadt. Veröffentlichungen: »Falsche Anamnesis in der Frage, was in uns antreibt und wohin«, in: B. Schmidt (Hg.), Seminar: Zur Philosophie Ernst Blochs, Frankfurt 1983; »Phantasie und Subjektivität im Prozeß gesellschaftlicher Naturbeherrschung«, in: M. Daxner / B. R. Bloch / B. Schmidt (Hg.), Andere Ansichten der Natur, Münster 1981. Herausgeber von: Max Raphael, Kunsttheoretische Schriften, 4 Bände, Frankfurt: Qumran Verlag, 1982 ff.

Ulrike Büchner, 43 Jahre, Dr. habil. Zur Zeit bin ich Gastprofessorin für Soziologie im FB Erziehungs- und Gesellschaftswissenschaften an der Hochschule der Künste Berlin, davor zwei Jahre Lehrstuhlvertreterin für Hochschuldidaktik an der Universität Hamburg, davor Arbeit im Max-Planck-Institut für Bildungsforschung Berlin und in der Gewerbelehrerausbildung. Meine besonderen Interessengebiete: Psychoanalyse und Frauen, Frauenforschung und Didaktik mit und von Frauen als radikale Wissenschaftskritik, Erwachsenenbildung und Berufliche Bildung.

Renate Genth, geb. 1943 in Stettin, in Krieg und Fortschritt, und seitdem auf der Flucht davor. Studium: Germanistik, Sozialwissenschaften, Philosophie. Arbeit über Gewerkschaften und Technologie sowie Sozialisation.

Sigrid I. Haase, geb. in Königsberg/Ostpr., Berufsausbildung und Berufstätigkeit, ZBW, promovierte Erziehungswissenschaftlerin, zuletzt fünf Jahre wissenschaftliche Assistentin an der TU Berlin, FB22, Institut für Sozialwissenschaften, mit 35 Jahren späte/alleinerziehende berufstätige Mutter eines Sohnes, z. Zt. freie Sozialwissenschaftlerin und Lehrbeauftragte.

Carol Hagemann-White, geb. 1942 in New Jersey, USA. Jüngste von vier Schwestern; nach dem College mit Stipendium nach Deutschland; 1965 in Berlin die Anfänge der Studentenrevolte erwischt, seitdem in Berlin; Promotion 1970, Habilitation (Soziologie) 1976; Ruf auf die Teilzeitprofessur Politische Wissenschaft mit Schwerpunkt Frauenstudien 1985 (FU Berlin), Sprecherschaft und Sektionsrat der Sektion Frauenforschung in den Sozialwissenschaften; wissenschaftliche Begleitung und Trägerverein des Berliner Frauenhauses; Mitbegründerin und Vorstand (mit zwei anderen Frauenforscherinnen) des B. I. S., eines gemeinnützigen Forschungsinstitutes.

Lutz Hieber, geb. 1944, Professor am Institut für Soziologie der Universität Hannover. Er studierte Physik in Bonn und Soziologie in Hannover. Jüngste Buchveröffentlichung: »Aufklärung über Technik« (Campus). Sein augenblicklicher Arbeitsschwerpunkt liegt in der Kunstsoziologie.

Alfred Krovoza, geb. 1940, apl. Prof. und Akad. Rat am Psychologischen Institut der Universität Hannover. Publikationen: Produktion und Sozialisation, Köln/Frankfurt 1976; Vorüberlegungen zu einer psychogenetischen Theorie der Gewalt, in: ders. u. a. (Hrsg.), Zum Beispiel Peter Brückner. Treue zum Staat und kritische Wissenschaft, Frankfurt 1981; gemeinsam mit P. Brückner, Staatsfeinde. Innerstaatliche Feinderklärung in der BRD, Berlin 1972; Was heißt Politisierung der Wissenschaften und was kann sie für die Sozialwissenschaften heißen?, Frankfurt 1972.

Christine Kulke, Jahrgang 37, Professorin am Institut für Politikwissenschaft der Technischen Universität Berlin. Diplom und Promotion in Soziologie, Politikwissenschaft und Sozialpsychologie. Wiss. Assistentin an der FU Berlin und an der Technischen Hochschule Darmstadt. Veröffentlichungen zur Analyse und Kritik von Theorien zur Politischen Sozialisation, über Jugend und Politik sowie Generationen und politische Kultur. Gegenwärtige Arbeitsschwerpunkte: Frauen und Politik, Probleme von Wissenschaftstheorie und -kritik. Mitarbeit in der Arbeitsstelle Frauenforschung an der TUB; Mitglied der International Society for Political Psychology; Erfahrungen in Ländern der 3. Welt. Lebt verheiratet in Berlin.

Elvira Scheich, 31 Jahre, Physikerin mit Studium der Politikwissenschaft in Frankfurt, Lehrerin in einem Frauen-Umschulungsprojekt für technische Berufe, wissenschaftlicher Ausflug in die Ethnologie und journalistische Versuche, wissenschaftliche Mitarbeiterin am Institut für Politikwissenschaft der Technischen Universität Berlin und Redaktionsmitglied der Zeitschrift Wechselwirkung; bewegende Frage und aktuelle Arbeitsschwerpunkte: gesellschaftlich-kulturelle Definitionen und Bilder von Weiblichkeit und Natur, ihre Verknüpfung und mögliche Veränderung.

Hiltraud Schmidt-Waldherr, Jahrgang 44, studierte Haushalts-, Wirtschafts- und Sozialwissenschaften in Hannover. Promotion und universitäre Arbeit in den Sozialwissenschaften. Jahrelange Berufspraxis im hauswirtschaftlichen und haushaltswissenschaftlichen Bereich als Hauswirtschaftsleiterin. Gewerbestudienrätin, Wissenschaftliche Assistentin, Verwalterin einer C_3-Professur Sozioökonomie des privaten Haushalts. Zur Zeit Lehrbeauftragte an der Universität Oldenburg. Mitarbeit an Frauenforschungsprojekten und selbstorganisierten Frauenstudienprojekten. Derzeitiger Arbeitsschwerpunkt: Sozialgeschichte und Theoriebildung feministischer Wissenschaft in den Haushalts- und Sozialwissenschaften.

Elfriede Walesca Tielsch, geb. 1910 in Pommern, Dr. jur. 1935, Ass. jur. 1938, nationalsozialistisches Berufsverbot für Juristinnen 1939, Verbot des Zweitstudiums 1943. 1945–51 Flüchtlingsquartier Ostfriesland, allein mit zwei kleinen Kindern. 1951–54 Schwarzarbeit und Studium in Berlin (ohne Zuzug). 1954 Dr. phil. (Philosophie, Psychologie, Kunstgeschichte). 1954–57 »freie« Dozentin. 1957–64 Assist. Philos. Seminar Freie Universität. Ablehnung der Habilitationsschrift durch Ordinarienbeschluß. 1964–75 Dozentin, später a. o. Prof. an der Pädagogischen Hochschule Berlin. Bis 1981 FU Berlin.

Claudia von Werlhof, 41 Jahre, ein Sohn von drei Jahren, Privatdozentin, Dr. rer. pol., Wissenschaftliche Assistentin, Fakultät für Soziologie, Universität Bielefeld. Themenschwerpunkte: Frauenarbeit im internationalen Vergleich, feministische Gesellschaftstheorie, Forschungen in der 3. Welt; Veröffentlichungen u. a. in: Beiträge zur feministischen Theorie und Praxis; Mitarbeit im Verein Sozialwissenschaftliche Forschung und Praxis für Frauen e. V.

Christine Woesler de Panafieu, geb. 1946, Studium der Soziologie, Promotion (1977) und Habilitation (1979) auf dem Gebiet der Wissenschafts- und Erkenntnistheorie, wo sie zahlreiche Schriften veröffentlicht hat. Die feministische Forschung ist das zweite Gebiet ihrer Forschung und Publikation; sie ist Mitherausgeberin der Zeitschrift »Feministische Studien«. Sie arbeitet als wissenschaftliche Assistentin und Privatdozentin an der Universität Oldenburg und lebt einen Teil der Zeit in Paris.

Danksagung

Allen, die zum Gelingen dieses Buches beigetragen haben, möchte ich gern meinen herzlichen Dank sagen.

Den Autorinnen und Autoren, vor allem Elvira Scheich, danke ich für die sehr gute und anregende Zusammenarbeit, die für mich zu den zentralen Erfahrungen mit dem Buch zählt. Dem Leiter des Büros für Wissenschaftliche Weiterbildung der Technischen Universität Berlin, Herrn Hans Joachim Rieseberg, gilt mein besonderer Dank, da ohne seinen engagierten Einsatz und seine Unterstützung dieses Buch nicht zu realisieren gewesen wäre. Sehr verbunden und dankbar bin ich Herrn Thomas Wölk vom publica Verlag, der zusammen mit den Mitarbeiterinnen und Mitarbeitern des Verlages die Herstellung dieses Buches nicht nur fachkundig über alle Hürden hinweg betreut hat, sondern mir auch mit großem Einfühlungsvermögen zur Seite stand. Für ihren freundschaftlichen Rat und ihre sorgfältige Mitarbeit bei den Lese- und Korrekturarbeiten sage ich Leonore Knafla sehr herzlichen Dank. Hier möchte ich auch Christiane Jürgens mit Dank erwähnen. Für die Arbeit an diesem Buch waren für mich die Ermutigung und die Unterstützung, die mir Gerd Kulke in unserem Zusammenleben gegeben hat, ein Zeichen von »sinnlicher Vernunft«, für das ich ihm herzlichst danke.

Beilage zu **Möbius, Geschlecht und Kopfgrösse.** (1903)

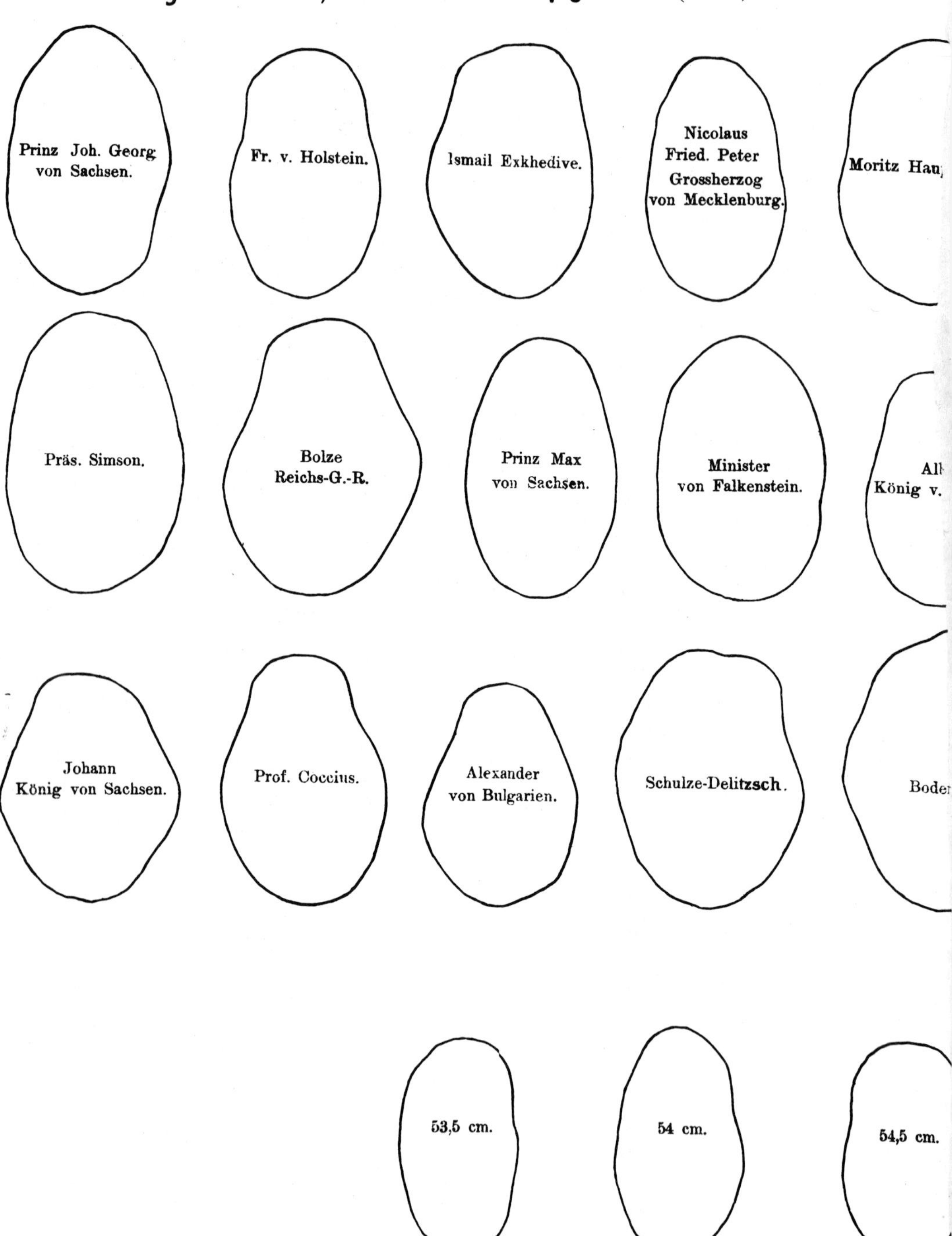